KB059769

이야기의 철학

이야기는 무엇을 기록하는가 **이야기의 철학**

노에 게이치 지음 · 김영주 옮김

한국출판마케팅연구소

※일러두기

1. 이 책은 노에 게이치野家啓一의 『物語の哲學』(岩波書店, 2005)을 완역한 것이다.
2. 옮긴이 주는 본문 하단에 따로 표시했다.
3. 외국 인명과 지명은 외래어 표기법에 따라 표기했다.

서문: '역사의 종언'과 이야기의 복권

'역사목적론'의 쇠망

> "리즈, 넌 무엇을 믿지?"라는 질문에 리즈는 대답했다.
>
> "저는 쉽게 무언가를 믿지 않아요, 알렉."
>
> 그날 밤 두 사람은 다시 그 이야기로 돌아왔다. 리머스가 먼저 리즈에게 신앙심이 있는지를 물었다.
>
> "오해하고 있군요." 리즈가 말했다.
>
> "완벽한 오해예요. 나는 신 따위는 믿지 않아요."
>
> "그럼 뭘 믿지?"
>
> "역사."
>
> 그는 깜짝 놀라 리즈를 보았다. 그러고는 웃기 시작했다.'

첫 부분을 인용으로 시작해서 미안하지만, 이것은 존 르카레가 쓴 뛰어난 스파이 소설 『추운 나라에서 돌아온 스파이』의 일부분이다. 이 뒤에는 "리즈, 정말 놀랐는걸. 설마 당신이 공산주의자일 줄은…"이라는 주인공 리머스(영국 첩보원)의 대사가 이어진다.

그러나 '베를린 장벽'이 붕괴되고 소비에트 연방이 해체되었으며 북대서양조약기구NATO가 러시아를 '잠재적 우호국'으로 간주하기에 이른 오늘날, 동서 대립의 그늘에서 활약하는 스파이를 주인공으로 한 소설은 이제 그 리얼리티를 대부분 상실했다. 물론 르카레의 소설은 베를린을 동서로 갈라놓는 '벽'을 무대로 하고 있지만 단순히 반공 선전을 목적으로 하는 소설은 아니다. 오히려 르카레는 사상보다 개인의 가치를 중시하는 서구 민주주의가 그 체제를 유지하기 위해 개인을 벌레처럼 취급하고 소홀히 대하면서 민주주의 이념을 방치하고 있다는 역설 또는 아이러니를 냉철하게 그려낸다.

그러나 '벽'의 철거로 상징되는 일련의 '동유럽 혁명'이 진행되면서 우리는 새 역사가 이루어지는 현장을 마주하고 있다는 긴장감보다는 오히려 일종의 '기시감déjà-vu'을 느꼈다. 즉 우리는 매순간 실시간으로 전달되는 텔레비전 화면을 보면서 200년 전의 '시민혁명' 또는 '부르주아 민주혁명'의 현장을 지금 이곳에서 마주하고 있는 듯한 기묘한 시대착오적 감각을 느낀 것이다. 바꿔 말하면 우리는 '동유럽 혁명'에 '프랑스 혁명'을 오버랩하면서, 예컨대 19세기 말 프랑스인들이 일본 메이지유신을 바라봤을 시선으로 화면을 바라보고 있었던 것이다.

가라타니 고진은 그 기묘한 감각을 "실제로 동유럽에서 '민주화'가 달성되어도 우리가 열광할 만한 이유는 전혀 없다. 딱히 새로운 원리가 제출된 것이 아니기 때문이다"[2]라고 설명했다. 핵심을 찌른 날카로운 의견이라고 할 수 있다. 확실히 동유럽 시민들이 변혁의 이념으로 내세운 것은 고전적인 서구 민주주의의 실현, 그 이상도 그 이하도 아니었기 때문이다. 반대로 우리가 동유럽 혁명 속에서 기존 정치 관념을 타파할 어떤 '새 이념'이 출현하기를 은밀히 기대하고 있었다면, 그것은 우리가 '역사' 또는 '진보'의 이념을 조금이나마 신봉하고 있었다는 증거다.

여기서 다시 앞에서 예로 든 소설의 대화로 돌아가보자. 리즈가 '신'에 맞선 신앙 대상으로 제시한 '역사'는 그런 의미에서 분명히 '신'의 대리물이었다. 그런 '역사'가 왕년의 특권적인 빛과 광채를 이미 잃어버렸다면, 우리는 말 그대로 '신의 죽음'이 아닌 '역사의 죽음'을 마주하고 있는 것이다. 물론 역사적 시간이 정지한 것은 아니다. 정지한 것은 개인의 행위나 개별 역사적 사건에 보편적인 의미를 부여하고 지배해온 '대문자의 역사' 또는 '초월론적 역사'의 권능이다.

이렇게 말하면, '역사의 종언'을 둘러싸고 지난 몇 년간 떠들썩하게 벌어진 논쟁이 곧바로 떠오를 것이다. 그 출발점이 된 것은 미 국무부 관료였던 프랜시스 후쿠야마가 〈내셔널 인터레스트National Interest〉(1989년 여름호)에 발표한 「역사는 끝났는가」라는 제목의 논문이었다(후쿠야마는 나중에 이 논문을 바탕으로 『역사의 종언과 최후의 인간』[일본어판: 『역사의 끝』, 미카사쇼보] 을 출판했다). 후쿠야마가 이 논문에서 전개한 주장은 "인류의 이데올로기 발전은 종점에 도달했으며, 구미의 자유민주주의가 궁극적인 인류 통치 형태라는 것을 보여준다"[3]라는 한 문장으로 요약할 수 있다. 이 주장 자체는 특별히 새로운 것이 아니다. 과거 유행했던 대니얼 벨의 '이데올로기 종언' 논의를 되풀이한 것이라고도 볼 수 있다. 그러나 후쿠야마의 논문은 헤겔의 역사철학을 재평가함으로써, 전후 시기를 영도해온 마르크스주의 이데올로기에 종말을 고하고 그 여세를 몰아 '역사' 그 자체에도 종언을 선고했다. 바로 이 점이 당시 시작되고 있던 동유럽의 정세 격변과 맞물려, 냉전체제의 안정된 질서 속에서 나태함에 빠져 있던 지식인들에게 충격을 안겨주었던 것이다.

후쿠야마가 논지를 전개하면서 의거한 것은 헤겔 철학 자체라기보다는 알렉상드르 코제브의 독특한 헤겔 해석이다. 1902년 모스크바에서 태어난 코제브는 러시아 혁명 이후 친구인 위트와 함께 서유럽으로 망명했는데, 이 체험이 그의 사상 형성에 크게 작용한 것은 말할 필요도 없다. 코제브는 야스퍼스 밑에서 철학을 공부했다. 그리고 프랑스로 이주해서 헤겔 연구에 몰두했으며, 1933년부터 이후 6년에 걸쳐 파리고등연구원에서 헤겔 철학을 강의했다. 당시 수강생 중에는 레이몽 아롱, 조르주 바타이유, 피에르 클로소프스키, 자크 라캉, 모리스 메를로 퐁티, 장 폴 사르트르 같은 쟁쟁한 멤버들이 포함되어 있다. 전후 프랑스의 사상 연동은 바로 이 코제브의 헤겔 강의에서 시작되었다고 해도 과언이 아니다. 코제브의 생애에 대해서는 최근 방대한 전기가 간행되었다.[4] 이 전기에 따르면, 만년의 코제브는 철학을 버리고 드골 정부의 외교고문이 되어 유럽공동체European Community 설립에 관여하면서 유럽 통합을 위해 보이지 않는 곳에서 활약했다고 한다. 마스트리흐트 조약[†] 비준을 둘러싼 오늘날의 정치상황과 연결지어 생각하면 이것은 대단히 흥미로운 변신이라고 할 수 있다.

본 내용에서 다소 벗어났지만 1930년대에 파리에서 코제브가 한 헤겔 강의는 레이몽 크노의 편집을 거쳐 『헤겔 독해 입문』으로 출판되었다. 후쿠야마가 수용한 것은 바로 이 책 제7장의 한 부분에 딸린 3쪽에 이르는 장대한 '주'였다. 그 핵심 부분을 인용하면 다음과 같다. (참고로 이 '주'에 대해서는 후쿠야마의 논문이 발표되기 2년 전에 이미 나카무라 유지로가 소개와 논평을 하고 있다.[5] 참으로 혜안이었다라고 하지 않을 수 없다.)

역사의 종말에 인간이 소멸한다고 해서 우주가 파국을 맞는 것은 아니다. 다시 말해 자연계는 영원히 있는 그대로 존속한다. 따라서 이것은 또한 생물이 파국을 맞는 것도 아니다. 인간은 자연 또는 소여所與[‡] 존재와 조화된 동물로서 계속 생존한다. 소멸하는 것, 그것은 본래의 인간이다. (중략) 이것이 실제로 의미하는 것은 피비린내 나는 전쟁과 혁명의 소멸이며, 나아가 철학의 소멸이다. (중략) 다른 모든 것은 제한 없이 유지된다. 예술과 사랑과 유희 등… 한마디로 인간을 행복하게 하는 것은 모두 유지된다.[6]

코제브는 이러한 '역사 이후' 상태를 '본질적인 의미에서 인간 언설(로

고스)⁺⁺의 결정적 소멸'이라고도 표현하는데, 그 구체적인 실현을 '미국적 생활양식American way of life'에서 찾아낸 코제브는 "미국은 이미 마르크스주의적 '공산주의'의 최종 단계에 도달했다"라고까지 말하고 있다. 후쿠야마가 오늘날의 국제관계를 규명하면서 "전 세계의 정치상황이 자유주의적 민주주의라는 균질화된 상태가 되고 있다"라고 설명할 때, 그가 역사 이후의 실현 형태를 미국적 민주주의와 그 생활양식 속에서 찾고 있음이 명백하다.

그러나 1959년에 일본을 여행한 코제브는 일본 사회의 모습에 충격을 받고 의견을 바꾸게 된다. 이번에는 일본 문명 속에서 역사 이후의 순수 상태를 발견하게 된 것이다.

'역사 이후'의 일본 문명은 '미국적 생활양식'과는 정반대의 길을 걸어왔다. 아마 일본에는 더 이상 '유럽적' 또는 '역사적'인 의미의 종교도 도덕도 정치도 존재하지 않을지 모른다. 하지만 그곳에서는 있는 그대로의 변형되지 않은 스노비즘⁑이 '자연적' 또는 '동물적'인 소여를 부정하는 규율을 창조해냈다. (중략) 심각한 사회적·경제적 불평등에도 불구하고 일본인들은 하나의 예외도 없이 완벽하게 형식화된 가치에 근거해서, 즉 '역사적'이라는 의미에서 '인간적'인 내용을 모두 잃어버린 가치에 근거해 현재를 살아가고 있다.[7]

코제브는 위 글에 이어서 일본과 서양의 상호 교류는 결국 "서양인을 '일본화하는' 것으로 귀착될 것이다"라는 전망을 적고 있다. 그러나 이것

---

† 유럽연합European Union 출범의 기반이 된 유럽통합조약.
‡ 사유에 의해서 가공되지 않은 직접적인 의식 내용.
⁺⁺ logos. 그리스 철학에서 언어를 매체로 표현되는 이성, 또는 그 이성의 자유.
⁑ snobbism. 고상한 체하거나 잘난 체하는 일. 속물근성.

은 코제브가 일본 방문에서 받은 문화 충격을 자기 자신의 독특한 헤겔 해석에 무리하게 연결하고 있는 것에 지나지 않는다. 여기에서 우리는 19세기 유럽을 석권했던 '일본주의Japanism'의 희미한 잔향을 느낄 수 있다. 코제브에게 '역사의 진보'는 유럽의 전유물이었다. 따라서 코제브는 '아시아적 정체' 또는 아시아적 정체가 극도로 정제된 형태인 '일본적 스노비즘' 속에서 '진보'나 '발전'에 지쳐버린 유럽의 미래상을 그려냈던 것이다. 가토 히사타케는 "코제브에게 '역사의 종언'은 '서구의 몰락'이라는 관념의 변주곡이기도 하다"[8]라고 말한다. 그야말로 정곡을 찌른 지적이라고 할 수 있다.

　우리는 여기에서 '역사의 종언'을 둘러싼 논의에 이 이상 깊게 관여하지 않을 것이다. 단지 말해두고 싶은 것은 '역사의 종언'이라는 주제에 어떤 의미가 있다면, 그것은 '초월론적인 역사', 즉 '기원'과 '텔로스'†를 중심축으로 형성된 특수한 유럽 역사철학의 종언이라는 의미뿐이라는 것이다. 그것은 또한 '역사목적론'의 쇠망이라고 부를 수도 있다. 그렇다면 그것은 현재 세계 정세나 유럽의 미래상과 직접적으로 연결되는 이야기는 아닐 것이다. 그런 이유로, 논의의 주제와 현실을 바로 연결시킨 코제브와, 코제브의 후진을 추종하는 후쿠야마의 논의는 좋게 말하면 문명 비평, 나쁘게 말하면 탁상공론에 지나지 않는다. 오히려 '초월론적 역사'의 종언은 다름 아닌 '역사의 시원始元'이나 '역사의 종언'을 과장되게 설명하는 언설, 즉 헤겔＝코제브＝후쿠야마적 언설의 종언을 선고하고 있는 것이다.

역사는 이야기되지 않으면 안 된다

그렇다면 종언되어야 할 것이 종언된 이후, 다시 말해 '기원과 텔로스의 부

---

†telos. (특히 아리스토텔레스 철학에서) 목적인目的因.

재' 한가운데에서 우리에게 '역사'는 어떻게 존재할 수 있는가. 이와 같은 질문이 던져졌을 때 우리에게 한 가지 시사하는 것은 역시 코제브가 앞의 장대한 '주'에 이어서 붙인 두 줄 정도의 짧은 '주'이다. 대응하는 본문과 함께 살펴보도록 하자.

> 먼저 실재하는 역사가 완성되어야 하며, 다음으로 그 완성된 역사를 사람들이 이야기하지raconter 않으면 안 된다.[9] (본문)

> 덧붙이자면 역사적인 상기 없이는, 즉 이야기되거나oral 쓰여진écrit 기억 없이는 실재적 역사는 존재하지 않는다.[10] (주)

코제브는 앞부분의 본문에서 먼저 실재의 역사적 사실이 발생해서 나아가 완결되고, 그 이후에 그 사실이 사람들에게 이야기되어야 한다는 것을 설명하고 있다. 코제브에 의하면 헤겔의 『정신현상학』은 실재하는 역사가 발전을 마친 뒤에, 그것을 선험적인 형태로 재구성한 하나의 이야기이다. 그러나 후반부의 주에서는 그 시간적 순서를 역전시켜서 '이야기하다' 또는 '쓰다'라는 인간적 행위에 의해 비로소 실재적 역사가 성립한다고 적고 있다. 그 '이야기하다'라는 행위를 '이야기행위narrative act'라고 부른다면, 실제로 일어난 사건은 이야기행위를 통해 인간적 시간 속으로 포함되어 역사적인 사건으로서 의미를 지닐 수 있는 것이다. 여기에서 코제브가 설명하고 있는 것은 '역사'는 인간의 기억에 근거해서 이야기되는 내용 속에서만 존재한다는 단순한 한 가지이다.

우리는 이들 두 역사관의 차이를 아서 단토의 '실체론적 역사철학'과 '분석적 역사철학'의 대비에 적용해볼 수 있다. 실체론적 역사철학은 완결된 역사 전체라는 개념을 전제로 그에 대한 포괄적 이론을 구축하려는 시도이다. 단토가 그 대표적인 연구자로, 헤겔과 마르크스를 염두에 두고 있는 것은 분명하다. 그에 비해 분석적 역사철학은 '이야기하다'라는 언어행위가 역사를 구성하는 것으로 생각하는 입장이다. 코제브의 짧은 주에 암시되어 있는 이 견해야말로 '역사의 종언' 이후에 '역사'를 이야기할 수 있는 유일한 방법이라고 생각한다.

단토는 '분석적 역사철학'의 내용을 부연하기 위해서 '이야기글'과 '이상적 연대기'라는 두 가지 특징적인 핵심 개념을 제기한다. 이야기글은 "시간적으로 떨어진 별개의 사건 E_1과 E_2를 제시하고, 제시된 것들 중에서 먼저 일어난 사건을 기술하는"[11] 문장을 말한다. 예를 들어 '내가 제안한 기습작전은 아군을 승리로 이끌었다'라는 전쟁 무용담을 생각해보자. 이 문장에는 '기습작전 제안'과 '아군의 승리'라는 두 가지 사건이 제시되고 먼저 일어난 사건인 전자가 후자를 참조해 기술되어 있다. '기습작전 제안'은 그것만으로는 사람들이 '기억'할 만한 사건이 되지 못한다. '기습작전 제안'은 '아군의 승리'라는 또 하나의 사건과 결합되어야 비로소 '이야기할' 가치가 있는 역사적인 사건이 된다. 그것은 단순한 자연현상인 지진이 역사적인 사건이 될 수 없는 것과 다르지 않다. 만약 지진이 '한 도시의 괴멸'이라는 인간적 현상을 동반한다면, 그것은 '고베 대지진'이라는 역사적인 사건으로 기억되고 후세에까지 사람들 사이에서 이야기되며 전해질 것이다. 그러나 그 이후에 발생한 다수의 '여진'은 부수적인 자연현상으로 마침내는 잊혀지게 될 것이다. 그러므로 역사는 '이야기글'을 이야기하는 언어행위를 떠나서는 존립할 수 없는 것이다.

단토가 말하는 '이상적 연대기'는 시간적으로 연이어 발생하는 사건을 전부 그 사건이 발생한 순간에 기록해둔 팽대한 역사연표와 같은 것이다. 그러므로 이상적 연대기의 작자는 타인의 마음속까지 포함해서 모든 사건을 순간적으로 파악하고 그것을 옮겨적는 초인적인 능력을 가진 사람이라고 가정된다. 말하자면 '라플라스의 악마'[†]의 역사학자 버전인 것이다. 그러나 이 작자가 적는 것들은 역사의 재료는 될 수 있지만 역사는 될 수 없다. 왜냐하면 그는 단독 사건만을 기술할 수 있어 복수 사건들에 관련성을 부여하는 '이야기글'을 적는 것이 불가능하기 때문이다. '신의 시선'에서 내려다본 역사는 아마도 이처럼 복수의 사건을 연결짓는 '인간적 문맥'이 결여된 역사일 것이다.

변모하는 '과거'

역사적 사건은 '인간적 문맥' 안에서 생성되고 증식·변모하며 나아가 망각되기도 한다. 극단적으로 말하면 "과거는 변화한다"라고 말할 수 있다. 역설적인 어감을 줄여서 표현한다면, 새로운 '이야기행위'가 과거의 사건을 수정하고 재편성하는 것이다. 이것은 전혀 이상한 일이 아니다. 그저 우리 일상에서 끊임없이 일어나는 사실일 뿐이다. 앞에서 예로 든 '내가 제안한 기습작전은 아군을 승리로 이끌었다'라는 이야기글을 다시 한번 생각해보자. 나중에 밝혀진 사실에 따르면 해당 부대는 고립된 다른 부대의 지원 요청이 있었음에도 기습작전을 강행해서 전체적인 전략을 망쳐 버리고 결국 아군에게 큰 손해를 입혔다고 가정해보자. 그렇게 되면 앞에서는 칭찬받을 만한 행위였던 '기습작전'이 "내가 제안한 기습작전은 아군에게 큰 손해를 입혔다"라는 이야기글에 의해서 비난받을 경솔한 행위로 변해 있음을 알 수 있다. 루마니아 혁명을 전후로 차우셰스쿠 대통령에 대한 평가가 일변하자 서둘러 '과거'를 수정한 사람들이 있었던 일이 기억에 새롭다. 역사는 끊임없이 생성과 변화를 이어가는 뿌리줄기 상태

[†] 라플라스가 제시한 개념으로, 과거의 모든 사실을 알고, 자연법칙을 완벽히 알고, 이를 통해서 계산을 수행해냄으로써 미래에 어떤 일이 생길지 완벽히 예측할 수 있는 존재.

의 '생물체'인 것이다.

이렇게 말한다면 곧바로 다음과 같은 반문이 돌아올 것이다. 그것은 단지 과거 사건에 대한 '평가'가 변한 것일 뿐, 과거 '사실 그 자체'가 변한 것은 아니라는 반론이다. 그러나 이것이 이상적 연대기 작자의 시점에서 제기된 반론이라는 점은 지적할 필요도 없을 것이다. 이야기되는 역사 속에는 문맥에서 독립한 순수 상태의 '사실 그 자체'는 존재하지 않는다. 맥락을 결여한 사건은 물리적 사건은 될 수 있지만 역사적 사건은 될 수 없다. 하나의 사건은 다른 사건과의 연관 속에서만 존재한다. '사건 그 자체'를 동정同定†하기 위해서도 우리는 문맥을 필요로 하며 '이야기글'을 이야기하지 않으면 안 되는 것이다.

과거의 사건 E_1은 그 뒤에 일어난 사건 E_2와 새로운 관계를 맺음으로써 다른 시점에서 재기술되고 새로운 성질을 지니게 된다. 그런 점에서 이야기글은 여러 사건 사이의 관계를 반복 기술하는 과정을 통해 우리의 역사를 여러 겹으로 중층화해가는 일종의 '해석장치'라고 할 수 있다. 이른바 '역사적 사실'로 불리는 것들은 끊임없는 '해석학적 변형' 과정을 통해서 여과되고 침전된, 공동체의 기억과 같은 것들이다. 그런 의미에서 오모리 소조의 말을 빌려 표현하자면 역사기술은 다름 아닌 '과거의 제작'인 것이다.[12]

역사는 초월적 시점에서 기술된 '이상적 연대기'가 아니다. 역사는 인간이 전승해온 무수한 이야기글로 구성된 기술망記述網이다. 이 망은 증식과 변모를 반복하며 결코 멈추지 않는다. 즉 이야기글은 그 본질이 가류적可謬的이다. 유명한 콰인의 명제‡를 흉내내자면 "어떤 이야기글도 수정을 피할 수 없다"(이 테제를 콰인의 '지식 전체론'에 빗대어 '역사 전체론'이라 부를 수 있다). 그리고 이 망에 새로운 이야기글이 덧붙여지거나 망 내부의 이미 승인된 이야기글이 수정되면서 망 전체의 '배치'가 변화하기 때문에 기존 역사는 재편성될 수밖에 없다. 이런 의미에서 과거는 미래와 마찬가지로 '열린 상태'로서, 역사는 본질적으로 '미완결'이라고 할 수 있다.

인간은 '이야기하는 동물' 또는 '이야기하려는 욕망에 사로잡힌 존재'이다. 그러므로 우리가 '이야기하는 행위'를 멈추지 않는 한, 역사에는 '완결'도 '종언'도 있을 수 없다. 만약 '역사의 종언'을 둘러싼 논의에 어떤 의미가 있다고 한다면, 그것은 역사의 추세를 예견하는 '초월론적 역사'에 종언을 고하고 역사기술에서 '이야기의 복권'을 촉구하는 의미뿐일 것이다. 그것은 동시에 역사를 '신의 시점'에서 해방시켜 '인간의 시점'으로 되돌리는 것이다.

우리는 지금 대문자의 '역사'가 종언된 이후 '기원과 텔로스의 부재'라는 황량한 장소에 서 있다. 그러나 이 지점이야말로 우리가 일체의 이데올로기적 허식을 벗어버리고 진실한 의미의 '역사철학'을 구상할 수 있는 유일한 장소일 것이다.

† 생물학 용어로 생물 분류학상의 소속이나 명칭을 바르게 정하는 일을 뜻한다.
‡ 콰인의 전체론Holism. 과학적 믿음은 상호 연관된 망으로 생각되며 어떤 부분도 수정될 수밖에 없다.

제 1 부

제1장

'이야기한다'는 것

― 이 야 기 행 위 론 서 설 ―

1 이야기의 쇠퇴

블라디미르: 살았던 것만으로는 만족할 수 없어. 살았던 것만으로는 부족
한 모양이지?
에스트라공: 살았다는 것을 이야기하지 않으면. 그 얘기를 꼭 해야겠다
는 거지.
블라디미르: 죽은 것만으로는 부족해. 죽었으면 그만일 텐데.
에스트라공: 아, 부족해. 그걸로는 부족한 거야.
⋯ 사무엘 베케트, 『고도를 기다리며』

인간은 '이야기하는 동물'이다. 아니, '이야기하려는 욕망'에 사로잡힌 동
물이라고 하는 편이 좀더 정확한 표현인지도 모른다. 자신의 체험이나 타
인에게 전해들은 사실을 '이야기하는' 것은 다양하고 복잡한 경험을 정리
해 타인에게 전달함으로써 그것을 공유하기 위한 가장 원초적인 언어행위
중 하나이다. 인간은 신이 아니기 때문에 정해진 시공간의 질서 속에서 직
접 보고 들으면서 사물을 알아갈 수밖에 없다. 보고 들은 것들은 결국 망각
의 늪으로 가라앉아 의식의 하층부로 침전된다. 기억의 실을 되짚어 그것
들을 다시 살려낸다 해도 과거 지각의 현장에서 마주했던 사실들을 남김
없이 재현하는 것은 불가능하다. 의식적으로든 무의식적으로든 기억 그
자체가 원근법적 질서perspective 속에서 정보를 취사선택하며 전해질 가
치가 있는 사실들을 선택하는 작업을 하고 있기 때문이다. 우리는 기억에

의해 선별된 여러 사실을 일정 문맥context 속에 재배치하고, 나아가 그것들을 시간계열에 맞춰 재배열함으로써 마침내 '세계'나 '역사'에 대해 이야기할 수 있게 되는 것이다.

여기서는 우선 '사건, 문맥, 시간계열'의 요건을 갖춘 언어행위를 '이야기행위'라 부르기로 한다. 옛날이야기나 동화로 대표되는 '이야기'의 전승이 이야기행위의 전형적인 예라는 것은 굳이 설명할 필요도 없다. 그러나 지금부터 살펴보겠지만 언어행위의 사정射程범위는 단순한 '허구'는 물론 '사실'의 영역까지 아우를 만큼 광대하다. 그것은 또한 역사서술도 포함하고 있다. 그러므로 언어행위는, 우리에게 불가결하며 근원적인 역사의식을 구성하는 데 적극적으로 참여하고 있는 것이다.

과거에 발생한 '사건'은 이와 같은 언어행위로 표현되는 한도 내에서만 존재할 수 있다. 현전現前하고 있는 지각체험은 이야기행위를 통해 '해석학적 변형'을 겪음으로써 상기想起의 문맥 속에서 과거의 '사건'으로 재현된다. 아니, '재현'이라는 말은 오해의 소지가 있을 수 있다. 과거를 상기하는 것은 지각적 현재를 완벽하게 '모사模寫'하는 것이 아니기 때문이다. 만약 완벽하게 모사할 수 있는 지각적 현재가 어딘가에 존재한다면, 그것은 바로 기억 속이다. 그러나 기억 속에 존재하는 것은 해석학적 변형이 일어난 과거의 경험일 뿐이다. 그러므로 그것은 지각적 현재가 아니며, 지각적 현재와 비교해서 모사의 완성도를 논할 만한 대상 또한 아니다. 지각적 현재가 이미 존재하지 않는 이상, 모사나 비교라는 조작은 처음부터 의미가 없기 때문이다. 상기는 과거에 '이러이러했던' 것을 지금 현재 떠올리는 것으로, 이때 떠올려진 것들만이 '과거의 경험'인 것이다. 그러므로 과거의 경험은 항상 기억 속에 '해석학적 경험'으로 존재한다. 우리는 지나가버린 지각적 경험 그 자체를 이야기하는 것이 아니라, 상기된 해석학적 경험을 과거형이라는 언어형식을 통해서 이야기하는 것이다. '지각적 체험'을 '해석학적 경험'으로 변용시키는 이러한 해석학적 변형의 조작이야말로 '이야기하다'라는 원초적인 언어행위, 즉 '이야기행위'를 성립시키는 기반인 것이다.

　인간의 경험은 한편으로는 신체적인 습관이나 의식儀式으로 전승되며, 다른 한편으로는 '이야기'로 축적되어 전승된다. 인간이 '이야기하는 동물'이라는 것은 무자비한 시간의 흐름을 '이야기하는' 행위를 통해 멈춰 세우고, 축적된 기억과 역사(공동체의 기억)의 두께 속에서 자기확인identify을 거듭하며 살아가는 동물이라는 것을 의미한다. 우리가 다양한 경험을 기억으로 만들고, 그 기억을 시간적·공간적으로 정리하고 배열해서 많은 이야기를 지어내는 것은, 바로 덧없이 흘러가버리는 시간의 흐름 속에서 해체되어 가는 자기 자신에 대항하기 위해서이다. 고대 그리스인들은 기억의 여신 므네모시네가 제우스와의 사이에서 아홉 명의 뮤즈를, 그 중에서도 서사시의 여신 칼리오페와 역사의 여신 클리오를 낳았다고 생각했다. 고대 그리스인들은 기억과 역사 사이의 숨겨진 섭리를 꿰뚫고 있었다고 할 수 있다.

　그런데 현대에 와서 인간의 '이야기하는' 능력은 현저히 쇠퇴하고 있는 것 같다. 과거에는 잠들기 전 베개 머리맡에서 아이들에게 '이야기해'주던 옛날이야기나 동화가 지금은 화려한 그림책을 앞에 두고 '읽어'주는 것으로 변해버렸다. 난롯가에서 거짓과 진실을 섞어가며 자신의 내력과 경험을 이야기해주던 노인들은 핵가족 사회 속에서 설 자리를 잃어버렸다. 오늘날에는 이야기로 전승되어야 하는 경험이 실용적인 '정보'로 변해서 책꽂이나 디스크 속에 조용히 담겨 있다. 현대의 '이야기하려는 욕망'은 마치 가십 저널리즘의 점유물이 되어버린 것 같다.

　일찍이 야나기타 구니오는 '구비전승의 문예'와 '수승안승手承眼承의 본격문예'를 비교하면서 이야기의 쇠퇴에 대해 다음과 같이 적었다.

민중에게 문자가 없던 시대 또는 문자가 없는 종족이 있어서, 문자로 기록된 문학을 갖지 못하는 경우는 얼마든지 상상할 수 있다. 그러나 이와 반대로 오늘날처럼 문예만이 존재하고 아름답게 장식된 말은 알지 못하는 사회는 절대로 상상할 수 없다. (중략) 인쇄라는 사업은 사회문화에 두려울 정도로 큰 변혁을 일으켰다. 이전에는 서로가 보조를 맞추며 각자의 영역을 발전시켜나갔지만, 눈 깜짝할 사이에 그 세력의 차이가 크게 벌어지게 되었다. 그것은 지식의 욕구가 급속히 한쪽으로 편향되었기 때문만은 아니다. 단지 어느 한쪽이 훨씬 손에 넣기 쉬워졌던 것이다. 같은 서적들 중에서도 수가 적은 것은 뒤로 밀렸다. 이른바 정본定本의 권위는 독점되어왔다. 개인의 작은 입에서 귀로 이어지는 전승이 수승안승의 전승과 대립하고 결국 그 유래를 논할 수 없게 된 것도, 또한 그 특수한 유포양식으로 한 나라의 문예의 대부분을 설명할 수 없게 된 것도 모두 선조들은 전혀 예상하지 못했던 일일 것이다. 문예의 화려함은 그 화려함으로 사람들의 시선을 끌고 있지만, 우리는 이미 그 밑바닥에 자리잡고 있는 근본을 잊어버리고 있는 것이다.[1]

위의 글에서 야나기타는 인쇄술이 비약적으로 발전함에 따라 '구비전승의 문예'가 쇠퇴하여 소멸할 위기에 처하게 된 것을 한탄하고 있다. 물론 그의 주장을 전면적으로 뒷받침하고 있는 것은 '입과 귀의 문학'을 오랫동안 계승해온 낫 놓고 기역자도 모르는 '서민'의 모습이다. 말로써 이야기를 전승해온 '구비전승'이라는 장르가 소멸함에 따라 구비전승되던 서민들의 경험 전달양식이 근본적으로 변용되고, 나아가 그 역사의식도 심층적으로 변화했다. 그러므로 야나기타의 시대 인식은 단순한 문예론을 넘어서는,

그의 매체론이자 역사철학이라고 할 수 있다.

이 주제는 그의 저서 『불행한 예술』에서 '악의 예술'이나 '거짓 기예' 또는 '주변문학'의 쇠퇴와 소멸을 논하는 서술에서도 반복되고 있다. 야나기타가 『불행한 예술』에서 목표로 삼은 것은 "일본 전前 세대 문화의 흔적이 반드시 어떤 문서화된 서적 안에 보존되어 있다고 생각하는 것은 잘못임을 입증"[2]하는 반反시대적인 시도였다. 덧붙여 설명하자면 야나기타는 "한 나라 문예의 두 가지 흐름, 즉 문자를 가진 사람들로 그 대상이 한정된 붓의 문학과 언어 그대로 입에서 귀로 전해지던 예술 사이의 연락과 교섭, 아니 그보다도 하나가 다른 하나를 교육하고 키워온 과정"[3]이 망각되고, 회고되지 않고 있는 것에 대해 강력하게 이의를 제기하고 있다. 한마디로 야나기타는 '문학의 폭력' 앞에 맨주먹으로 맞서려 했던 것이다.

그런데 앞에서 인용한 야나기타의 논문 「구비전승문예대의」가 쓰여진 때는 1932년이었다. 그와 비슷한 시기에 발터 벤야민은 「이야기꾼」이라는 훌륭한 니콜라이 레스코프론[†]을 발표했다. 야나기타보다 겨우 4년 늦게 쓰인 이 논문 전체에 흐르고 있는 주된 선율은 '이야기한다는 예술의 종언'에 대한 벤야민의 애석한 심정이다. 그는 이야기와 소설을 대비하며 다음과 같이 표현하고 있다.

이야기가 쇠퇴해온 흔적을 되짚어가다 보면, 그 가장 초기의 징후는 근대 초기에 소설이 대두한 것이다. 소설이 이야기와 (그리고 좁은 의미의 서사적인 것들과) 구별되는 특징은 본질적으로 서적에 의존하고 있다는 점이다. 소설이 보급될 수 있었던 것은 서적 인쇄술이 발명된 덕분이었다. 입에서

† 『괴물 셸리반』과 『러시아의 맥베스 부인』 등을 쓴 러시아 작가 니콜라이 레스코프의 작품에 대한 비평.

입으로 전승되는 서사시의 재산은 소설을 존립시키고 있는 것과는 전혀 다른 성질의 것이다. 소설은 구비전승의 전통에서 태어난 것이 아니며, 또한 그 전통 속에 합류되지도 않을 것이라는 점에서 동화, 전설, 단편소설 등 다른 모든 산문예술 형식과는 대조적이다. 그러나 소설이 무엇보다 큰 차이를 나타내는 것은 이야기하는 것에 대한 부분이다. 이야기의 작자는 그가 이야기하는 내용을 체험으로부터 가지고 온다. 체험에는 자기 자신의 경험은 물론 보고報告된 경험도 포함된다. 그리고 그의 이야기는 나아가 그의 이야기에 귀를 기울이는 사람들의 경험이 된다. 그에 비해 소설의 작자는 스스로를 분리해왔다. 고독 속의 개인이야말로 소설이 태어나는 산실인 것이다.[4]

야나기타의 주장 배후에 존재하는 것이 농촌의 급격한 근대화로 인해 사라져가는 서민문화의 기반에 중점을 두고 앞으로 일본이 갈 길을 결정하려는 강경한 의지였다면, 벤야민의 주장 배경은 근대 유럽의 비극적 귀결이라고도 할 수 있는 두 차례에 걸친 세계대전에서 얻은 상실감과 그 상실감에서 발생하고 있던 새로운 위기에 대처하려는 강인한 의지였다. 그러나 야나기타 구니오와 벤야민의 이 기묘한 조합이 이야기의 쇠망이라는 현실에 대한 공허한 한탄을 공유하고 있던 것은 아니었다. 그들은 모두 그러한 현상이 초래된 원인을 파악함으로써 '근대'라는 세계사적 아포리아[†]에 자기 나름의 방식으로 대처하려 했던 것이다. 그러므로 그들의 이야기론은 잃어버린 세계를 향한 추억과 향수가 아니라 근대비판이라는 훌륭한 현대적인 문제의식을 가지고 있다고 할 수 있다.

벤야민이 소설을 이야기에 대치했을 때, 그는 분명히 소설을 근대시

[†] 철학에서 하나의 질문에 서로 모순되는 두 개의 결론이 도출되는 경우. 일반적으로 해결하기 힘든 난제.

민사회의 대표적인 문예형식으로 생각했다. '고독 속에 있는 개인'이 밀실 (서재) 안에서 써낸 문장을 소설이라고 부른다면, 자립한 개인이 스스로의 내면을 있는 그대로 토로하는 '고백'이야말로 소설에 가장 잘 어울리는 문체일 것이다.

> 최후의 심판을 알리는 나팔이 언제 울려도 상관없다. 나는 손에 이 책을 들고 최후의 심판자 앞으로 나아갈 것이다. 나는 소리 높여 이렇게 말할 것이다. 이것이 제가 한 일입니다. 생각한 것입니다. 지금까지의 제 모습입니다. 저는 선도 악도 모두 솔직하게 이야기했습니다. 나쁜 일은 아무것도 감추지 않았고 좋은 일은 아무것도 덧붙이지 않았습니다. (중략) 저는 당신이 보신 것처럼 제 내면을 내보였습니다.[5]
>
> 내 고백의 본래 목적은, 생애의 모든 순간에 있어 내 내부를 정확하게 알리는 것이다. 내가 약속한 것은 나 자신의 영혼의 역사이며, 그것을 충실하게 적기 위해서는 다른 메모는 필요 없다. 지금까지 했던 것처럼 내 내부로 돌아간다면 그것으로 충분할 것이다.[6]

이처럼 J. J. 루소가 격앙된 어조로 부르짖을 때, 근대적인 개인은 문자로 기록할 수 있는 '내면'을 획득하고 '고백'이라는 문학적인 제도를 손에 넣었다. 물론 루소가 표현하려고 했던 '있는 그대로의 얼굴'이 또 하나의 '가면'에 지나지 않았다고 해도 그것은 문제가 되지 않는다. 중요한 것은 가면의 배후에 '있는 그대로의 얼굴'이라고 고백할 수 있는 내면이 형성되었다는 점이다.

그런데 '자신의 영혼의 역사'를 충실하게 이야기할 수 있는 사람은 '자신의 내면으로 돌아가기'를 위한 특권적인 통로를 가진 인물, 즉 '나' 하나뿐이다. 이른바 '근대적 자아'는 이러한 특권성의 철학적 형상화이며, 바로 자기 내면을 고백할 수 있는 문학적 주체의 다른 이름이다. 초기의 근대소설이 서간체 형식을 취하고 있었던 것도 이러한 사정과 무관하지 않다. 편지야 말로 당시 성립된 '개인성'에 있어서, 개인의 내면을 고백하는 데 가장 적합한 문학적 장치였기 때문이다. 구비전승의 이야기를 쇠망에 이르게 한 외적인 조건이 문자의 보급과 인쇄술의 발달이었다면, 그 내적인 조건은 '내면'의 성립과 '고백'의 제도화였다고 할 수 있다.

물론 근대소설이 내면의 고백만 다루고 있는 것은 아니다. 다른 한편에서는 발자크로 대표되는 19세기 소설가들이 자신이 살고 있는 서구시민사회의 전체상을 그려내려 하고 있었다. 소설이라는 그릇이 근대시민사회를 모체로 태어난 것이라면, 그 그릇에 근대적 개인의 내면적인 생태뿐만 아니라 외면적인 생태 또한 담으려 했던 것은 당시 소설가들의 당연한 욕구였다. 그들은 자연 박물학처럼 시민사회의 박물학을 만들려 했다. 발자크는 『인간희극』 서문에서 "뷔퐁이 동물학 전부를 한 권의 책으로 표현하기 위해 노력한 결과, 그렇게 훌륭한 저작을 남긴 이상 '사회'에 있어서도 같은 종류의 저작활동이 이루어져야 하지 않을까"[7]라고 말하면서 그 내용을 다음과 같이 설명하고 있다.

> 악덕과 미덕의 목록을 만들고, 정열의 주요 사실을 모으고, 성격을 묘사하고, 사회의 주요 사실을 고르고, 같은 성질의 성격으로부터 특징을 모아서 전형典型을 구성해간다면, 나는 아마도 많은 역사가들에게 잊혀진 역사, 즉 풍속의 역사를 쓸 수 있을 것이다.[8]

> 사회의 역사와 비판을 동시에 포함하며, 그 악의 분석과 그 원리의 검토도 동시에 포함하는 광대한 계획이기 때문에 나의 저서에 지금 보는 것처럼 '인간희극'이라는 총서명을 붙여도 아무런 문제가 없을 것이라고 생각한다.[9]

시민사회의 박물학을 실천하려고 한 발자크의 방법은 문학사적으로는 '사실주의寫實主義 realism'로 불린다. 뒷걸음치지 않고 현실을 직시하고, 악덕인지 미덕인지를 묻지 않으며, 일체의 장식을 덧붙이지 않고 있는 그대로의 모습을 묘사하는 방법을 '사실寫實'이라고 한다면, '내면의 고백'도 사실주의의 중요한 수단 중 하나이다. 앞의 인용에서 알 수 있는 것처럼 '악덕과 미덕의 목록'을 만들려고 한 발자크뿐만 아니라 루소 역시 "저는 선도 악도 모두 솔직하게 이야기했습니다"라고 선언하고 있기 때문이다. 내면의 고백과 시민사회의 박물학은 각각 현저히 다른 서술형식을 지니고 있지만, '사실을 있는 그대로 그려낸다'는 격률格率†을 추구하는 점에서는 종이의 양면과도 같다고 할 수 있다. 그리고 한마디 덧붙이자면 '진실을 있는 그대로 그린다'는 격률만큼 '이야기'의 정신에서 멀리 떨어져 있는 것은 없을 것이다. 과학을 통한 진리의 점유를 배경으로 '근대적 자아'와 '시민사회'가 손을 잡고, 있는 그대로의 사실을 최고의 가치로 찬양했을 때 이야기는 그 흥망이 결정된 것이다.

야나기타 구니오가 '구비전승의 문학'이 가져야 할 정당한 지위를 되찾아주려 했을 때, 그의 눈앞에 있던 것은 근대적 자아와 시민사회의 뒷받침을 받지 못하는 왜소한 '진실'의 횡행이었다. 청년기의 야나기타가 뛰어난 시적 재능을 발휘한 시인이었으며 시마자키 도손, 다야마 가타이, 우에다 빈과 같은 〈문학계〉 동인들과 가깝게 교유한 것은 잘 알려진 사실이다. 그들, 즉 메이지시대의 문학자들이 직면했던 문제는 시민사회가 아직 성숙되지 않은 상황에서 어떻게 근대적 자아를 확립하는가라는 거의 해결 불가능한 과제였다.

† 행위의 규범이나 윤리의 원칙.

처음부터 시민사회가 소여의 것으로 존재하지 않는다면 '시민사회의 박물학'을 실현하고자 하는 추구는 불가능하다. 그것을 알고 있으면서도 소설이라는 문학형식을 고집한다면 남는 것은 '내면의 고백'이라는 방법뿐일 것이다. 그러나 고백할 수 있는 '내면적 자아'는 도대체 어디에 있는 것인가. 이토 세이의 말을 빌리자면, 그들은 '도망노예'가 되어 자발적으로 현실사회에서 유배되어 '문단文壇'이라는 유사시민사회 속으로 은거했다. 이를 통해 겨우 고백할 수 있는 '내면'을 확보할 수 있었다. 이것이 이른바 일본형 '사소설私小說'의 성립이다. 이처럼 가상적으로 구성된 '근대적 자아'는 다키이 고사쿠가 말하는 "조금도 왜곡하지 않고 조금도 꾸며내지 않고 사생寫生"하는 방법을 통해서 있는 그대로의 내면적 진실을 그려내려고 했다. 그러나 그것은 '진실'이라고 부르기엔 너무나 왜소한 진실이었고, '사실주의'라고 부르기엔 너무나 소박한 사실주의였다.

야나기타가 '입과 귀의 문학'의 풍요로운 유산에 주목하고 마음을 빼앗겼을 때 그 반대되는 개념으로 생각한 것은, 현실사회에서 스스로를 단절시켜 간신히 손에 넣은 빈약한 '문단적 자아'가 궁여지책으로 만들어낸 이와 같은 일본형 사실주의 혹은 자연주의 문학이었다고 할 수 있다. 야나기타는 『도오노 이야기』의 첫머리에서 "한마디로 이 책은 현재의 사실이다"라고 단언하고, 나아가 "바라건대 이것을 이야기해서 평지인†을 전율케 하소서"라는 과격하다고도 할 수 있는 말을 내뱉고 있다.[10] 동시대 소설가들이 범하고 있는 '진실'의 왜소화는 물론 '시민'과 '서민' 그 어느 쪽에도 뿌리를 두지 않는 '일본적 근대' 자체를 향해서도 비판의 화살을 날린 것이다. 야나기타는 아마도 가타이로 대표되는 자연주의 소설의 번영을 가상

† 야나기타가 제시한 개념으로, 일본의 선주민을 의미하는 산인山人에 대치되는 평지에 사는 천손민족을 의미한다.

의 적으로 염두에 두면서, 『불행한 예술』에서 일본형 사실주의의 말로를 다음과 같이 비난하고 있다.

그리고 말하기 어려운 일이기는 하지만, 그들이 쓰는 글은 모두 신변잡기적인 소설로, 전혀 신선한 실험을 하지 않는 주제에 붓을 자신의 견문의 세계에 한정시킨 채 과장하기를 두려워하는 것은 마치 호랑이와 늑대를 두려워하는 것과 같으며, 있는 그대로라면 그것이 바로 문학이라고 생각하는 사람이 있다. 그리고 한편에서는 우연히 어린아이의 자연스럽고 자유로운 거짓말을 듣게 되면 서둘러 그것을 꾸짖고 벌하려 하는 자가 많아졌다. (중략) 근세의 문학론에는 너무나 어중간한 사실주의라는 것이 있다. 생활의 진정한 모습이라고 이름 붙여서 단지 외적인 모습을 옮긴 것만 문예로 허용하고, 우리의 본능이 눈을 뜨고 어떤 꿈을 꾸는지는 돌아보지 않았던 것이다.[11]

야나기타는 윗글에서 '있는 그대로'의 사실이 존중되고 '자연스럽고 자유로운 거짓'이 배척당하는 근대사회의 일반적 풍조 속의 바람직하지 않은 현상을 한탄하고 있다. 그 바람직하지 않은 현상은 사적이고 은밀한 '내면'을 갖게 된 근대적 개인의 부자연스러움과도 이어지는 것이다. '생활의 진정한 모습'은 내면의 고백이나 외면의 사실적인 묘사로는 표현할 수 없다. 오히려 그것은 서민들이 '눈을 뜨고 꾸는 꿈' 안에 비춰지고 있는 것이다. 그런 점에서 진실은 '이야기하는語る〔kataru〕' 것과 '속이는騙る〔kataru〕' 것 사이에 위치한다고 할 수 있다. 야나기타는 바로 이 '눈을 뜨고 꾸는 꿈'을 그려내기 위해, 시민사회의 문학자가 되는 길을 버리고 민속학자가 되어 구비전승의 이야기세계로 뛰어든 것이다.

2 소리와 문자

문자를 배우기 이전과 비교할 때, 장인은 솜씨가 둔해졌으며 전사는 겁쟁
이가 되었고 사냥꾼은 사자를 놓치는 경우가 많아졌다.
… 나카지마 아쓰시, 『문자의 재앙』

앞에서 '이야기의 쇠퇴' 원인 중 하나는 문자의 보급과 인쇄술의 발달이라
고 말했다. 물론 이것은 단지 역사적 사실을 추인한 것에 지나지 않는다.
그렇다면 문자 표기는 우리 경험의 구조화에 어떤 변화를 초래했는가. 이
질문을 하는 순간, 우리는 '음성언어parole'와 '문자언어écriture'라는 유명
한 문제영역의 한복판으로 들어서게 된다.

그러나 야나기타 구니오가 세운 '언어 그대로 입에서 귀로 전해지던
예술'과 '문자를 가진 사람들로 그 대상이 한정된 붓의 문학'의 구별, 또는
'구비전승의 문예'와 '수승안승의 본격문예'의 구별을 '음성언어'와 '문자
언어'에 그대로 적용시키는 것은 성급한 결론이라는 비난을 피할 수 없을
것이다. 그것은 '구비전승언어'는 음성을 통해 입에서 귀로 전달되는 언
어라는 점에서는 '음성언어'에 가깝지만, 발화發話상태의 공시성共時性과
문맥 의존성을 초월한 통시적通時的 전달이라는 점에서는 '문자언어'에 보
다 가까운 특징을 가지고 있기 때문이다. 즉 '구비전승언어'는 소리의 직
접성과 전승의 역사성을 모두 갖고 있는 야누스적 성격을 띠고 있다. 그
러므로 음성언어나 문자언어 어느 쪽에도 속하지 않는 독자적인 범주로

분류되거나, 음성언어와 문자언어의 단순한 이항대립으로는 정의되지 않는 제3의 범주에 속하는 것으로 생각되어야 한다.

예를 들어 야나기타가 전前 세대 문화의 흔적을 전달하는 수단으로 '눈으로 볼 수 있는 것, 귀로 들을 수 있는 것, 직접 만지고 느낄 수밖에 없는 것' 세 가지를 제시하면서 "이른바 구비전승의 문예는 정확히 그 한가운데의 3분의 1에 해당한다"라고 말했을 때,[12] 야나기타가 여기에서 말하고 있는 세 번째 범주, 즉 직접 만지고 느낄 수밖에 없는 것으로 염두에 두고 있던 것은 아마도 의식이나 풍습, 제사와 같은 민속적인 것들이었을 것이다. 그러나 음성언어와 문자언어라는 구분을 이 삼분법에 적용시킨다면, 구비전승언어가 두 번째 범주에 대응하고 있기 때문에 조금 무리가 있더라도 음성언어는 세 번째 범주에 속한다고 생각해야 할 것이다. 오모리 소조가 언어의 작용을 '몸짓'에 비유해서 '소리짓'이라고 부른 것처럼, 음성언어를 통한 전달이 갖는 직접적인 성격은 '소리에 접촉하는' 것에 비유될 만한 것이기 때문이다. 그것은 동시에 음성언어와 구비전승언어의 미묘한 차이도 시사해 준다고 할 수 있다. 야나기타는 단순히 전달양식의 변천을 서술하기 위해 이렇게 세 가지로 구분한 것이 아니다. 그는 경험 전달양식의 변용 속에서 바로 우리 경험 그 자체의 변용을 찾아낸 것이다. 매체media는 경험의 일부이며 그것을 근본으로 우리는 경험을 구성한다. 오늘날 우리가 야나기타 구니오의 저서를 통해 배워야 하는 것은 바로 이와 같은 통찰이다.

그렇다면 음성, 문자, 구비전승이라는 매체는 어떤 형태로 우리 경험의 구성에 관여하고 있는지, 먼저 음성과 문자의 역할부터 살펴보기로 하자. 음성과 문자는 당연히 '의미하는 것signifiant'에 속한다. 그러나 그들은 아프리오리†에 의존하는 '의미되는 것signifié'과 나중에 덧붙여진 외피, 즉

† a priori. 경험과는 관계없이 알 수 있는 것. 선천적.

명칭목록이 아니다. 소쉬르가 지적하는 것처럼, 그 둘은 마치 종이의 양면과 같은 것으로, 분리될 수 없다. 음성과 문자는 이른바 동일한 근원적 존립기반을 가지고 있기 때문에 둘의 분절화는 곧 '의미되는 것'의 분절화를 뜻하기 때문이다.

그러나 음성과 문자가 전달과정에서 기능하기 시작하는 것과 동시에, '의미되는 것'은 그 과정을 통해 무한히 반복될 수 있는 '동일한 의미내용'으로 이념화 또는 물상화物象化된다. 이른바 전달과정에서는 상대적으로 독립적인 '이념성idea性'을 획득하는 것이다. 이와 같은 이념성은 일반적으로 아프리오리적이고 자기동일적인 '초월적 의미'로서 특권적인 신분을 부여받아왔다. 즉 음성과 문자는 눈에 보이지 않는 초월적 의미를 '현전화現前化'해주는 가시적인 매체에 지나지 않는다고 여겨져온 것이다. 그러나 초월적 의미의 자기동일성이 전달과정의 무한한 반복가능성을 보증해주는 것은 아니다. 만약 그렇게 생각한다면 '의미하는 것'에 대해서 '의미되는 것'의 사실적이고 논리적인 선행성을 주장하는 것이며, 음성과 문자를 단지 의미의 외피로 파악하는 잘못된 견해일 뿐이다. 오히려 전달과정의 무한한 반복가능성이야말로 자기동일적인 초월적 의미의 독립자존이라는 물상화적 착시를 일으키는 원인이다. 즉 전달과정과 매체의 역할을 무시하고 언어적 의미의 '이념성'을 논할 수는 없는 것이다. 이념성의 구성에 음성과 문자의 매개가 절대적으로 필요하다는 것을 통찰해낸 최초의 철학자는 『기하학의 기원』을 쓴 후설이었다.

만년의 유고遺稿 『기하학의 기원』에서 후설이 문제로 삼고 있는 것은, 하나의 전통으로서 역사적으로 이어져 내려온 기하학이 만인에게 타당한 진리로 '이념적 객관성' 또는 '이념적 대상성'을 획득한 이유는 무엇인지에 관한 것이었다. 예를 들어 '피타고라스의 정리定理'에 대해 후설은 다음과 같이 적고 있다.

피타고라스의 정리, 나아가 기하학 전체는 설령 그것이 아무리 빈번하게
감성적으로 표현되어왔다고 하더라도, 또한 설령 그것이 어떤 언어로 표현
되더라도 단 한 번밖에 존재하지 않는다. 그것은 유클리드의『원론』에서나
어떤 '번역'에서도 완벽하게 동일하다. 그것은 설령 그것이 최초의 발언이
나 집필에서 시작되어 셀 수 없을 정도로 많은 구두표현과 문자, 그리고 그
이외의 방법으로 기록될 때까지 아무리 빈번하게 감성적으로 표현되었다
고 하더라도, 어떤 나라의 언어로 표현되더라도 변함없이 동일하다.[13]

물론 여기서 후설은, 음성과 문자에 의한 감성적 표현의 반복이나 번역
을 통해서 자기동일성을 변함없이 유지해가는 피타고라스 정리의 '초월적
의미'를 조정措定[†]하려는 것은 아니다. 오히려 그는 그러한 초월적 의미의
'발생'과 '기원'에 대해 질문하려는 것이다. 피타고라스의 정리는 "감성적
으로 구체화하는 반복"[14]을 통해 비로소 이 세계 속에서 객관적으로 존재할
수 있다. 반복으로부터 벗어난 그와 같은 '초월적 의미'는 언어 이전의 주관
적 명증성은 획득할 수 있지만 이념적인 객관성을 획득할 수는 없으며, 역
사적인 과정에서 계승되어온 기하학적 학문의 '전통'을 형성하는 것 또한 불
가능하기 때문이다. 그러므로 후설의 질문은 다음과 같은 형태를 취한다.

기하학적 이념성(어떤 장르의 과학의 이념성도 마찬가지이지만)은 최초 발명
자의 머릿속 의식공간에 어떤 형상으로 놓여 있는 본래의 인격내부적인
기원innerpersonaler Ursprung으로부터 어떻게 그 이념적 객관성에 도달하
는 것인가.[15]

[†] 존재를 긍정하거나 내용을 명백히 규정하는 일.

이것이 『기하학의 기원』 전체를 통해서 제기되고 있는 핵심 질문이다. 이 질문에 대한 후설의 답은 어떻게 보면·후설 자신이 창시한 초월론적 현상학의 한계를 뛰어넘은, '해석학적 전환'이라고도 부를 수 있는 새로운 단계를 시사하는 것이었다.[16]

예를 들어 하나의 기하학적 정리가 최초 발명자의 머릿속에 자리잡고 어떤 형태로 형식화되었다고 가정해보자. 그 정리는 곧바로 발명자의 과거지향적인 의식 속으로 이동하고 마침내 현재적顯在的인 의식에서 사라지고 잊혀질 것이다. 그러나 그것은 완전히 소실된 것이 아니다. 발명자는 필요에 따라 그 정리를 상기함으로써 최초에 획득했던 본원적인 명증성을 찾아내고 그것을 임의로 반복할 수 있다. 그렇지만 그러한 명증성의 경험은 어디까지나 발명자의 개인적인 주관 내부에서 반복가능성을 가질 뿐이다. 그러나 본래 기하학의 정리는 개인주관 내부에서 발생하는 심리현상에 한정되는 것이 아니다. 후설의 말을 빌리자면 "기하학적 존재는 그 창건부터 우리가 확신하고 있는 것처럼 모든 인간, 나아가서는 모든 민족과 모든 시대의 현실적이고 가능적인 수학자에게 접근할 수 있는 독자적이며 시간을 초월한 현존現存"[17]인 것이다.

그렇다면 단순히 개인주관의 내부에서 발생한 기하학적 정의가 어떻게 후설이 말하는 것처럼 '독자적이며 시간을 초월한 현존' 또는 '이념적 객관성'을 획득하는 것인가. 그에 대한 후설의 답변은 놀랄 정도로 간단명료하다. 즉 "그것이 말하자면 그 언어자체Sprachleib를 수용하는 언어를 매개로 함으로써"[18]가 그가 제시한 답의 전부이다. 그렇지만 허무할 정도로 당연한 이 답은 후설의 현상학이 '직관적 명증성'의 차원에서 '해석학적 명증성'의 차원으로 한 발을 내딛기 위해서 반드시 통과해야 하는 필수불가결한 관문이었다. 그는 먼저 주관적 명증성에서 객관적 명증성에 이르는 제1단계를 '언어공동체'라는 개념을 수용하면서 다음과 같이 설명한다.

그러나 우리가 자기이입의 기능과, 자기이입을 주고받는 공동체이면서
언어공동체이기도 한 동료들을 고찰에 포함하는지 아닌지 여부에 관계없
이 알기 쉬운 방법으로 객관성이 ─ 제1단계에 있어서이기는 하지만 ─ 발
현된다. 언어를 통해 서로를 이해하는 결속 안에서, 하나의 주관의 본원
적 산출과 그곳에서 산출된 것이 다른 주관에 따라 능동적으로 추이해追
理解 nachverstehen[†]될 수 있다. (중략) 즉 산출작용은 한 사람으로부터 그
동료들에게 같은 형태로 점차 퍼져나갈 수 있는 것이다. 그리고 이렇게 반
복되는 이해의 연쇄 속에서 명증적인 것이 동일한 그대로의 상태로 타자
의 의식 속으로 들어가게 되는 것이다. 많은 사람들로 구성되는 전달공동
체 속에서는 이렇게 반복을 통해 산출된 형성체가 동일한 것으로서가 아
니라 만인에게 공통되는 하나의 형성체로서 받아들여지게 된다.[19]

여기에서 후설은 초기 객관성의 성립기반을 음성언어를 통한 커뮤니
케이션 행위 속에서 찾고 있다. 전달공동체의 성원을 통해 이루어지는 언
어를 매개로 하는 '추이해'의 연쇄가 개인주관의 내부 영역을 넘어 동일성
의 명증을 공동화하는 것이다. '추이해'라는 단어가 딜타이의 해석학에서
유래된 학술언어라는 점을 고려한다면 후설이 나아가고자 하는 방향은 더
욱 분명해질 것이다. 그 방향은, 하나는 이념적 객관성의 '간주관화間主觀
化'이며, 다른 하나는 그 '역사화'라고 할 수 있다. 바꿔 말하자면 공시적인
반복가능성과 통시적인 반복가능성이 모두 의미형성 과정에 참여해서 기
하학적 대상의 이념적 객관성이 구성되는 것이다.

[†]기존의 오성悟性을 재현하거나 재활성화함으로써 추후로 이해함.

만약 객관성이 아프리오리적으로 자존하는 '초월적 의미'를 통해 보증되는 것이라면, 그 현상학적 '발생'에 의문을 제시하는 것은 아무 의미도 없을 것이다. 또한 그곳에 언어가 끼어들 여지도 존재하지 않을 것이다. 그런 점에서 후설이 "객관적 세계라는 것은 본래 만인에게 있어서의 세계, 즉 '누구나가' 세계지평으로 가지고 있는 세계이다. 세계의 객관적 존재는 보편적 언어를 가진 인간으로서의 인간을 전제로 하고 있다"[20]라고 말했을 때, 그는 객관성이 개인주관성에서 간주관성으로 이행하는 과정에서 생성되는 것으로 새롭게 파악하고, 그 성립조건을 인간의 언어활동, 특히 음성언어에 의한 공시적 전달 속에서 찾고 있었던 것이 틀림없다.

그러나 음성언어를 통한 커뮤니케이션이 '소리'를 매개로 하는 이상, 그것이 영향을 미치는 범위는 공간적으로 한정되어 있으며, 추이해의 연쇄는 최대범위가 동시대 사람들의 집단을 포섭하는 정도에 지나지 않을 것이다. 따라서 간주관성도 일정한 공간적 확대를 획득하는 것에 지나지 않으며, 그렇게 구성된 객관성은 공시적 객관성을 뛰어넘을 수 없다. 후설의 말을 빌리자면, 그곳에는 "창출자와 그 동료들이 이런 연결 속에서 각성한 채로 살아가는 것을 포기하거나, 일반적으로 더 이상 생존하지 않게 된 이후라고 하더라도, '이념적 대상'이 수세기에 걸쳐 지니고 있는 지속적 존재"[21]가 결여되어 있는 것이다. 이념적 대상에게 요구되는 '시간적 지속'의 결여가 문제인 이상, 우리는 여기에서 '소리'를 통한 커뮤니케이션의 직접성과 현전성, 나아가 그것에 의해 초래되는 추이해의 직관적 명증성을 초월한 지점을 향해 나아가지 않으면 안 될 것이다.

그렇다면 무엇이 간주관성에 시간적 확산을 부여하고, 통시적 객관성의 구성을 가능하게 하는 것인가. 또는 무엇이 기하학의 창시자와 그 동료들의 부재를 극복하고 이념적 대상을 역사적 과정을 관통하는 '지속적 존재'로 만드는 것인가. 이 문제에서도 후설의 답은 놀랄 만큼 간단명료하다. 그것은 "직간접적인 개인의 언어작용 없이도 전달을 가능하게" 하는 것, 즉 "문자에 의한 표현, 기록된 언어표현"의 작용인 것이다.[22] 후설에 의하면 문자로 적어서 기록하는 것은 "의식형성체의 근원적 존재형태의 전환" 또는 "기하학적 형성체의 명증의 전환"을 발생시키는 것으로, 이를 통해 "인류의 공동체화도 새로운 단계로 올라가는" 것이다.[23] 물론 후설의 이러한 답변이 그가 이념적 객관성의 존립근거를 문자언어의 성립이라는 단순한 역사적 사실 속에서 찾고 있음을 의미하진 않는다. 그는 여기서 사실성으로부터 이념성으로의 미묘하지만 결정적인 한 걸음을, 문자언어라는 매체를 매개로 하는 우리 경험양식의 근본적인 변용 속에서 찾으려 하고 있는 것이다.

최초의 기하학자를 통해 창출된 의미형성체는 음성언어를 통해 전달 공동체 성원 모두의 공통된 획득물이 되고, 나아가 문자 표기를 통해 텍스트 속으로 '침전하는sedimentieren' 것으로써 스스로를 '이념적 대상'으로 완성한다. 텍스트 속으로 침전된 의미는 그것을 읽는 사람에 의해 '재활성화Reaktivierung'되어 다시 최초의 기하학자가 가지고 있던 본원적 명증성을 회복한다. 바로 이 '침전'과 '재활성화'의 반복과 교착 속에 이념적 객관성의 유일한 기반이 존재한다는 것이 후설의 결론이다.

바꿔 말하면, 텍스트 속으로 침전된 의미는 문자언어라는 매체를 통해 무한의 독자 앞에 개시開示될 수 있는 것이다. 즉 시공간적으로 무한의 독자에 의해서 '재활성화' 가능성이 보증되는 것이다. 이 원리적인 무한반복의 가능성이야말로 기하학의 이념적 객관성을 구성하는 초월론적 조건이다.

그러나 언어표현의 이해는 먼저 '수동성'의 차원에서, 즉 연상을 통한 결합과 융합을 동반한 의미이해의 차원에서 수행된다. 후설에 의하면 이 수동적 이해는 명제 그 자신을 "현실의 근원적인 능동성에 의해 산출된 근원적 의미의 재생적 변용"[24]으로 정시呈示하는 것으로, 그것은 바로 의미형성체의 자기동일성을 위협하는 '부단의 위기'이다. 의미형성체는 문자화된 텍스트로 침전됨으로써 무한의 반복가능성을 획득함과 동시에 본원적 명증성의 '재생적 변용'으로밖에는 자기를 정시할 수 없다는 '동일성의 위기'에 언제나 노출되어 있는 것이다.

후설은 진리를 찾는 학문의 영역에서는 이념적 대상의 동일성을 유지하는 것이 불가결의 조건이라고 생각했다. 그렇다면 그에게는 무엇이 이 '동일성의 위기'를 극복하는 방법인가. 그는 그 해답을 단적으로 "공통의 통일된 책임 속에서 살고 있는 인식의 공동체로서의 학자들"[25]의 자부심과 확신 속에서 구하고 있다.

> 그들을 통해 학문적 표현으로 나타난 모든 것들은 '결정적인 형태로' 서술되어 있으며, 그것은 '확고한 것이며', 언제나 동일한 것으로 반복될 수 있으며, 이후의 이론적 그리고 실천적 목적을 위해서 명증을 가지고 이용될 수 있는 것이다 ― 의심할 여지 없이 진실한 의미의 동일성에 있어 재활성화가 가능하다 ― 라는 자부심 또는 확신이다.[26]

후설은 이 부분에 주를 달아, 학자들이 재활성화 능력을 확실히 몸에 지님으로써 '자부심과 확신'을 항상 따라다니는 주관적 상대성을 배제하기를 요구하고 있다. 그러나 동시에 "결국 객관적이며 절대적으로 확고한 진리의 인식은 무한의 이념인 것이다"[27]라고 적고 있다. 물론 여기서 '무한의 이념'은 극한개념으로서의 통제원리라는 칸트주의적 의미로 해석해야 한다. 그렇다면 이념적 대상의 동일성은 궁극적인 진리의 인식을 목표로 하는 학문공동체가 내세우는 하나의 '요청'이 될 것이다. 좀더 자세히 설명하자면, 이 요청은 최초의 기하학자의 머릿속에 자리잡은 의미형성체의 본원적 명증성을 시간적 거리를 두고 있는 그대로 또는 최대한 근접하게 재현하지 않으면 안 된다는 학자들의 노력목표라고 할 수 있다.

말하자면 후설은 간주관성과 반복가능성을 근거로 이념적 객관성의 '부단의 존재Immerfort-Sein'를 확보하는 데는 성공했지만, 그것은 반복과 재활성화에 필연적으로 수반되는 재생적 변모로 인해 이념적 대상의 동일성을 위험에 노출시키는 대가를 지불해서 얻은 결과였던 것이다. 그러나 후설에게 '동일성의 위기'는 동시에 학문의 위기로 간주되었기 때문에 그는 '본원적 명증성의 회복'을 학문공동체의 이름에서 찾고 있는 것이다.

그러나 '동일성의 위기'가 부정적인 특징으로 나타나는 것은 어디까지나 '객관적이고 절대적으로 확고한 진리의 인식'을 제1목표로 내세우는 학문적 고찰의 경우에 있어서이다. 어찌보면 이 빛나는 목표는 근대자연과학과 궁극적으로 기초확립을 목표로 해온 근대철학이 공유해온 뿌리깊은 강박관념이었다. 그 강박관념에서 해방될 수 있다면, 또는 그러한 목표가 처음부터 의미가 없는 토대 위에 설 수 있다면 '동일성의 위기'를 오히려 적극적으로 긍정적인 계기로 만드는 것 또한 가능할 것이다.

아마도 야나기타 구니오와 벤야민이 '이야기의 쇠퇴'를 한탄했을 때, 그들이 목표로 했던 것은 바로 그러한 강박관념에서 해방된 장소였다고 할 수 있을 것이다. 그곳은 또한 음성언어도 문자언어도 아닌, 바로 구비전승언어가 기능하는 장소가 아니면 안 된다. 구비전승언어는 굳이 말하자면 '진리의 전제지배專制支配'를 이탈해, '동일성의 위기'를 '동일성의 부정不淨'으로 전환시키는 하나의 이화장치異化裝置라고 할 수 있다. 그것은 동시에 문자와 진리의 공범관계 위에 성립된 '근대'문화의 존립근거를 붕괴시킬 실마리를 우리에게 제시해줄 것이다.

3 '화자의 죽음'에서 '작자의 죽음'으로

지금까지는 이야기가 스스로 줄거리를 가져다주었지만, 지금부터는 훌륭한 이야기꾼이 필요해. 이야기꾼이.

··· 릴케, 『말테의 수기』

또한 문학상의 문제에 있어서도 지배적인 개념은, 모든 것은 유일한 작가의 작품이라는 것이다.

··· 호르헤 루이스 보르헤스, 『불한당들의 세계사』

문자언어에 대한 음성언어의 우위성을 낭만주의적 정열을 담아 생생하게 서술하고 있는 것은 루소의 『언어기원론』이었지만, 반대로 자크 데리다는 『그라마톨로지에 대하여』에서 그러한 루소를 '로고스 중심주의'의 첨병이라고 비판하며, 음성언어에 대한 문자언어(에크리튀르écriture)의 근원성을 논증해 보였다(물론 데리다의 '에크리튀르'는 '문자언어'라는 단어만으로는 표현될 수 없는 광범위한 사정범위를 갖는 전략적인 개념이지만, 여기에서는 좁은 의미의 '문자언어'에 해당하는 범위에서만 데리다의 주장을 언급하려 한다). 그러나 우리는 여기서 플라톤 이후 음성언어와 문자언어의 이항대립의 불모지를 넘어선 지점에서 '구비전승언어'의 독립적인 위치를 찾으려고 한다. 먼저 루소의 의견부터 살펴보자.

최초의 인간 언어는 기하학자의 언어라고 여겨져왔지만, 우리에게 그것은 시인의 언어라고 생각된다. 당연히 그랬어야만 한다. 인간은 처음부터 생각했던 것이 아니라 먼저 느꼈던 것이다. (중략) 그렇다면 언어는 어디에서 시작된 것인가. 정신적인 욕구, 즉 정념에서 시작되었다. 모든 정념이 생존해가기 위한 필요에 쫓기며 서로 멀어져가는 인간들을 다가서게만드는 것이다. 굶주림과 목마름이 아니라 사랑과 증오, 그리고 동정심과분노가 사람들에게 처음으로 소리를 내게 만든 것이다.[28]

후설이 『기하학의 기원』에서 언어활동의 기반을 어디까지나 학문적인 언설言說을 지탱할 뿐인 '로고스', 즉 학문적인 '이성'의 내부에서 발견하려고 했던 것에 비해 루소는 이처럼 언어의 기원을 '기하학자의 언어'가아닌 '시인의 언어'에서, '로고스'가 아닌 '파토스'[†] 속에서 찾고 있다. 희로애락의 정념이야말로 인간에게 최초의 언어적 음성을 내뱉게 만든 것이다. 본래 언어는 사고思考의 매체로 성립된 것이 아니었다. 최초의 언어는정념의 직접적이며 투명한 표현이었다. 물론 이것은 루소가 세운 하나의역사적 가설이다.

그러나 이 가설은 역사적 증거에 의해서라기보다, 오히려 루소 자신의 '직접성을 향한 욕망'을 통해 뒷받침되고 있다. 루소의 텍스트를 '투명성'과 '장해'의 교차 속에서 파악하려고 했던 스타로뱅스키라면, 그 욕망을"그가 살아갈 수밖에 없는 세계, 즉 매개와 간접적인 행동의 세계에 대해서, 인간의 관계가 보다 다수적이지 않고 훨씬 직접적이고 확실한 수단을통해 확립되는 가능성의 세계를 대립시키기 위해서 전자와 싸우려고 하는욕망"으로 분절화할 것이다. 또한 루소의 입론을 "어떤 감정적인 욕구가그처럼 역사적인 가설로 변형된" 것으로 정의할 것이다.[29] 앞서 예로 든 모든 것을 이야기하려는 『고백』의 문체 역시 이러한 '직접성'과 '투명성'을 향

[†] 일시적인 격정이나 열정. 또는 예술에 있어서의 주관적·감정적 요소.

한 욕구와 관계가 없는 것은 아니었다.

직접성을 향한 욕구는 매개성을 향한 혐오와 표리일체인 것이다. 그러므로 루소가 문자언어의 매개성을 우위에 두지 않고 정념을 직접적으로 표현하는 음성언어를 우위에 둔 것은 어떤 의미에서는 당연한 것이었다. 그는 『언어기원론』의 「문자에 대해서」라는 장에서 소리가 퇴락한 형태의 문자에 대해 다음과 같이 논하고 있다.

> 욕구가 증대하고, 일이 번잡해지고, 지식이 광대해짐에 따라 언어는 성격을 바꾼다. 그것은 더 정확해지며 정념을 잃어간다. 감정을 대신해서 관념이 나타나고, 가슴이 아닌 이성으로 말을 건네는 것이다. (중략) 문자는 언어를 고정하는 것처럼 생각되지만, 실제로는 그것을 변질시키고 있다. 말을 바꾸는 것은 아니지만 그 본질을 바꿔버린다. 정확함이 표현으로 대체된다. 인간은 말로 이야기할 때는 감정이 나타나지만, 글을 쓸 때는 관념을 나타낸다. (중략) 쓰여진 언어가 이야기를 나눌 때의 언어보다 길고 그 생생함을 계속해서 유지하는 것은 불가능하다. 쓰여지는 것은 소리이지 울림이 아니다. 그런데 억양을 지닌 언어에서, 단어 사용의 강력함을 가장 효과적으로 발휘할 수 있게 해주는 것은 모든 종류의 울림이며 억양이며 성조인 것이다.[30]

여기서는 '정념' '감정' '표현'이라는 계열이 '정확' '관념' '이성'이라는 계열과 대립되고 있다. 물론 루소가 언어의 본질을 전자의 계열에서 찾고 있는 것은 말할 것도 없다. 나아가 루소는 『언어기원론』의 마지막 장에서 '언어와 정체政體의 관계'를 논하면서 "좋은 울림, 음률이 있고 조화를 갖춘" 자유를 추구하는 데 적합한 언어와 "모여 있는 민중이 들을 수 없는" 노예의 언어를 대비하고 있다.[31] 그런데 그렇게 생각하면 문자언어는 분명히 '투명성'을 침식하는 '장해'이며, 말하자면 노예 언어의 매체가 될 것이다. 약 200년 뒤에 레비스트로스는 남비크와라족의 민족지에 「문자의 교훈」이라는 제목을 붙이고, 그 안에서 "문자라는 것은 지식을 견고히 하기에는 충분하지 않았지만, 지배를 확립하기 위해서는 불가결의 요건이었을 것이다. … 그러므로 문맹퇴치운동은 권력을 통한 시민통제의 강화와 융합한다"[32]라고 적고 있다. 우리는 여기에서 희미하게나마 루소의 잔향을 느낄 수 있다.

이렇게 루소에서 레비스트로스까지 이어지는 '문자언어 비판'의 계보 속에서, 플라톤 이후의 '음성＝로고스 중심주의'의 정통적인 후계자를 발견한 것은 설명할 필요도 없이 데리다였다. 즉 "형이상학적인 이 시대의 내부를 보면, 결국 데카르트와 헤겔의 중간에서, 분명히 루소는 이 시대 전체에 걸쳐 근본적으로 내포되어 있는 문자언어의 환원(잘라버림)을 주제로 삼고 체계를 확립한 유일한 또는 최초의 인물이다"[33]라고 말한 것이다. 그러나 지금까지의 인용문에서도 분명히 알 수 있듯, 루소가 생각하는 음성언어의 우위성은 '로고스(이성)'에 대한 '파토스(정념)'의 근원성에 기초를 두는 것이다. 그러므로 오히려 근대철학에서 지배권을 확립하고 있던 '로고스 중심주의'에 대한 근본적인 비판을 시도한 것이었다. 그런 점에서 루소를 로고스 중심주의의 대표자로 내세우는 것은 루소 자신에게는 조금 잔혹한 처분이라고 할 수 있다.

그러나 다른 한편으로, 데리다가 제기한 비판이 루소의 음성중심주의의 배후에 깔린, 그의 고질병이라고도 할 수 있는 '직접성을 향한 욕망' 그 자체를 향한 것이었다고 한다면, 루소를 플라톤 이후의 '현전의 형이상학'의 계보에 넣는 것은 그 나름의 근거를 가진 주장이라고 할 수 있다. 직접적이고 투명한 커뮤니케이션을 추구하는 욕망은 언어론의 문맥에서는 종종 의미작용을 지배하는 '화자의 특권성'을 암묵적으로 전제하고, 의미이해의 기준을 '화자 의도의 현전'으로 환원하는 구도를 채용하는 것으로 이어지기 때문이다. 그러므로 데리다의 루소 비판은 오히려 음성언어에 있어 '화자의 특권성'의 해체를 목표로 하는 것으로 이해해야 한다. 그런 관점에서 생각한다면, 데리다의 음성언어 비판은 '구비전승언어'의 특징을 새로운 시각에서 생각하게 해주는 역할을 한다고 할 수 있다.

그것을 위한 유력한 실마리가 되는 것은 데리다의 루소론보다 오스틴의 '언어행위론' 비판을 위해 쓰여진 「서명署名, 사건, 문맥」이라는 논쟁문일 것이다. 잘 알려진 것처럼, 오스틴의 언어행위론은 '기술주의적 오류'와 '진리값의 지배'에서 언어분석을 해방시키고, 언어 사용을 커뮤니케이션 상황에서 '행위수행'이라는 어용론語用論적 계기契機†로 파악함으로써 언어철학의 새로운 지평을 열었다. 오스틴의 주장에 따르면, 행위수행적인 발언은 '진실/거짓'이 아니라 '적절/부적절'이라는 기준에 따라 평가되어야 하는 것이다. 그는 언어행위가 적절하게 수행되기 위한 필수조건으로 아래와 같은 여섯 가지 항목을 제시하고 있다.

(A₁) 일반적으로 받아들여진 습관적 절차 conventional procedure의 존재.

(A₂) 발동된 절차에 대한 인물 및 상황의 적절성.

(B₁) 절차의 올바른 실행.

(B₂) 절차의 완전한 실행.

(Γ₁) 절차의 참여자는 그에 대한 사고thought, 감정feeling, 의도intention를 실제로 가지고 있어야 한다.

(Γ₂) 참여자는 계속해서 그와 같이 행동하지 않으면 안 된다.[34]

† 어떤 것의 전체에 대한 구성요소.

위의 항목들 중에서 (A)와 (B) 조항은 습관의 존재와 그 실행에 관한 것이다. 그에 비해 (Γ) 조항은 화자의 의도와 그 성실성에 관한 것이다. 오스틴이 말하는 행위수행적 발언은 그 '습관'과 '의도'라는 두 개의 벡터가 만나는 지점에 성립한다고 할 수 있다. 그리고 이들 두 가지 계기 중 어느쪽에 중심을 두는지에 따라 언어행위론의 구도는 현저히 달라질 것이다. 오스틴의 서술은 전체적으로 '관습'에 비중을 둔 분석이지만, 그는 결정적인 장면에서는 '의도'의 불가결성을 강조한다. 그것은 언어행위의 '통상적인 상황ordinary circumstances'과 '정상적인 용법normal use'을 그 이외의 일탈적인 예와 구별하려고 하는 장면이다.

> 어떤 수행적인 발언은, 예를 들어 무대 위에서 배우가 이야기하거나, 시詩에서 사용되거나, 혼잣말에서 사용될 때 독특한 방법으로 인해 실질이 없는 것이 되거나 효과가 없는 것이 된다. (중략) 우리는 이들 모두를 일단 고찰대상에서 제외한다. 우리가 말하는 이른바 수행적인 발언은 그것이 적절한 것인지 부적절한 것인지를 떠나 모든 통상적인 상황에서 이루어지는 것으로 이해하려고 한다.[35]

여기에서 배우의 대사나 시 낭독이 고찰에서 제외된 것은 그것들이 부적절한 언어행위이기 때문은 아니다. 무대 위에서 이루어지는 약속과 경고도 일정 '관습'을 기초로 이루어지는 발언이라면 우리는 그것을 충분히 유의미로 해석할 수 있는 것이다. 오스틴이 그들 발언을 '실질이 없는' 또는 '효과가 없는' 것으로 분류해 차별한 것은 바로 그것들이 (Γ₁) 조항에 위반되기 때문이다. 즉 무대 위에서 이루어지는 발언은 '그에 대한 사고, 감정, 의도'를 실제로는 가지고 있지 않은 것이다. 바꿔 말하면 화자의 '진정한 의도'를 뒷받침하지 않는 언어행위는 모두 공허하며 무효한 것으로 여겨지는 것이다. 이 경우 언어행위의 '통상적인 상황'과 '정상적인 상황'은 명확하게 관습이 아닌 의도에 따라 규정되고 있다. 의심할 여지 없이 '화자의 의도speaker's intention'가 수행적인 발언의 성립조건 안에서 특권적인 위치를 차지하고 있는 것이다.

그것을 뒷받침하는 것처럼, 오스틴은 '현재적顯在的인 수행적 발언 explicit performative'이라는 범주를 제시하고 있다. 즉 "사실로서의 행위수 행적인 발언은 모두 (문법상의 모든) 제1인칭, 단수, 직접법, 능동태, 현재형의 동사를 포함하는 형식으로 환원, 확장, 분석이 가능하다. 또는 적어도 그 형식을 사용해서 바꿔 표현하는 것이 가능하다"[36]라는 주장이다. 물론 오스틴은 이 형식으로의 일원화 가능성에 대해서 결정을 신중히 유보하고 있다. 하지만 언명형식이 수행적 발언의 원형을 구성한다는 이러한 내용은 그의 서술 전반에 깔려 있다. 바꿔 말하면 수행적 발언은 현재적이고 침재적侵在的이며, 근본적으로 '지금, 여기, 나'라는 지표어指標語을 통해 특징지을 수 있다.

그들 지표어를 조합한 '나는 지금 여기 존재하지 않는다'라는 문장은, 그것이 문자로 읽혀지는 한 누구나 이해할 수 있는 쉽고 분명하며 유의미한 문장이다. 그러나 그것이 구체적인 화자를 통해 발언되는 순간 곧바로 자기모순적인 언명으로 변해버린다. 이것이 '어용론적 역설'로 불리는 사태이다. 그리고 그것을 의심할 여지 없이 역설로 만드는 것은 바로 발화상황에 있어 '화자의 직접적인 현전'이라는 사건이다.

현재적인 수행적 발언의 경우에도 '지금, 여기, 나'라는 지표어는 '화자의 직접적인 현전'을 보증해주는 문법적 틀의 역할을 수행하고 있다. 오스틴에 의하면 지표어를 통해 "발언 시점에 있어, 발언하고 있는 인물을 통해 행해지는 무엇인가가 존재하고 있다"[37]라는 것이 보증되는 것이다.

게다가 그 발언은 화자의 '진정한 의도'를 통해 뒷받침되지 않으면 안 된다. 그렇지 않다면 수행적 발언은 어용론적 역설이라고는 부를 수 없을지 몰라도 어용론적 불성실의 죄를 추궁당하게 될 것이다. 물론 화자의 직접적인 현전이 언어행위의 불가결 조건은 아니다. 예를 들면 수행적 발언이 음성이 아닌 문자에 따라 이루어질 수도 있다. 그러나 오스틴은 그런 경우에도 화자 의도의 현전을 확보하기 위해 "발언자의 서명을 첨부할 것"[38]이라고 덧붙이는 것을 잊지 않았다.

위와 같은 언어행위론의 구도 속에서 '(가상의 이야기를) 이야기하다'라는 행위는 당연히 일탈의 예로 고찰에서 배제되지 않을 수 없다. 그것은 시낭독과 마찬가지로 화자의 진정한 의도가 뒷받침할 필요가 없기 때문이다. 그러나 우리가 추구하고 있는 것은 '이야기하다'라는 행위를 일탈의 예로 배제하는 것이 아니라 오히려 '이야기하다'라는 행위를 통해 우리의 다양한 경험의 순서를 정리하고 타자에게 전달하는 가장 원초적인 언어행위로 정의할 수 있게 해주는 언어론의 구도이다. 그러기 위해서는 먼저 언어행위를 '화자 의도의 현전'이라는 뿌리깊은 강박관념에서 해방시키려고 시도하지 않으면 안 된다.

그런 관점에서 본다면 "언어행위의 전체성에 있어, 말하는 주체가 지닌 의도의 의식적인 현전"[39]이라는 조건 안에서 언어행위론의 숨겨진 형이상학적인 전제를 찾아낸 데리다의 오스틴 비판은 우리의 고찰에 결정적인 단서를 제공해준다. 그는 먼저 음성언어와 문자언어의 근본적인 차이를 발신자(화자)와 수신자(청자)의 '현전presence'과 '부재absence'라는 대비를 통해 특징짓고 있다. 음성언어를 통해 수행적 발언이 발신자와 수신자의 지각적 현전을 필요조건으로 하고 있는 데 반해, 문자언어를 통한 커뮤니케이션은 오히려 수신자의 '근원적 부재'를 조건으로 성립되어 있기 때문이다. 그는 그것을 "수신자의 '죽음' 내지는 '죽음'의 가능성" 속에서 성립하는 '원격통신telecommunication'이라는 개념으로 비유적으로 논하고 있다.

> 그러므로 모든 문자언어는, 그러한 특징을 갖기 위해서 경험적으로 규정된 모든 수신자의 일반적인 근원적 부재 속에서 기능할 수 있어야 한다. 그리고 이 부재는 현전의 연속적인 변용이 아닌 현전 안에서의 열개裂開, 즉 흔적의 구조 안에 각인된 수신자의 '죽음' 내지는 '죽음'의 가능성인 것이다.[40]

여기에서 주의해야 할 것은 수신자의 부재가 문자언어를 통한 커뮤니케이션 성립의 경험적 조건이 아니라 오히려 초월론적 조건으로 파악되고 있다는 점이다. 데리다가 사용한 '열개'나 '흔적'이라는 용어는 분명히 그런 점을 시사하고 있다.

문자언어를 통한 전달은 당연히 수신자뿐 아니라 발신자의 '부재'나 '죽음'도 그 전제조건으로 하고 있을 것이다. '원격통신'은 공간적인 거리는 물론 시간적인 거리도 포함하고 있기 때문이다. 결국 유언문을 예로 들 필요도 없이, 문자언어는 발신자의 죽음을 초월해 그 의미작용을 지속해 나가는 것이다. 또한 '화자 의도의 현전'과는 독립적으로 일정한 효력과 귀결을 시공간적인 확산 속에서 만들어낼 수 있는 것이다.

이와 같은 데리다의 주장은 분명히 앞에서 살펴본 『기하학의 기원』에 나타난 후설의 주장을 밑바탕에 두고 있다. 후설은 기하학적 대상으로 대표되는 이념적 존재의 구성조건을 '문자에 의한 표현, 기록된 언어표현'을 통해 실현되는 '반복가능성' 속에서 찾고 있었다. 후설이 아무렇지 않게 적어놓은 "창출자와 그 동료들이 이미 이와 같은 연결 속에서 눈을 뜨고 살아가는 것을 포기하거나, 일반적으로 이미 생존하지 않게 된 이후라고 하더라도…"라는 부분은 바로 '발신자의 죽음' 그 자체를 의미하는 것이다. 데리다는 이러한 논점을 극단적이라고 볼 수 있을 정도로 부연 설명하면서, 후설이 이념적 존재의 보편적 동일성을 확보하기 위해서 요청한 문학언어에 의한 무한반복의 가능성을 일반적인 커뮤니케이션의 초월론적 조건으로 내세우고 있다.

그러나 오스틴도 음성언어뿐 아니라 문학언어에 의한 언어행위를 인정하고 있다는 반문이 제기될 수 있다는 것 또한 분명한 사실이다. 오스틴은 그러한 경우 '화자 의도의 현전'을 확보하기 위해서 '서명'을 첨부할 것을 요구하고 있다. 그러나 데리다에 의하면 이 '서명'이라는 개념이야말로 문자와 '화자 의도'의 연결을 보증해주는 것이 아니라 오히려 그들을 분리하는 것을 정당화하는 것이다.

서명의 효과는 전 세계적으로 가장 일상적인 것이다. 그러나 다시 한번 말하자면, 그 효과의 가능성의 조건은 동시에 엄격한 순수성의 불가능성의 조건이기도 하다. 가능하기 위해서는, 즉 읽을 수 있기 위해서는 서명은 되풀이될 수 있는 반복 가능하고 모방할 수 있는 형식을 가지지 않으면 안 된다. 결국 서명은 그것을 산출하는 현전적이고 단일한 의도로부터 스스로를 분리할 수 없는 것이다.[41]

데리다가 말하려는 내용은 분명하다. 만약 서명이 매순간 화자가 가진 의도의 현전을 보증하는 장치라고 한다면, 개별적인 의도의 차이에 따라 서명 또한 변화하지 않으면 안 될 것이다. 그러나 매순간 변화하는 서명은 처음부터 서명의 역할을 할 수 없다. 또한 서명을 하는 시점에서 해당 의도가 현전하지 않았다고 해도, 당사자에게 계약을 파기할 권리가 발생하는 것도 아니다. 서명의 효력은 특정 의도의 뒷받침에 의해서가 아니라, 의도와는 독립적으로 그 '동일성'을 모방하고 반복할 수 있다는 '형식성'에서 유래하기 때문이다. 그러므로 서명과 의도의 연결은 계약 성립에서는 이차적이며 부대적인 사항이라고 해야 할 것이다.

데리다는 이러한 논의를 서명은 물론 일반적인 언어행위까지 확장하고 있다. 즉 약속이나 요구라는 행위수행적 발언이 효력을 갖는 것은, 그것이 약속이나 요구의 의도에 의해 뒷받침되기 때문이 아니라 반복 가능한 언어형식을 통해 수행되고 있기 때문이라는 것이다. 만약 그렇다면 오스틴이 '기생적 용법'으로 고찰에서 배제한 배우의 대사나 시 낭독은 오히려 언어행위 속에서 중심적인 위치를 차지하게 될 것이다. 왜냐하면 배우의 대사나 시 낭독은 언어형식의 '반복가능성'을 순수한 형태에서 실현한 언어행위이기 때문이다. '반복'이나 '모방'은 정상적인 용법에 기생한 이차적인 용법이 아니라 오히려 정상적인 용법을 가능하게 해주는 초월론적인 조건으로 이해되지 않으면 안 된다. 그렇게 이해할 때 비로소 '이야기하다'라는 원초적인 언어행위는 그 정당한 위치를 회복할 수 있을 것이다.

데리다는 이렇게 언어행위론을 '탈구축'하는 것을 통해 '화자 의도의 현전'을 중심적 위치에서 추방하고, 수행적 발언에서의 '화자의 특권성'을 박탈했다. 한마디로 그는 '화자의 죽음'을 선언한 것이다. 그가 루소에 반대하며 음성언어에 대한 문자언어의 근원성을 특별히 강조하는 것도 문자언어에서 '화자의 죽음'이 이미 그 성립조건 안에 포함되어 있기 때문이라고 볼 수 있다.

그렇지만 문자언어를 통한 서술은 '작품'을 만들어내고, 작품은 당연히 그 '작자'를 요구한다. 그리고 작품이 내포하는 의미는 모두 '작자의 의도'로 환원된다. 그렇다면 음성언어에서 문자언어로 시점이 전환된 것은 단순히 '화자의 특권성'에서 '작자의 특권성'으로 정권의 위양을 초래한 것에 지나지 않을 것이다. 작품을 독점 지배하는 작자author의 권위authority가 문학언어에 의한 언어활동을 제약하는 기본구조이다. 사사키 겐이치에 의하면 작자의 권위는 구체적으로 다음과 같은 의미를 지닌다.

> 작품에 대한 작자의 '권위' 중에서 가장 높은 것이 개작改作의 권리이다. 더 일반적으로는 저작권을 들 수 있다. (중략) 저작권이 작자의 사후에도 그 유족에게 계승되는 것에 반해 개작의 권리는 작자 그 자신과 불가분의 관계에 있다. 이 부분에서 극단적인 형태로 작품에 대한 작자의 독점적인 '권위'를 인정할 수 있다. (중략) 역사적으로 살펴보면, 작품에 대한 작자의 '미적 권리'는 근대 이데올로기의 개인주의와 예술작품을 천재적인 작자의 기록으로 생각해서 그의 소유물로 간주하는 낭만주의 미학에 의해 인지된 것이다.[42]

이 지적에서도 알 수 있듯 '작자'의 개념이 확립되고, 그 작품에 대한 고유의 권리가 인정되기 시작한 것은 '근대'에 들어서서였다. 롤랑 바르트의 말을 빌리면, "작자라는 것은 적어도 우리 사회에서 태어난 근대의 등장인물"[43]인 것이다. 그것은 바로 벤야민이 '이야기'에서 '소설'로의 이동으로 대를 이은 시기에 해당한다. 그렇다면 '이야기'와 '작자'는 배치된다고까지는 말할 수 없더라도 기본적으로 양립하지 않는 개념이라고 할 수 있다.

문학작품의 의미 해석에서는, 당연하다는 듯이 작자의 일기나 전기를 참조로 작자가 진정으로 말하고자 했던 바를 추측한다. 작품은 '작자 의도'의 외재화外在化이며 작품의 해석은 '작품 의도'의 충실한 재현에 지나지 않는다. 이것이 근대의 낭만주의적 천재미학의 알파이며 오메가일 것이다. 그러나 소설과 달리 이야기 독해에서, 이와 같은 절차는 아무 의미가 없고 어떤 연관성도 갖지 않는다. 전승된 이야기의 '작자'를 특정짓기

란 처음부터 불가능하며, 설령 그것이 가능하다 하더라도 아무 의미도 없다. 그러므로 '이야기하는' 행위의 독자적인 의미를 인정하고 '이야기'의 독자적인 권리를 회복시키려고 하는 우리의 입장에서는, '작자의 특권성'은 작품의 의미를 전부 '작자의 의도'로 환원시키는 뿌리깊은 편견을 강화하는 것으로, 유해하면서도 어떤 유효성도 가질 수 없는 개념이라고 말하지 않으면 안 된다. 우리는 '화자의 죽음'에 이어 '작자의 죽음'을 선고하지 않으면 안 되는 것이다.

롤랑 바르트에게는 제목부터 「작자의 죽음」인 소론이 있다. 그 소론에서 바르트는 '작품' 개념에서 '텍스트' 개념으로의 전환을 요구함으로써 '작자'의 특권성 박탈을 시도하고 있다.

> 우리가 지금은 알고 있지만, 텍스트라는 것은 한 줄로 늘어선 언어로 성립되는 것으로 유일한, 말하자면 신학적인 의미(즉 '작자=신'의 '메시지'라는 의미가 될 것이다)를 출현시키는 것은 아니다. 텍스트라는 것은 다차원의 공간으로 그 공간에서는 다양한 에크리튀르가 연결되고, 서로 이의를 제기하며, 그 어느 쪽도 기원이 되지 않는다. 텍스트라는 것은 무수한 문화의 중심에서 인용한 것들로 짜인 직물이다. (중략) 만약 자기를 표현하려고 해도, 그는 적어도 다음과 같은 것들을 알지 않으면 안 될 것이다. 즉 그가 '번역'하려고 하는 내면적인 '것'은 그 자체, 바로 완전히 합성된 한 권의 사전으로, 그 어휘는 다른 어휘를 통해 설명할 수밖에 없다. 그것도 영원히 그렇게 할 수밖에 없는 것이다.⁴⁴

여기서 작자의 내면적인 의도를 충실히 번역한다는 의미를 지닌 '작품'의 개념은 인용의 직물인 '텍스트'라는 개념 속으로 멋지게 승화되고 있다. 아무리 유능한 작자라도 언어 그 자체를 새롭게 발명할 수는 없다. 그는 이미 오랫동안 사용해온 손때 묻은 기성의 일상언어로 자신의 내면을 표현하는 것이다. 즉 일회적·개별적·개인적인 '의도'는 바로 일반적·보편적·공공적인 '어휘'의 반복적·모방적·인용적인 사용을 통해 외재화되는 것이다.

물론 언어의 '창조적'인 사용을 부정하는 것은 아니다. 그러나 작자가 할 수 있는 것은 언어 그 자체의 창조가 아니라 기존 어휘를 새롭게 사용함으로써 유례가 없는 조합을 창조하는 데 지나지 않는다. 설령 새로운 어휘를 만들어낸다 해도, 그 의미는 이미 존재하는 '다른 어휘를 통해 설명할 수밖에 없다'는 것은 분명하다. 그렇다면 작자는 창조적인 '조합의 기술技術'의 다른 이름에 지나지 않을 것이다. '기술'이 반복 가능한 형식을 의미한다는 것에 대해서는 굳이 여기서 설명을 덧붙일 필요도 없다.

나아가 '작품'은 그 일부 또는 전부가 다른 문맥 속에 인용될 수 있는 가능성을 지닌다는 점을 잊어서는 안 된다. 인용된 작품은 새로운 문맥 속에서 새로운 의미작용을 발현한다. 그 의미작용은 작자의 본래 '의도'를 뛰어넘고, 배반하며, 심지어는 해체하는 것이다. 그것은 텍스트와 문맥의 예상치 못한 조우와 제어 불가능한 상호작용에 의해 태어나는 다원적인 의미로, 크리스테바의 '텍스트간의 관련성intertextuality'이라는 개념으로 시사되고 있는 것이 바로 그것이다. 설명을 덧붙이자면 굳이 셰익스피어의 희곡을 예로 들지 않아도 문학사에 이름을 남긴 걸작들은 다른 작품들과 끊임없이 교착하면서 한정된 작자의 의도를 뛰어넘어 무한하게 의미작용을 증식시키는 잠재력을 지닌 작품이라는 것을 떠올리면 좋을 것이다. 바르트가 '작품'을 대신해 '텍스트'라는 개념을 제시한 것은 이러한 의미작용의 '어긋남'과 '흔들림', 나아가 의미의 무한증식 과정을 완벽하게 잡아내기 위한 것이었다.

그렇다면 무한으로 증식하는 의미는 결코 집약될 수 없으며 오로지 확산될 수밖에 없는 것인가. 그렇지는 않다. 바르트는 이 다원적인 의미작용이 집약되는 곳을 '작자'가 아닌 '독자'에서 찾고 있다.

이렇게 에크리튀르의 전모가 분명해진다. 한 편의 텍스트는 다수의 문화에서 유래한 다원적인 에크리튀르를 통해 구성되며, 이들 에크리튀르는 서로 대화를 하고 다른 것을 패러디하며 서로 이의를 제기한다. 그러나 이 다원성이 집약되는 장소가 있다. 그 장소는 지금까지 논한 것처럼 작자가 아닌 독자이다. 독자라는 것은 하나의 에크리튀르를 구성하는 모든 인용이 하나도 빠짐없이 기입되는 공간이다. 한 텍스트의 통일성은 텍스트의 기원이 아닌 텍스트가 도달하는 곳에 있다. 그러나 이러한 도달처는 개인적인 것이어서는 안 된다. 독자라는 것은 역사도 전기傳記도 심리도 없는 인간이다. 그는 단지 쓰여진 것을 구성하는 모든 흔적을 하나의 동일한 장소에 모아둔다는 확실함에 지나지 않는다.[45]

．

바르트는 이 소론을 "독자의 탄생을 위해서는 '작자'의 죽음을 지불하지 않으면 안 된다"[46]라고 마무리짓고 있다. 그가 말하고자 하는 것은 명확하다. 바르트는 '작품'과 '작자'의 특권적인 관계를 '텍스트'와 '독자'의 익명적인 관계로 대체시킴으로써 '내면적 의도'에서 의미작용의 기원을 찾으려는 언어론의 구성을 근본적으로 재구성하려는 것이다.

우리는 '화자의 죽음'을 거쳐, 나아가 '작자의 죽음'을 지켜보면서 겨우 '텍스트' 및 '독자'라는 조작개념을 손에 넣을 수 있었다. 그러나 바르트의 논의가 텍스트의 자율성과 특권성을 시사하는 것으로 해석된다면, 우리는 그러한 해석도 피하지 않으면 안 된다. '텍스트 크리틱(문헌비평)'을 통해 '오리지널 텍스트'로 소급되어가는 텍스트 개념의 유혹에 우리는 언제나 둘러싸여 있다. 그것은 '기원'이 갖고 있는 특권적인 지위를 무無매개로 전제하는 것으로, '화자의 특권성'이나 '작자의 특권성'을 전제로 하는 논의를 선택할 필요는 없다. 우리는 '기원'을 향한 이 떨쳐버리기 힘든 유혹에서 벗어남으로써 '오리지널 텍스트의 특권성'을 부정하면서 텍스트의 구조적 가변성을 적극적으로 승인하는 것을 통해 간신히 '이야기'의 개념을 해명하기 위한 출발점에 설 수 있는 것이다. 동시에 그것은 '이야기'라는 전근대적인 개념을 포스트 근대적인 개념장치로 개조해서, 그것을 '기원과 텔로스의 부재'라는 새로운 자기장 속에 세우는 것을 의미한다.

4 '기원'과 '텔로스'의 부재

만약 시작도 끝도 없다고 한다면, 그곳에는 어떠한 이야기도 존재하지
않는다.
 … 버지니아 울프, 『파도』

앞에서 우리는 음성언어와 문자언어의 대비를 기본 축으로, 언어표현의
의미를 독점적으로 규정해온 '화자의 의도' 및 '작자의 의도'라는 특권적
중심의 해체·구축을 시도했다. 특권적 중심의 소멸은 동시에 우리에게
'작품'에서 '텍스트'로, '작자'에서 '독자'로 근본적인 시점의 전환을 촉구
하는 것이었다. 이번 글에서는 야나기타 구니오의 구비전승문예론 및 이
야기론을 실마리로 시점의 전환을 한 걸음 더 진행시켜 '이해의 순환'을 포
함하는 해석학적 상황 속에서 텍스트의 개념을 새롭게 파악하려고 한다.

　앞에서 논한 것처럼, 언어적 커뮤니케이션의 관점에서 봤을 때 '구비
전승언어'는 음성언어나 문자언어와 그 경계를 마주하고 있으면서도 그들
에게 없는 특이한 성격을 가지고 있다. 이른바 전달양식에서 제3의 범주를
형성하고 있다고 생각할 수 있다. 우선 구비전승언어는 특정한 '화자'에 의
해 이야기되면서 '전문傳聞'이라는 형식을 취한다. 또한 음성언어를 통한
행위수행적 발언에서 전형적으로 보이는 '지금, 여기, 나'라는 발언 원점
에 구속되지 않는다. 구비전승에 의한 전달은 음성을 매개로 하고 있지만
특정 발화상황에서 완결되는 것이 아니다. 그것은 '전문'의 연쇄를 통해 시

공간적으로 다수의 독자(청자)에게 열려 있다. 즉 음성의 전달범위는 좁게 한정되어 있음에도 불구하고, 구비전승언어는 문자언어의 특징인 '통시성' 내지는 '역사성'을 획득할 수 있는 것이다. 바꿔 말하면 구비전승언어는 '화자'를 통해 전달되지만 '화자의 죽음'을 뛰어넘은 커뮤니케이션을 가능하게 해준다.

반대로 구비전승언어는 출현과 동시에 소멸하는 일회적인 '음성'을 매개로 하기 때문에, 문자언어가 갖는 물질적인 고정성 내지는 텍스트의 자율성으로부터 최대한 자유롭다. 구비전승으로 전달되는 이야기는 전달 당시 화자의 신체를 통과하면서 일종의 '해석학적 변형'이 이루어진다. '이야기한다는 행위'는 말하자면 충실한 '전문보고傳聞報告'이며 화자의 재량에 맡겨진 '창조적 발화'이기도 하다. 그러므로 이야기 전달에서 '유일한 작자'라는 개념은 처음부터 아무 의미가 없다. 굳이 말하자면 이야기에는 수많은 작자가 존재하지만 '작자의 의도'를 운운할 수 있는 특권적인 작자는 존재하지 않는다. 따라서 구비전승을 통한 이야기 전달에서 바르트가 말하는 '작자의 죽음'은 이미 자명한 전제라고 할 수 있다. 그렇게 생각한다면, 구비전승언어를 통한 전달과정에서 본질적인 역할을 수행하는 것이 '작자'가 아닌 '독자(청자)'라는 것은 당연하다고 할 수 있다. 야나기타 구니오는 '구비전승의 문예'와 '수승안승의 본격문예'를 대비하면서 다음과 같이 논하고 있다.

내가 본 바에 의하면, 두 종류의 문예가 지닌 가장 확고한 경계는 지금 말하는 독자층과 작자의 관계, 즉 작자를 둘러싼 관객이며 청중인 무리가 그 문예의 산출에 관여하는지 아닌지에 달려 있다고 생각한다. (중략) 특히 군중이 노래를 생각하는 경우, 그것이 춤을 추던 자리든지 술자리든지 또는 야산에서 풀을 베던 날이었든지 상관없이 현재 소리를 내지 않고도 그들의 정서는 일치하고 있다. 다른 사람보다도 뛰어난 목소리로 이것을 언어로 표현하려 한 사람이 그날의 작자가 되었는데, 일반적으로 이것을 선창이라고 불렀다. 선창을 하는 사람은 각자의 기량에 따라 또는 취미 여부에 따라 흔한 노래를 훌륭하게 불러 찬사를 받고, 또는 사람들이 모르는 문구를 암기해 기회를 잡고, 또는 즉흥적으로 자작을 발표하는 사람도 있었을 것이다. 그러나 어떤 경우에도 청자가 말하고자 하는 감각을 대표하는 것 외의 다른 일은 할 수 없었다.[47]

물론 이와 같은 기술을 근대적인 개인 또는 '작자'의 개념이 성립하기 이전의 문예 양태를 서술한 것으로 해석하고, 그 시대착오주의적인 발상을 비웃는 것은 쉬운 일이다. 그러나 이미 살펴본 것처럼, 야나기타가 근대 일본의 사실주의 소설을 엄격히 비판했다는 점을 고려한다면, 그렇게 간단한 문제는 아니다. 야나기타는 여기에서 문학의 발생과 수용의 기반을 '작자의 의도'가 아니라 작자와 독자(청자)가 만드는 공동의 '공간' 또는 '문맥' 속에서 찾고 있다. 전승된 노래나 이야기의 경우, 고유의 이름을 부여받은 '작품'은 오히려 예외에 속한다. 그곳에서는 '작품'이라는 것이 '공간의 기능'의 다른 이름에 지나지 않는다. '공간'이 없는 작품은 '땅'이 없는 '지도'와 같은 것이다. 그러므로 야나기타는 특권적인 '작품'과 자율적인 '작품'이라는 근대적인 문학개념이 갖는 모순점을, 말하자면 '전근대'를 거울로 삼아 발견해내려고 한 것이다. '현재의 유행'에 대한 그의 근본적인 위화감은 다음과 같은 문장에도 잘 나타나 있다.

그러므로 역사학의 현재 유행을 따라, 각 시대에 가장 저명한 서너 명의 작자를 징검돌로 삼아 한 국가의 문예 진전을 확인하려는 시도는 잘못된 것이다. 그들의 천재성이 실로 뛰어났다 하더라도, 그것을 증명하는 것은 배후에 있는 범상한 힘이었다. (중략) 그렇게 되면, 작자를 어떤 한 명의 집필하는 사람으로 한정하기가 어려워진다. 설령 어떤 조짐이 문헌에서는 인정되지 않더라도, 사회가 끊임없이 다음 세대의 작자를 저명하게 만들기 위해 길을 열어온 노력은 무시할 수 없는 것이다.[48]

앞에서 우리가 '공간' 내지는 '문맥'이라는 개념으로 정의한 것을 야나기타는 '배후에 있는 범상한 힘'이라고 부르고 있다. 물론 그가 수많은 이야기를 이야기하며 전승해온 이름없는 '서민'의 모습을 배후에 두고 있었음은 말할 필요도 없을 것이다. 우리는 매몰되어버린 "다수의 범속적인 일상의 모습"[49]을 현재화하려는 그의 논술 속에서 낭만주의적 천재미학을 향한 반조정反措定 또는 그의 반근대적이면서 동시에 포스트 근대적인 '수용미학'의 구상을 읽어낼 수 있다. 이런 관점에서 생각하면, 야나기타가 때때로 '장소의 문학'으로 불리는 렌쿠連句†를 언급하고 스스로 그 창작에도 관여한 것이 전혀 이상한 일은 아니다. 렌쿠의 의미작용은 각각의 구로는 완결되지 않으며, '장소'의 성립구조를 빼놓고는 그 중층적인 의미를 완벽하게 파악할 수 없기 때문이다. 그는 렌쿠를 논하면서 '문예의 사회성'을 설명하고 나아가 "종이나 붓보다, 또한 개인의 재능보다도 지금 하나의 배후에 그것을 좌우하는 어떤 힘이 잠재되어 있음"을 지적한다. 그리고 그 힘을 "주위의 작자, 즉 독자층의 지원"이라고 바꿔 말하고 있다.[50] 그는 그렇게 '작자'의 특권성의 그늘에 가려져 보이지 않았던 '독자'의 모습을 이야기의 전승 속에서 재발견하려고 노력한 것이다. 또한 근대의 고정화된 '작자'와 '독자'의 위치관계를 뒤집으려는 시도를 하고 있는 것이다. 『옛날

† 하이카이렌가俳諧連歌의 다른 이름. 몇 사람이 5·7·5의 장구長句와 7·7의 단구短句를 번갈아 읊는 것.

이야기와 문학』에서 야나기타는 문자를 사용하지 않는 독자층의 몰락에 대해 다음과 같이 적고 있다.

현재, 구두로 전해지던 이야기는 활자화되어도 여전히 이야기라고 불린 다. 즉 전혀 붓을 들지 않았던 사람들의 숨겨진 작업에 대한 마지막 처리 였던 것이다. 문인을 지나치게 존경한 결과 모든 것이 문인을 위해 고생하 는 결과가 되어버렸다. 독자의 문예능력은 무시되고, 대중은 알렉산더 대 왕의 병사들처럼 어디로 끌려가 죽음을 맞이해도 상관없는 존재가 되어 버렸다. 진정 비참한 자기비하라고 생각한다. (중략) 오늘날 대중문예가 언제까지나 고샤쿠시講釋師[†]가 남긴 것들을 되풀이하면서 앞으로도 뒤로 도 나아가지 못하는 것을 본 사람들에게, 청자 또는 독자에게 지도할 수 있는 문예는 불쾌한 구속이라고 생각할지도 모른다. 그러나 우리가 보기 에는 이것 또한 중대中代의 굴욕의 흔적으로, 이전에는 자유롭게 글을 사 용하지 않는 사람들도 공상할 수 있었던 세상이 있었는데, 종이와 문자와 모방성이 이렇게 형식의 틀에 끼워 맞춰버린 것이라고 생각한다.[51]

'종이와 문자'를 매개로 밀실에서 생산되는 것이 근대소설이라고 한 다면, 이야기는 난롯가나 연회 등의 공공의 공간에서 이야기됨으로써 전 승되고 향유된다. 소설novel이 언제나 '새로움'과 '독창성'을 추구한다고 한다면, 이야기의 본질은 오히려 오랫동안 들어온 것, 즉 '전문傳聞'과 '반 복성' 속에 있다고 할 수 있다. 독창성originality이 그 기원origin을 '작자' 속 에서 찾을 수밖에 없는 것에 비해, '기원의 부재'야말로 이야기의 특징이라 고 할 수 있다. 이야기에 필요한 것은 저명한 '작자'가 아니라 그때그때의

‡ 전쟁 이야기나 무용담 등의 낭독을 직업으로 삼는 사람.

익명의 '화자'이다. 그것은 "그 시작을 알 수 없는 과거로부터의 기록할 수 없는 운반"[52]에 몸을 맡기고 있는 것이다. 또한 이야기가 '청자 또는 독자에게 지도할 수 있는 문예'이기 때문에, 그 의미작용은 '기원'인 화자의 손을 떠나 끊임없이 '화자의 의도'를 뛰어넘으며, 심지어는 그것을 계속해서 배반한다. 의미이해의 주도권이 청자 또는 독자에게 이양되기 때문에, 이야기는 어쩔 수 없이 화자의 제어범위를 넘어서 '과잉된' 또는 '과소한' 의미를 갖게 된다. 즉 이야기의 향유는 청자나 독자의 상상력을 지렛대로 '어긋남'이나 '흔들림'을 무한으로 증식시키면서 진행되는 것이다. 그러므로 이야기의 이해에는 '정답'도 '오답'도 있을 수 없다. 그리고 '작자의 부재'야말로 이야기의 기본전제이기 때문에 반反독창성, 무명성, 익명성이 그 특징일 수밖에 없는 것이다.

'독창성'에 최고의 가치를 부여하는 문학관은 처음부터 '작자'를 무에서 유를 창조하는 창조주에 비유한다. 바르트의 표현을 빌리자면, '작품'을 '작자=신으로부터의 메시지'로 파악하는 미학적인 구도 또는 신학적인 도식에 유래하는 것이다. 그러나 앞에서도 말한 것처럼 아무리 창조적인 작자라도, 언어 그 자체를 창조해내는 것은 불가능하다. 그 역시 손때 묻은 오래된 언어를 사용해 작품을 만들어낼 수밖에 없다. 설령 새로운 어휘를 만들어냈다 하더라도, 그 의미는 이미 확립된 어휘나 어법을 사용해 정의되고 설명되지 않으면 안 된다. 우리는 언제나 특정한 '언어적 전통'의 내부에 구속되어 있다. 내부로부터 그러한 언어적 전통을 변화시킬 수는 있지만, 그것을 파괴하고 외부로 끄집어내는 것은 불가능하다. 그런 점에서 독창성이라는 것은 기성의 어휘나 문장의 새로운 사용과 조합, 또는 문맥의 변용에 의한 새로운 은유(메타포)의 창출 속에서만 존재한다. 누구도 언어를 발명할 수 없으며 단지 그것을 이용할 수 있을 뿐이라는 의미에서,

모든 언어활동은 우리를 둘러싼 기성의 언어적 전통으로부터의 직간접적인 '인용' 행위라고 할 수 있다. 그런 의미에서 바르트가 지적하는 것처럼, 텍스트는 바로 '인용의 직물'이며, 그것은 구비전승의 '이야기'에서 더욱 적절한 비유이다.

> 그러나 이상하다고 말할 수 있는 사실 하나는, 많은 문인들이 언제나 전통의 구속을 받으면서도 아직까지 한 번도 문학을 무에서 유를 창조하는 기술이라고 생각하지 않았다는 것이다. 그들의 상상력에는 눈에 보이지 않는 구속의 끈이 매여 있다. 생각하는 것처럼 자유분방하게 먼 하늘을 마음껏 날 수는 없었던 것이다. 휘파람새가 봄에 울고 닭이 새벽이 되면 우는 것처럼, 시가문학도 그것이 출현할 때가 예정되어 있었다. 그리고 그뿐만이 아니라 그 언어가 갖고 있는 의미 이상의, 숨겨져 있는 연상의 유쾌한 흥분의 원인이 되는 것 또한 매우 소박한 전 시대의 생활로부터 이어져 내려오는 것이다. 예술을 천재의 독창성으로 해석하거나, 각 시대의 사회생활이 예술을 낳았다고 보는 사람들에게 이것은 분명히 달갑지 않은 불가사의함이다. 이것을 당연하게 여기기 위해서는, 역시 우리의 어린아이다운 모모타로桃太郎†가 필요했던 것이다.[53]

우리가 '언어적 전통'이라고 부르는 것을 야나기타는 참으로 구체적으로 형상화하면서 적합한 표현을 부여하고 있다. 그는 '개인'으로도 '사회'로도 환원할 수 없는 역사적 경험의 중층성을 '전통의 구속' 또는 '눈에 보이지 않는 구속의 끈'이라 부르고 있다. 독창성은 개인의 발명일 수도, 사회의 소산일 수도 없다. 그것은 바로 역사적 전통과의 대화 속에서, 즉 과거와 현재

† 복숭아에서 태어난 모모타로가 개, 원숭이, 꿩과 함께 오니가시마(도깨비섬)로 가서 도깨비를 정벌하고 보물을 가지고 돌아온다는 일본 옛날이야기.

의 상호매개의 소용돌이 속에서 태어나는 것이다. 그러므로 야나기타는 구비전승의 문예를 논함과 동시에, 하나의 '해석학적 경험'에 대해 논하고 있는 것이라고 할 수 있다. 가다머라면 그것을 '작용영향사적인 의식'이라고 부를 것이다. 또는 현대의 비평가라면 '숨겨져 있는 연상의 유쾌한 흥분의 원인'이라는 표현 속에서, '텍스트간의 관련성'의 맹아를 발견할 것임에 틀림없다. 어쨌든 야나기타의 논술은 이야기문학을 소재로 하면서, 꾸밈 없는 '생활세계의 해석학'이라고 부를 수 있는 고찰을 표현하고 있는 것이다.

미학이론의 관점에서 말하자면, 야나기타가 '모모타로'의 이야기를 예로 들면서 낭만주의적 천재미학과 마르크스주의적 사회미학에 대한 반조정을 꾀하고 있음은 누가 보더라도 분명할 것이다. 문예는 개인의 재능으로 환원되는 것이 아니며, 그렇다고 특정 생산양식으로 정의되는 사회구조로 환원되는 것도 아니다. 그렇다면 그는 낭만주의적 천재미학과 마르크스주의적 사회미학에 과연 무엇을 대치하려 하는가. 굳이 말하자면 야나기타의 입장은 앞에서 인용한 바르트의 구조주의적 텍스트론보다는 오히려 「전통과 개인의 재능」에 있어서의 T. S. 엘리엇에 좀더 가깝다. 문예의 성립과 전개를 뒷받침하는 기반은 '개인인 천재'도 '자율적인 텍스트'도 아니다. 야나기타의 경우, 그것은 역사적 전통을 배경으로 하는 '익명의 화자'이며 '통시적 독자'이기 때문이다. 따라서 예를 들어 "예술가의 진보라는 것은 이른바 끊이지 않는 자기희생과 끊이지 않는 개성의 감소이다"[54]라는 엘리엇의 명제를 적어도 야나기타는 무조건적으로 수긍하고 있음에 틀림없다. 나아가 아래와 같은 서술은 엘리엇이 야나기타의 주장을 이론적으로 대변하는 것이라고 해석할 수 있다.

내가 어떤 식으로라도 비판하고 싶은 것은 아마도 영혼이 본질적으로 통일성을 갖고 있다고 생각하는 형이상학적인 이론에 관련된 것일 것이다. 왜냐하면 내가 말하고자 하는 것은, 시인은 표현해야 하는 '개성'을 갖고 있는 것이 아니라 어떤 특정한 매체를 갖고 있다는 것이기 때문이다. 그 매체는 단지 여러 인상이나 경험이 특이하고 생각지도 못했던 방법으로 결합된 하나의 매체에 지나지 않는 것으로, 개성은 아닌 것이다.[55]

이 '매체'라는 개념을 우리는 '익명의 화자'로 바꾸어 말할 수 있다. 그리고 매체가 매체로서의 기능을 다할 수 있는 것은 그것이 하나의 문학적인 전통, 즉 '통시적 독자'에 의해 뒷받침되고 있기 때문이다.

물론 엘리엇이 여기에서 언급하고 있는 것은, 어디까지나 문자화된 텍스트로서의 '시'이다. 그러나 야나기타가 말하는 '구비전승의 문예'는 오히려 문자로 정착된 '텍스트'와 대립되는 개념으로, 구체적인 전승과정을 떠나서는 존재할 수 없는 것이다. 이야기는 '화자'와 '독자'의 상호전환 과정 또는 역사적 연쇄를 모체로 생성되고 이야기되며 계승되는 것이다. 그것이 문자화된 '텍스트'로 고정화되고 자율화되면 '수승안승의 문예'라는 다른 장르의 작품으로 이행되는 것이다. 처음부터 해석학적이라고도 부를 수 있는 이와 같은 전승과정에서 '텍스트의 동일성'은 대체로 보증되지 않는다. 그러므로 이미 '화자의 죽음'과 '작자의 죽음'을 거친 우리는 비로소 '텍스트의 죽음'을 마주하게 되는 것이다. 바로 이 단계에서 야나기타의 구비전승문예론 및 이야기론은 포스트 근대적인 의의를 지닐 수 있다. 그는 『모모타로의 탄생』에서 그 해석학적 변형의 규제를 동화의 전승을 예로 들면서 다음과 같이 정의하고 있다.

그들(어린아이들)만의 회화는 평이했을 거라고 말하는 사람이 있으리라 생각되지만, 그것은 그 말이 옳다고 생각하는 시점에서 이야기를 만들 수 없게 될 것이다. 굳이 말하자면 이야기는 말하는 사람이 가지고 있는 것만, 과거 자신이 들은 것 이외에는 말할 수 없는 것이 보통사람의 기능이었기 때문이다. 동화의 근원은 한마디로 선택, 바로 그것이었다. (중략) 단지 이 선택자의 심리에 작용한 외부적인 요소로 세 가지 정도가 생각된다. 첫 번째는 화술의 진보를 촉진한 힘의 변화, 즉 어린아이들만이 청중이라고 생각할 때 용어를 알기 쉽게 만드는 것은 당연하며, 나아가 서술의 생략과 부연이 행해진 것이다. 그러나 이것은 어린아이에 한정된 것이 아니다. 화술은 원래 그런 식으로 언제나 청중의 반응에 영향을 받는 것이었다. 예를 들어 홍등가 이야기가 관능적이고, 전쟁 이야기가 떠들썩하게 과장되는 것도 청자의 특성이 알지 못하는 사이에 이야기하는 사람에게 영향을 미치고 있기 때문이다. 두 번째는 화자에게 오늘날의 작가와 같은 특별한 준비가 없더라도 언제나 처음의 인상과 기억에 의해 작용되었던 것이다.[56]

앞에서 우리는 야나기타의 구비전승문예론을 하나의 '수용미학'이라고 불렀다. 그런데 여기에서는 이야기의 '반反독창성'과 '익명성'이라는 소극적인 특징이 서술되어 있을 뿐 아니라 '해석학적 창조'라고도 할 수 있는 적극적인 특징이 제시되어 있다. 물론 그 특징은 동화나 옛날이야기에 한정되는 것이 아니라 일반적인 구비전승언어로까지 보편화할 수 있는 것이다.

구비전승언어가 '문자'가 아닌 '음성'을 매체로 하는 커뮤니케이션이기 때문에, 화자는 '언제나 처음의 인상과 기억을 통해' 이야기를 전달할 수밖에 없다. 인상 깊었던 장면은 오랫동안 기억에 남아 있을 것이며, 진부한 내용들은 기억의 여과작용을 통해 잊혀질 것이다. 그곳에는 스스로 형성되는 '취사선택'의 역학이 작용하고 있는 것이다. 그 선택은 야나기타가 지적하는 것처럼 이야기가 전달되는 '공간'과 '문맥'의 압력을 통해서도 적극적으로 촉진된다. 청중이 귀를 기울여주지 않는다면 이야기는 계속될 수 없으므로, 화자는 끊임없이 '청중의 반응에 영향을 받게' 마련이다. 기억과 망각의 팽팽한 대치로 인해 나타난 내용은 화자의 상상력에 의해 보완되고, 나아가 청중의 흥미와 관심의 방향에 따라 표현된다. 그러므로 이야기는 '화자'의 작용과 '공간'의 반작용의 줄다리기와 그 지양을 통해 생성되어가는 것이다.

작용과 반작용이 만드는 합성 벡터는, 이야기의 전승에서는 '서술의 생략과 부연'이라는 조작과 함께 구체화되며, 나아가 그것에 '과장' '단순화' '전도' '환골탈태' '우화화寓話化' '인용' 등과 같은 조작을 첨가하는 것도 가능하다. 이야기는 항상 이들 조작을 매개로 삭제되거나 증식되어, '땅속줄기 상태의 생성'을 계속해가면서 전승되어가는 것이다. 그러므로 이야기행위는 '편집작업'에 비유할 수 있다. 이야기의 화자는 '작자'가 아닌 이른바 '편집자'이다. 그 편집작업을 '해석학적 변형'이라고 부른다면, 그곳에서 '오리지널 텍스트'의 탐색과 '텍스트의 동일성'의 보증 같은 것들을 기대할 수 없다는 것은 명확할 것이다. 야나기타는 그러한 해석학적 변형의 과정을 『다케토리 이야기』[†]의 전승을 예로 들면서 다음과 같이 설명하고 있다.

우리는 이것을 설화의 변화부분 또는 자유구역이라 부르고자 한다. 후대의 동화책이 그것을 흉내내는 것만이 아니다. 입으로 전해 내려온 옛날이야기에서도 전해들은 그대로를 충실하게 이야기하려는 사람 이외에, 이야기하는 상황에 맞는 개작과 추가를 교묘하게 시도하는 자가 있었던 것이다. 이것은 가장 엄숙했던 고대 신화시대에도 인정되던 기술이었다고나는 생각한다. 즉 가구야히메[‡]에게 몇 명의 구혼자가 있어서 그들이 모든 방법을 동원해 가구야히메에게 접근하려 하지만 가구야히메는 결코 허락하지 않았다는 줄거리는 그대로이지만, 그것을 예시하는 몇몇 장면을 화자 또는 필자의 공상에 위임한 것이다. 그 중에서 상당히 재미있고 절묘하게 완성된 이야기는 고정된 형태가 되어 후세에 전해지거나 그 이야기에서 또 하나의 새로운 이야기가 갈라져 나오기도 했던 것 같다. 그러나 어쨌든 원칙적으로는 취사선택이 허락되어 있었던 것이다.[57]

여기에는 땅속줄기 상태의 이야기 생성과정이 참으로 선명하게 그려져 있다. 하나다 기요테루는 그것을 '즉흥성' 또는 '애드립'으로 부르면서, "행위자와 수용자의 상호교통상에 위치한, 문자에 구속되지 않는 역동적인 표현"을 통해 "설화 전체에 생동감 넘치는 활기와 무한한 유연성"을 부여하고 있다고 적고 있다.[58] 실로 뛰어난 견해라고 할 수 있다.

이후 야나기타는 이러한 '변화부분'이라는 개념을 바탕으로 『이야기 각서』에서 해석학적 변형의 과정을 '보존부분'과 '자유부분'의 카테고리를 사용해 정식화하려 하고 있다.[59] 물론 양자가 확연하게 구분되어 있어서, 보존부분이 처음부터 확정되어 있지는 않다. 우리는 현재 이야기되며 전해지고 있는 이야기를 참고로, 보존부분과 자유부분을 구분해가야 하는 것이다. 따라서 양자의 구분은 언제나 '후後지혜'가 되어야 한다. 바꿔 말하면 이야기의 '동일성'은 그 보존부분에 의해 아프리오리적으로 보증되는 것이 아니다. 이야기의 '동일성'은 현재를 과거에 투영하는 것을 통해 이후에 적용되는 존칭에 지나지 않는다. 적어도 이야기 전승에서의 '동일성'은 그 '기원'에 근거를 두는 것일 수 없다. '동일성'은 언제나 뒤늦게 발

† 헤이안시대의 소설로, 대나무를 잘라 파는 할아버지가 대나무 속에서 발견한 가구야히메를 둘러싼 귀공자들의 구혼 이야기.
‡ 『다케토리 이야기』의 여주인공.

생하는 것이다.

　지금까지 논한 것처럼, 문자화된 텍스트와 달리 음성에 의한 이야기의 전승과정에서는 '동일한 이야기'가 일말의 차이 없이 반복되어 전승되는 것은 우선 불가능하다고 할 수 있다. 음성에 의한 이야기의 전승과정에서 이루어지고 있는 것은 '동일성의 반복'이 아니라 '차이를 동반한 반복' 또는 '해석학적 반복'이다. 이야기의 전승에서는 끊임없이 '동일성'의 해체와 갱신이 진행되고 있는 것이다. 그러므로 우리는 구비전승언어에 의한 커뮤니케이션 속에서 형이상학적인 동일성의 '어긋남'과 '흔들림'을 발견할 수 있다. 그곳에 있는 것은 영원불변의 '시간을 초월한 동일성'이 아니다. 시간의 침범을 받아 역사적인 이력의 특징을 가지며, 나아가 차이를 포함한 '해석학적 동일성'이 존재하는 것이다.

　'동일성'이라는 형이상학적인 개념 자체가 위기에 직면한 이상, 그 동일성을 보증하는 '유일한 작자'나 특권적인 '작자의 의도'를 이야기에서 찾는 것은 처음부터 무의미한 계획이라는 것을 알 수 있다. 앞에서도 말한 것처럼, 이야기에 특징을 부여하는 것은 바로 '기원의 부재'이다. 이야기는 지금 현재의 화자에 의해 말로 표현되어 전해지는 형태로밖에 존재하지 않는다. '기원'은 몇 겹으로 접힌 역사적 경험의 중층성 속에서 이미 그 모습을 잃어버렸기 때문이다. 예를 들면 이야기의 전승은 '원문이 없는 번역' 내지는 '악보가 없는 연주'에 비유할 수 있다. 그곳에는 작자나 작곡자가 존재하지 않으며, 단지 번역자와 연주자만 존재하는 것이다.

　'작자'가 없다면, '작품'이라는 개념 또한 그 특권적인 의미를 잃어버린다. 이야기는 '작품'이 되기를 바라지 않는다. 즉 그것은 어떤 의미에서도 '완성을 향한 의지'를 갖지 않는다. 그러므로 이야기의 특징 중 또 하나는 '텔로스의 부재'라고 할 수 있다. 땅속줄기 상태의 이야기는 도달할 목표를 처음부터 가지고 있지 않다. 혹은 이야기의 전승은 자기 자신의 동일성을 끊임없이 해체하고 갱신하는 것을 목적으로 하고 있다고 바꿔 말할 수도 있다. 이야기가 지닌 이러한 '기원과 텔로스의 이중 부재'라는 특징은 '작자의 의도(기원)'와 '작품의 완성(텔로스)'을 양극으로 형성되어온 근대 소설의 개념과 정면으로 대립한다. 게다가 그것은 '근대' 그 자체의 이념과도 정면으로 배치한다. 이렇게 말할 수 있는 것은 무엇보다 '근대' 초기에 펼쳐진 '신구논쟁'에서 알 수 있듯 스스로의 기원을 확인하면서 무한의 저편에 있는 텔로스를 향해 진보의 계단을 올라간다는 특이한 역사의식으로 관철된 시대이기 때문이다.

적어도 '기원과 텔로스의 이중 부재'라는 부정적인 이름을 역전의 수단으로 삼아 그것을 적극적인 가치로 인정하는 것이야말로 야나기타 구니오가 점차 침식해오는 '서구근대'에 대항해 부설한 방어선이자 저항의 전략이었다. 서구근대는 '기원'과 '텔로스'를 연결하는 직선적인 시간 속에 스스로를 위치시키는 역사의식을 좌표축으로 삼으며, 끊임없는 '진보'를 추구하면서 '완성을 향한 의지'로 관철된 파우스트적인 인간상을 그 이념으로 제시해왔다. 그것은 과거의 전통적인 권위를 부정하고 '앞으로' 전진하려 하는 계몽운동이며, 그 운동은 도달목표인 '텔로스'로 현재를 정당화시키려는 역사철학을 그 추진력으로 갖고 있었다. 리오타르였다면 그러한 자기정당화를 위한 역사철학을 '메타 이야기' 내지는 '거대 이야기'라고 부를 것이다. 다소 거친 표현을 사용하자면, 야나기타는 그 '거대 이야기'에 의해 석권되고 있던 근대 일본의 한복판에서 그것과 대치하며, 그 허망함을 폭로하기 위해 구비전승언어에 의해 전해내려온 '작은 이야기'라는 근거지에서 농성을 했던 것이다.

물론 야나기타는 우리가 이야기의 무한한 자기 운동을 무조건적으로 긍정하고 '기원과 텔로스의 이중 부재'에 매달린 채 견뎌내기를 요구한 것은 아니다. 그에게 이야기의 자기 운동은 이미 잊혀져가고 있다고 하더라도, 서민생활의 기반이 되는 공동체적인 전통이라는 확고한 뒷받침을 가지고 있었다. 농정農政학자로 당시 농촌의 실상을 올바르게 파악하고 있던 야나기타는 공동체적인 전통으로 축적되어온 역사의 깊이를 무시하고는 어떤 '근대화'도 있을 수 없다는 것을 절실히 느끼고 있었다. 또는 서구근대를 생활형식의 이상적인 모델로 삼아 무비판적으로 추종하면서 전통적인 가치의식을 헌신짝처럼 던져버리고 뒤돌아보지 않는 일본형 근대주의자의 낙천성과 관념성에 저항하기 위해, 그는 저항의 거점으로 이미 버려져 있던 민속전승을 재발굴하고 나아가 '구비전승문예'의 적극적인 의의를 칭송했던 것이라고 할 수도 있다. 그런 의미에서 야나기타에게 이야기의 전승은 '전통'을 재생산하는 교육장치이며, 인간과 인간의 공동체적인 결합을 회복하는 '세대간 커뮤니케이션'의 수단이었다.

물론 여기에서 볼 수 있는 것은 단호한 '보수保守'의 자세이다. 그것을 단순히 전前근대를 향한 향수로 치부해버리기는 쉽다. 그러나 야나기타가 다른 보수주의자들이나 반反근대주의자들과 다른 점은, 그에게 '전근대'는 돌아가야 하는 '고향'이 아니라 오히려 일그러진 '근대'의 모습을 비춰주는 '거울'이었다는 것이다. "그것에 거울이 필요하다면, 나는 지금 간신히 손질을 시작한 이 민간전승을 빌려주겠다고 제의하겠다. 그러나 이것을 사용할지 그러지 않을지는 우리의 문제가 아니다"[60]라고 그는 적고 있다. 그러나 야나기타의 민속학 전체야말로 '근대'의 파도에 휩쓸려 홈뻑 젖어버린 일본인이 자기 모습을 비춰볼 수 있는 다면적인 거울에 광을 내는 작업이었다.

동시에 그 거울은 '전前근대'를 발판으로 '근대'를 뛰어넘을 방법을 어럼풋이 제시해주는 나침반 역할도 하고 있다. 일찍이 하나다 기요테루는 야나기타 구니오를 논하면서, 야나기타의 자세 속에서 "전근대적인 것을 부정적인 매개로 삼아 근대적인 것을 뛰어넘으려고 하는 진보적인 태도를 발견하지 않으면 안 된다"[61]라고 주장했다. 일단 '진보적'이라는 표현에 대한 평가를 유보한다면, 우리는 하나다의 발언에 적극적으로 동의할 수 있다. 나아가 하나다의 표현을 빌리면, 이야기론에서도 야나기타는 "그의 소위 '구비전승문예'를 부정적인 매개로 삼아 활자문화를 뛰어넘는 별개의 전달방법을 탐구하고 있는지도 모른다"[62]라는 결론을 내릴 수 있다. 그렇다면 야나기타가 탐색한 '전前근대'의 어둠은 생각지도 못했던 통로를 통해 '포스트 근대'의 영역으로 이어지고 있는 것이다.

그러나 야나기타는 공허하게 '근대의 초극超克'을 부르짖는 기회주의적인 사상가는 아니었다. 그는 끊임없이 서민의 생활문화 속으로 파고들어서, 그곳에 축적된 중층적인 역사적 경험의 구조 안에서 '서구화'와는 다른 '근대화'의 가능성을 발견하고 그 잠재력을 새로운 가치의식의 형성으로 전환하려 했다. 그러한 야나기타의 학문적인 방법을 우리는 '생활세계의 해석학'이라고 부를 수 있다. 그리고 오늘날 우리가 야나기타 구니오의 저서를 읽는 것에 어떤 의의를 둔다면, 그것은 '전前근대'와 '포스트 근대'의 좁은 틈 사이에 존재할 수 있는 '또 하나의 근대'를 구상하는 '생활세계의 해석학'을 전개한 사상가로서의 의의가 될 것이다.

5 해석장치로서의 '이야기글'

> 그러나 지금은, 나의 이야기여, 당신의 줄을 당겨 인도해주시오. 이 늙은
> 승려는 여차하면 샛길에 발을 들여놓기 십상이니까. 그리고 오히려 이야
> 기하시오.
> … 움베르토 에코, 『장미의 이름』

'이야기하다'는 어원적으로 '모방하다'에서 유래했다고 한다.[63] 그런데 무
엇을 모방하느냐고 묻는다면 아마도 '경험'이라고 대답하는 것이 가장 적
절할 것이다. 언어는 우리의 경험에 형태를 부여하고, 그것을 명료한 윤곽
을 갖는 사건으로 그려내어 타인에게 제시해준다. 본인만 접근할 수 있는
개인적인 '체험'은 언어로 이야기됨으로써 공공의 '경험'이 되고 전승 가능
하거나 축적 가능한 지식이 된다. '이야기하다'라는 행위는 사람과 사람 사
이에 놓인 언어 네트워크를 매개로 '경험'을 모방하고, 그것을 공동화하는
운동이다. 야나기타 구니오가 "나는 이야기를 이야기하는 데에도 본래는
다수의 참가, 지식의 공동체화의 의미가 있었다고 생각한다"[64]라고 적고 있
는 것도 그런 측면에서 이해되어야 한다.

　그런데 지금까지 '경험'이라는 개념은 철학의 문맥에서는 지극히 빈약
한 의미만 부여되었다. 특히 '경험주의'를 표방하는 철학자들은 경험을 순

---

† 일본어의 '이야기하다語る[kataru]'는 '속이다騙る[kataru]'와 발음이 같다.

간적인 '감각적 지각' 또는 눈, 귀, 코, 혀, 피부의 다섯 가지 기관에 의한 '감각여건의 수용'으로만 해석해왔다. 그곳에 결여되어 있는 것들 중 하나는 경험을 경험답게 만드는 시간적인 폭 또는 문맥적인 계기에 대한 이해이며, 다른 하나는 경험을 구성하는 데 불가결의 역할을 담당하고 있는 언어적 계기에 대한 인식이다. 전자의 요건에 대해서는 후지모토 다케시가 적절한 설명을 하고 있다. 후지모토에 의하면 '경험'을 나타내는 인도유럽어족의 단어는 예외 없이 그 어근이 어떤 대상을 '통과해서 빠져나간다'는 의미를 지니고 있다. 일본어의 '경험'도 이와 마찬가지로 '시험驗을 거치다 經'라는 의미를 지니고 있다. 그러므로 "경험이라는 것은 사람이 무언가의 시험을 통과함으로써, 또는 그것을 통과하는 과정 자체에서 획득되는 것이라고 동서고금의 사람들은 확실히 알고 있었던 것"[65]이다. 이러한 고찰을 근거로 후지모토는 경험의 개념을 다음과 같이 설명한다.

> 그럼 이렇게 이해되는 경험개념 하에서는, 단순히 감각되거나 지각되는 것들은 그것만으로는 경험이라고 할 수 없다. 스스로 행위를 통해 그 결과를 지각하는 것, 말하자면 스스로의 행위와 그 결과의 비가역적인 인과관계를 통과함으로써 비로소 경험이 성립되는 것이다. 바꿔 말하면 경험은 적어도 두 가지 이상의 다른 성질의 관계에 대한 이해이며, 단항적인 한 가지 성질에 대한 인지(지각)보다 한 단계 높은 수준의 인식인 것이다.[66]

여기에서 말하고 있는 것은, 경험은 순간적인 감각이나 지각이 아닌 "스스로의 행위와 그 결과의 비가역적인 인과관계를 통"해서라는 시간적인 폭 안에서 획득되는 것으로, 그것은 '관계에 대한 이해'라는 문맥적인 이해에 의해 뒷받침되고 있다. 인과관계의 이해는 당연히 매순간 행위의 장면에서 완결되고 잊혀지는 것이 아니다. 그것은 기억 속에 축적되어, 다음에 같은 종류의 행위를 할 때 그것을 규제하는 하나의 규범으로 기능할 것이다. 흔히 '경험이 풍부한 사람'으로 불리는 사람은 그런 규범을 많이 익히고, 그것을 상황에 따라 적절하게 이용할 수 있는 사람을 가리킨다.

그러한 경험은 '이야기하는' 것을 통해 전승되고 공동화된다. 그리고 마침내 그것은 '생활세계Lebenswelt'의 하층에 침전됨으로써 우리의 행위를 제약하는 '생활형식Lebensform'으로 전환된다. 우리는 그것을 '아포스테리오리'†의 '아프리오리'로의 전환이라고 부를 수도 있다. 즉 '경험'의 반복에 의해 획득되는 규범이 침전을 통해 간주간화되는 것으로, 반대로 '경험'을 가능하게 해주는 조건으로 전성轉成을 이루는 것이다.

여기에서 경험을 전승하고 공동화하는 언어장치를 우리는 '이야기'라고 부를 수 있다. 경험은 '이야기행위'를 통해 가다머가 말하는 '작용영향사'의 전통으로 이어지고, 그것에 의해 역사적인 경험으로서의 깊이를 획득할 수 있는 것이다. 앞에서 우리는 경험주의적인 경험의 개념이 갖는 협소함을 비판하면서, 경험의 구성에 언어가 불가결의 계기로 참여하고 있는 것을 지적했다. 그것을 다시 한번 표현한다면 '경험은 이야기되는 것에 의해 비로소 경험으로 전성된다'라고 요약할 수 있다.

그렇다면 경험을 '이야기하는 것'은 어떤 언어행위인가. 그것을 해명하는 데 하나의 실마리를 제시해주는 것은 단토가 제기한 '이야기글narrative sentence'이라는 개념이다. 먼저 단토 자신에 의한 이야기글의 정식화를 살펴보자.

이들 문장의 가장 일반적인 특징은 그것들이 시간적으로 떨어진 최소한 두 개의 사건을 지시하고 있다는 것이다. 이때 지시되는 사건 중에서 더 앞

---

† a posteriori. 인식이나 개념이 경험에 의존하거나 또는 경험으로부터 나오는 일. 후천적.

선 것만(그리고 그것에 대해서만) 기술하는 것이다. 통상적으로 그것들은 과거시제를 취한다.[67]

이야기글은 최소한 두 개의 시간적으로 떨어진 사건을 지시하고, 그 중에서 초기의 사건을 기술한다. 또한 어떤 의미에서 이 구조는 통상행위를 기술하는 데 사용되는 모든 문장에 나타나 있다.[68]

여기서 주목해야 할 것은 이야기글이 시간적으로 떨어져 있는 두 개의 사건을 지시한다는 점, 그것이 과거시제로 표현된다는 점, 그리고 그것은 행위를 기술하는 문장의 일반적인 특징이라는 세 가지이다. 이들 표식은 앞에서 우리가 확인한 '경험'의 성립요건, 즉 자기의 행위와 그 결과 사이의 관계이해라는 특징 부여와도 일치한다. 그러므로 경험의 기술은 기본적으로 이야기글이라는 형식을 따라 이루어진다고 생각해도 좋을 것이다.

예를 들어 '내가 제안한 기습작전은 아군을 승리로 이끌었다'라는 전쟁 무용담을 생각해보자. 이것은 전형적인 이야기글이다. 여기에서는 '기습작전 제안'과 '아군의 승리'라는 두 개의 사건이 제시되고, 시간적으로 선행하는 전자가 그 뒤에 발생한 후자를 참조해 기술되어 있다. '기습작전 제안'은 그 자체만으로는 아직 '경험'의 기술이 될 수 없다. 그것은 무모한 작전으로 상관에게 거부당할 수도 있고, 술자리의 농담으로 동료들에게 무시당할지도 모른다. 그것은 '아군의 승리'라는 또 하나의 사건과 관계를 맺음으로써 비로소 뛰어난 제안이라는 평가를 받고 '이야기할' 가치가 있는 경험이 되는 것이다.

또한 앞의 문장을 '내가 제안한 기습작전은 아군 승리의 원인이었다'라고 바꿔 적으면 알 수 있듯이, 이것은 인과관계의 이해를 표명하는 문장이다. 이야기글은 모두 원칙적으로 인과관계를 표현하는 문장으로 바꿔 적을 수 있다. 즉 이야기글은 복수의 사건 사이의 인과관계의 문맥을 설정하는 역할을 하고 있는 것이다. 기습작전의 제안은 당연히 제안이 이루어진 시점에서는 어떤 사건의 원인도 되지 못한다. 그것은 아군을 승리로 이끎으로써 비로소 원인으로서 유의미성을 획득하는 것이다. 그러므로 그 제안의 의미는 제안한 시점에서는 완결되지 않는다. 또는 그 시점만 독립화해 생각한다면, 그 제안은 아무 의미도 가질 수 없다. 유의미성은 후속하는 시간적인 문맥 안에서 발생하는 것으로, 시간을 통해 숙성된다. 이야기글은 복수의 사건을 시간적인 문맥 속에 배치하고 관련성을 부여함으로써 하나의 '이야기'를 구성한다. 따라서 경험이 인과관계의 이해인 이상, 경험은 '이야기'를 이야기하는 언어행위, 즉 이야기행위를 떠나서는 존재할 수 없으며, 오히려 이야기행위야말로 '경험'을 구성하는 것이라고 말할 수 있다.

그런데 단토는 이야기글에 대립하는 개념으로 '이상적 연대기Ideal Chronicle'를 제기하고 있다. 그것은 라플라스의 악마에 비교할 수 있는 초인적인 능력을 갖춘 이상적 연대기의 작자가 집필한 상세한 역사기록으로 아래와 같은 특징을 가지고 있다.

> 그는 설령 타인의 마음속이라고 하더라도 발생한 모든 것을 발생한 순간에 알 수 있다. 그는 또한 순간적인 필사능력도 갖추고 있다. '과거'의 최전선에서 일어난 모든 것들이, 그것이 일어난 순간에, 일어난 그대로, 그에 의해 기록되어 남겨지는 것이다.[69]

한마디로 '이상적 연대기'라는 것은 모든 사건을 그것이 발생한 순간에 기록한 장대한 역사연표와 같은 것이다. 그러므로 이 연대기의 작자는 '나는 기습작전을 제안했다' '아군이 승리를 쟁취했다'라는 두 개의 사건을 독립적으로 기술할 수는 있어도, 양자를 연관지어 한쪽이 다른 한쪽의

'원인이다'라고 기술하는 것은 불가능하다. '현재'가 '과거'로 전환되는 한 순간을 포착해 사건을 기술하는 것을 임무로 삼고 있는 이상, 그는 '원인이 다'나 '운명 지어졌다'와 같이 소급적인, 과거를 재편성하는 어휘를 가지고 있지 않기 때문이다. 즉 그는 복수의 사건을 일정 문맥 속에 배치하고 연관 성을 부여할 수 없다. 한마디로 이상적 연대기의 작자는, '이야기'는 이야 기할 수 없는 것이다.

이상적 연대기의 작자가 놓인 위치는 앞에서 언급한 경험주의자의 경 험개념과 유사하다. 경험주의자들은 경험을 지금 현재의 '감각적인 지각' 또는 '감각여건의 수용'과 동일시한다. 따라서 그들에게 매순간의 지각경 험은 감각여건의 용어를 사용해 기술할 수 있다. 그러나 그것을 과거의 사 건과 관련지어 이야기할 수는 없다. 경험주의의 입장을 견지하는 한, 과거 의 사건 기술에 의미를 부여하는 데에는 상당한 논리적 어려움이 동반되기 때문이다. 예를 들어 과거에 관한 명제를 '경험적으로', 즉 현재의 지각에 의해 검증하는 것은 불가능할 것이다. 만약 가능하더라도 그것은 어디까지 나 과거의 흔적에 대한 현재의 지각을 기술하는 것일 뿐, 절대로 '과거'의 사건 기술이 아니기 때문이다. 그러므로 A. J. 에이어는 "과거에 관한 명제 는 통상적으로 그것을 검증하는 '역사적'인 경험을 예언하기 위한 규칙이 다"[70]라는 궁색한 변명을 하지 않을 수 없었다. P. 리쾨르의 표현을 빌리자 면, 이런 문제가 발생하는 것은 "경험주의는 지각의 언어표현에 대응하는 현재형 동사밖에 알지 못하기"[71] 때문이다. 이곳이 이상적 연대기의 작자가 존재하는 장소라는 것은 분명할 것이다.

이상적 연대기의 작자와 소박한 경험주의자들에게 공통적으로 결여 된 것은, '경험'은 시간적인 폭을 가진 문맥 속에서만 성립한다는 기본적인 사실에 대한 인식이다. 좀더 설명을 덧붙이자면 경험은 결코 한 지점에서 완결되지 않는다. 그들의 뜻과 달리 경험은 생성되고 증식되며 끊임없이 변화되면서 수용되는 것이다. 시각을 바꾼다면 그것은 과거는 결코 완결되지 않으며 끊임없이 변화한다는 것을 의미하는 것이다. 이것은 결코 황당한 주장이 아니다. 이야기글의 구조를 생각한다면 오히려 자명한 귀결이다.

다시 한번 말하면, 이야기글은 일정 문맥 속에서 시간적으로 전후관계에 있는 복수의 사건에 관련성을 부여하는 기술이다. 그러므로 문맥이 변화하면 과거의 사건에 대한 의미 또한 바뀌지 않을 수 없다. 앞에서 예로 든 '내가 제안한 기습작전은 아군을 승리로 이끌었다'라는 문장을 다시 한번 생각해보자. 이후에 해당 부대는 고립된 다른 부대의 지원요청이 있었음에도 기습작전을 강행해 전체적인 전략을 망쳐버렸음이 판명되었다고 해보자. 그렇다면 이전의 기술에서는 칭찬받을 기습작전 제안이라는 행위가 '내가 제안한 기습작전은 전체적인 전략을 망쳐버린 결과가 되었다'라는 기술에서는 비난받을 행위로 변했음을 알 수 있다. 이것은 딱히 이상한 일이 아니다. 흔히 접할 수 있는 하나의 사건에 지나지 않는다. 전혀 알려지지 않은 채 무명으로 죽은 가난한 신부가 수십 년 뒤 '멘델의 법칙' 발견자로 과학사에 이름을 남긴 것, 생전에는 손에 꼽을 정도밖에 팔리지 않던 고흐의 그림이 지금은 수십억의 가격으로 거래되고 있는 것, 또는 구소련의 '숙청'과 '명예회복' 등은 단적인 실례이다.

이렇게 말하면, 그것은 단지 과거 사건에 대한 '평가'가 변한 것이지 과거의 '사실 그 자체'가 변한 것은 아니라고 반문할지도 모른다. 하지만 그것은 이상적 연대기 작자의 입장에서 제기하는 반론에 지나지 않는다. 우리의 역사 안에서는 독립된 '사실 그 자체'는 존재할 수 없기 때문이다. 그것이 '유의미한 사실'인 이상, 그 의미는 다른 사실과의 연관을 고려치 않고는 존재하지 않는다. '사실 그 자체'를 동정同定하기 위해서도 우리에게는 문맥이 필요하며 이야기글을 이야기하지 않을 수 없는 것이다.

하나의 사건은 뒤에 이어지는 여러 사건과의 사이에 형성되는 관계의 그물망 안에 포함됨으로써 점차 새로운 의미를 지니게 된다. 이야기글은 재기술을 되풀이하는 과정을 통해 우리 경험의 영역을 몇 겹으로 중층화해가는 역할을 수행하고 있다. 그런 의미에서 이야기글은 현재의 시각으로 과거를 재해석함으로써 역사적인 전통을 변용시키는 '경험의 해석장치'라고 할 수 있다. 그리고 시간에 종결점이 존재하지 않으며 역사가 미래를 향해 열려 있는 이상, 이야기글에도 완결은 있을 수 없다. 리쾨르는 "어떤 이야기글도 후세의 역사가에 의해 수정되는 것을 피할 수 없다. 그러므로 이야기 언술은 본질적으로 불완전하다"[72]라고 적고 있는데, 이 '불완전함'을 '미래의 가능성을 향해 열려 있다'라고 바꿔 표현해도 결국 같은 의미일 것이다.

이야기글에 대한 지금까지의 고찰은 그대로 '이야기'에 대한 고찰에도 적용시킬 수 있다. 이야기가 시간적인 순서를 따라 사건의 연쇄를 이야기하는 문예형식인 이상, 그것이 이야기글과 다수의 특징을 공유하고 있는 것은 어떤 의미에서는 당연하다. 이야기글에 의한 과거 역사의 변용은 앞에서 우리가 이야기의 '해석학적 변형'으로 정의한 것에 대응한다. 가와다 준조는 『문자가 없는 사회의 역사』에서 서아프리카 모시족의 역사전승을 논하면서 "역사는 이른바 긴 시간에 걸쳐 참을성 있게 끓여온 집합적인 기억의 죽과 같은 것으로, 현재로 이어지고 있는 것이다"[73]라고 적고 있다. 가와다의 표현을 빌리자면 구비전승의 이야기도 과거의 전승을 포섭하면서 변형되어, 나아가 새로운 양념을 첨가해 오랜 세월에 걸쳐 끓여서 현재로 전해진 '기억의 죽과 같은 것'이라고 말할 수 있다. 기억의 죽이 담긴 큰 냄비의 바닥에는 경험을 숙성시키는 역사적인 시간이 침전물처럼 가라앉아 있을 것이다.

경험이 순간적인 체험으로는 표현할 수 없는 시간적인 폭을 갖는 이상, 현재의 체험은 빠짐없이 과거의 체험에 대한 해석의 역사를 짊어지고 있을 것이다. 그리고 경험은 '이야기하는' 것에 의해 비로소 경험이 된다는 것을 생각하면, 이야기글과 마찬가지로 이야기 또한 '경험의 해석장치'라고 해야 할 것이다. 다시 한번 가와다의 말을 빌리자면 "구비전승의 역사는 현재를 살고 있는 사람들 속에, 그 사람들의 해석을 거친 형태로 응집되어 존재하고 있다"[74]라고 할 수 있다. 그렇다면 야나기타 구니오의 민속학이야말로 이렇게 응집된 역사적 경험이 지닌 시간적인 깊이를 서민의 생활형식 속에서 측정하려고 했던 시도라고 할 수 있다. 이것이 바로 우리가 앞에서 그의 작업을 '생활세계의 해석학'이라고 부른 이유이다.

그런데 우리는 앞에서 야나기타가 구비전승의 문예 또는 이야기를 하나의 '교육장치' 또는 '세대간의 커뮤니케이션' 수단으로 생각하고 있음을 지적했다. 물론 이것이 '경험의 해석장치'로서 이야기의 기능과 어긋나는 것은 아니다. 이미 이야기글의 고찰에서 시사한 것처럼, 이야기되는 경험은 끊임없는 해석을 통해 생활세계의 하층부에 침전되고 결국에는 '규범'으로 전환함으로써 우리의 생활형식을 형성하는 것이다. 그러므로 이야기의 전승은 생활형식의 재생산을 제어하는 장치라고도 할 수 있다. 야나기타는 "문학은 같은 시대를 살아가는 사람들 사이에 존재하는 하나의 연쇄임과 동시에, 부모나 조부모와의 교감 수단이기도 했다"[75]라고 적고 있는데, 그가 구비전승의 문예를 공동체의 기억과 경험을 전승하기 위한 불가결의 매체로 생각하고 있었음은 틀림없다. 그렇다면 '이야기의 쇠퇴'는 동시에 '경험의 쇠퇴'를 의미할 것이다. 같은 상황인식을 우리는 벤야민의 다음과 같은 서술에서도 발견할 수 있다.

진정한 이야기는 공공연하면서도 비밀스럽게 언제나 여러 효용을 동반한다. 그 효용은 어떤 경우에는 윤리적으로, 또 어떤 경우에는 실제상의 안내인으로, 또는 어떤 경우에는 격언이나 처세술이라는 형태로 존재하고 있을 것이다. 그러나 모든 경우에서 화자는 청자에게 조언할 자격이 있는 남자이다. 그런데 이 '조언할 자격이 있는'이라는 표현이 오늘날 사람들의 귀에 진부하게 들리기 시작했다면 그 원인은 경험의 전파능력이 쇠퇴하고 있다는 사정에 있을 것이다. 그 결과 우리는 자신에게뿐만 아니라 타인에게도 조언할 수 없게 되어버린 것이다. 조언이라는 것은 어떤 질문에 대한 대답이라기보다는 (지금 진행되고 있는) 이야기의 뒷이야기에 대한 하나의 제안이기 때문이다. 제안을 끌어내기 위해서는 무엇보다 먼저 이야기를 시작하지 않으면 안 된다. (중략) 조언은 지금까지 살아온 인생이라는 직물 속에 짜넣어졌을 때 지혜가 된다. 이야기의 기술이 그 종말에 가까워진 것은 진리의 서사적인 측면인 이러한 지혜가 사멸하고 있기 때문이다.[76]

물론 벤야민은 이 '쇠망 현상'을 단지 향수를 느끼듯 회상하고 있는 것은 아니다. 그는 한편으로 이야기의 쇠망을 "100년 동안 계속되고 있는 역사적 생산력이 갖는 하나의 부수 현상"[77]으로 파악하는 냉철한 통찰력도 갖추고 있었다. 그러나 1930년대 중반, 벤야민이 야나기타 구니오와 같은 문제에 직면하고, 공통된 상황인식을 바탕으로 대처하려고 했던 것은 부정할 수 없을 것이다. 그것은 벤야민의 표현을 사용해서 '아우라의 소멸'이라고 바꿔 말할 수도 있으며, 야나기타처럼 '생활의 균질화와 평판화'라고 표현할 수도 있다. 벤야민은 "복제기술시대의 예술작품"의 의의를 논하면서 사진이나 영화라는 새로운 시대의 예술 속에서 '새로운 미'와 '대중 참가의 통로'를 발견해냈다. 그렇게 벤야민이 '기술의 봉기'라고 불렀던 제국주의 전쟁과 '정치의 심미화'인 파시즘과 대결하는 길을 선택한 것이다. 물론 벤야민이 '근대'의 성과를 무조건적으로 예찬하는 천박한 모더니스트는 아니었다. 그러므로 "아우라의 소멸"에 대한 그의 태도는 한없이 양의적兩義的이었다. 그것은 이야기의 쇠망에 대해 서술하고 있는 다음과 같은 구절 전체에 흐르고 있는 우울한 분위기에서도 분명히 알아차릴 수 있다.

그런데 이러한 경험이 이야기하는 예술의 종언을 우리에게 선고하고 있다. 어떤 것을 제대로 이야기할 수 있는 사람을 만나기가 점점 더 어려워지고 있다. 이야기를 원하는 목소리가 높아질 때마다 그 주위에는 계속해서 곤혹스런 분위기가 퍼져나간다. 그것은 흡사 절대로 떠나보내지 않을 것이라고 생각해왔던 재산, 확실한 것들 중에서도 가장 확실하다고 여겨져왔던 것을 우리 손에서 빼앗아가는 것과 같다. 결국 그것은 다수의 경험을 교환하는 능력인 것이다.[78]

이 문장을 '야화夜話의 쇠퇴'를 한탄하는 야나기타의 다음과 같은 서술과 비교해본다면, 우리는 그 둘이 같은 장소에서 아마도 등을 마주하고 서 있었다는 것을 느낄 수 있다.

다른 한편으로는 조금 강조적인 성향도 있었지만, 연장자가 자신이 알고 있는 것만은 반드시 이야기해서 남기고 싶어하는 마음이 서적의 증가와는 반비례적으로 점차 줄어들고 있다. 이전에는 이러한 마음이 일반적으로 지금보다 훨씬 강했다. 그러므로 들어줄 사람이 있다면 그것을 그리워하며 소중히 여겼던 것이다. 그런 독지가가 한 사람, 두 사람 사라져 최종적으로 어린아이들만 남겨졌다. 그것도 작은 녀석들만 열성적으로 재촉하고 주문할 뿐이다.[79]

야나기타는 벤야민이 사진이나 영화와 같은 복제기술시대의 예술 속에서 발견하려 했던 '대중 참가의 통로'를 오히려 구비전승문예의 전통 속에서 재발견하려 한 것이다. 그러므로 '근대'에 대한 벤야민의 태도가 아이러니하다고 할 수 있다면, 야나기타는 확실히 '부정적'이고 '저항적'인 태도를 취했다. 야나기타에게 이야기나 전설의 채집은 단순히 회고적인 소일거리가 아니었다. 그는 이야기의 전승을 발굴함으로써 '근대'가 강요하는 '역사의식의 단절'에 저항하려 했던 것이다. 그리고 이야기행위의 잠재세력을 현재화시킴으로써 벤야민이 말하는 '경험의 전파능력' 또는 '경험을 교환하는 능력'을 재활성화하려 한 것이다.

『불행한 예술』에서 야나기타가 현대에 들어와 사기, 사기꾼, 거짓, 험담, 쓸데없는 말 등 '악의 예술' 또는 '악의 기술'이 쇠퇴하는 것을 한탄하면서, "결국 민중은 악의 예술에 굶주려 있다. 세상에 이러한 필요성이 존재하는 한, 이것을 악마의 기술처럼 싫어하기만 할 수는 없을 것이라고 생각한다"[80]라고 분명히 말한 것 역시 같은 생각에서 나온 것이다. 나아가 그는 같은 저서에서 '거짓 감상법의 퇴보'를 비판하고, 근대인이 '웃음'과 '울음'이라는 생활표현을 망각하고 쇠퇴시키고 있다면서 "한마디로 말하자면 인생의 여유가 없어진 것이다"[81]라고 말하고 있다. 그것들을 넓은 의미의 '이야기' 안에 포함시킨다면 야나기타는 이야기의 쇠퇴 속에서 우리의 '경험능력의 쇠퇴'와 '역사의식의 상실'을 파악하고 있었던 것이다. 적어도 '불행한 예술'을 논하는 그의 눈앞에 존재하고 있었던 것은 '합리성' '효율' '새로움' '진보'라는 가치이념의 인도를 받아 위생화·무해화되어 정결함과 부정의 구별을 잃고 평준화되어버린 근대인의 분주하고 단조로운 생활이었음에 틀림없다. 그러므로 야나기타의 구비전승문예론 또는 이야기론은 '근대'라는 가치의식에 대한 '이데올로기 비판'의 역할을 담당했다고 할 수 있다. 그는 자신이 애석하게 여기는 '작은 이야기'를 근대라는 '거대 이야기'를 공격하는 교두보로 삼아 그것에 대치한 것이다.

물론 우리는 쉽게 '이야기'가 정치지배의 '이데올로기적 장치'로 전환
된다는 것을 알고 있다. 야나기타 구니오나 이시다 에이이치로가 훌륭하
게 분석한 전승의 정화수라고도 부를 수 있는 「모모타로」 이야기가 전쟁
중에는 오니가시마鬼が島† 정복의 군국주의적 미담으로 변해버린 것은 기
억해둘 필요가 있다. 굳이 레니 리펜슈탈 감독의 나치 선전 '영화'를 예로
들지 않더라도, 이것은 이야기에 한정되는 것이 아니라 신구의 모든 매체
가 짊어진 숙명이다. 우리는 오히려 겉보기에는 반시대적으로도 보이는
야나기타 구니오의 주장에서 '이야기'의 개념이 베버가 말하는 '철의 감옥'
으로서의 근대자본주의 사회에 대한 이데올로기적 비판의 장치로도 기능
할 수 있음을 배우고자 하는 것이다. 그리고 오늘날 우리가 어쩔 수 없이
'복제기술의 시대', 나아가 '전자매체의 시대'를 살아가고 있다면, 현대의
이야기론은 야나기타 구니오와 벤야민을 두 개의 초점으로 하는 하나의
타원 속에서 그려져야 할 것이다. 그것을 정보자본주의 사회의 '생활세계
의 해석학'이라고 부를 수 있다면, 우리는 앞으로의 방향을 어렴풋하게나
마 시사했다고 할 수 있다.

† 도깨비가 산다고 여겨진 상상의 섬으로, 모모타로가 도깨비를 퇴치한 곳이기도 하다.

제2장

이야기와 역사 사이

"사람은 현재의 일은 지시를 통해 나타낼 수 있지만,
과거의 일은 이야기할 수밖에 없다."

— J. G. 헤르더, 『언어의 기원에 대하여』

1 '이야기하다'†와 '말하다'

"말할 수 없는 것에 대해서는 침묵하지 않으면 안 된다." 비트겐슈타인은 간결한 이 한마디로 『논리철학논고』를 마무리지었다. 그것에 비유하자면 내가 지금부터 전개하고 옹호하려고 하는 명제는 "이야기할 수 없는 것에 대해서는 침묵하지 않으면 안 된다"라는 것이다. 물론 대상을 서사시나 소설 같은 이른바 가상의 영역으로 한정한다면, 이것은 단순히 같은 말을 되풀이하고 있는 것에 지나지 않을 것이다. 그리고 그것이야말로 '굳이 말하지 않아도 알 수 있는' 내용임에 틀림없다. 그러나 대상을 과거의 사건이나 역사적 사실의 영역으로 확장하면, 그것은 분명히 괴상하고 모순적인 명제가 될 것이다. 예를 들면, 히카루 겐지가 아오이노 우에를 부인으로 맞이했다는 사실은 『겐지 이야기』‡라는 문학작품을 떠나서는 의미를 갖지 못한다. 그와 달리 미나모토노 요시쓰네╫가 시즈카 고젠을 부인으로 맞이한 사실은 『헤이케 이야기』╫╫라는 문학작품의 성립과 상관없이

† 일본어에는 넓은 의미의 '이야기하다'라는 의미를 갖는 세 단어 話す, 語る, 物語る가 존재하는데, 저자는 다음과 같이 구분해 사용하고 있다. '話す말하다 say' '語る이야기하다 tell' '物語る이야기하다 narrate'.
‡ 11세기 헤이안시대에 쓰여진 장편소설로, 수려한 용모와 재능을 겸비한 히카루 겐지의 일생과 그를 둘러싼 일족의 생애를 서술했다.
╫ 12세기 실존했던 일본의 무장으로, 비극적 죽음을 맞았으나 영웅으로 전설화되어 많은 문학작품이 남겨졌다.
╫╫ 타이라平 가문의 성쇠를 주제로 하는 가마쿠라 막부 초기의 전쟁소설.

독립적으로 존재하는 역사적 사실로 여겨진다. 내가 여기서 주장하고자 하는 내용은, 미나모토노 요시쓰네도 히카루 겐지와 마찬가지로 역사를 이야기한다는 언어행위, 즉 '이야기행위'를 떠나서는 의미를 갖지 못할 뿐 아니라 존재할 수 없다는 것이다. 조금은 상식을 거스르는 명제라고 할 수 있다. 그러나 상식의 실이 복잡하게 얽혀서 만들어내는 분명한 무늬는 그 뒷면에서는 생각지도 못했던 기괴한 모양을 보여주기도 한다. 얽혀 있는 상식의 실을 풀어내는 것이 우선 이번 장의 과제이다.

먼저 '이야기하다物語る narrate'라는 언어행위의 특이성부터 살펴보자. 물론 '이야기하다物語る narrate'는 '이야기하다語る tell'에서 유래된 단어이다. 그런데 이 둘과 비슷하면서도 다른 동사로 '말하다話す say'가 있다. '이야기하다'와 '말하다'는 모두 인간의 가장 기본적인 언어활동을 나타내는 단어이지만 함축하고 있는 의미에는 미묘한 차이가 있다. 예를 들어 '말을 통한 의견조정'은 일상에서 아주 흔하게 일어나지만 '이야기를 통한 의견조정'은 있다고 하더라도 결코 많지 않을 것이다. 또한 '말이 통하지 않는' 일은 있지만, '이야기가 통하지 않는다'라는 표현은 찾아볼 수 없다. 게다가 '중단된 대화를 이어가기 위한 기회'를 잡기 위해 고생하는 경우는 있어도, '중단된 이야기를 이어가기 위한 기회'를 찾는 것은 무의미하다. 오히려 '이야기'가 수행될 때는 그것이 다른 이야기와 '맞는지' '맞지 않는지'는 문제가 되지 않으며, 이야기 중간에 '막간공연'이 끼어들지는 모르지만 '중단된 이야기를 이어가기 위한 기회'는 처음부터 불필요한 것이다.

이러한 사실로부터 생각한다면, '말하다'가 자유자재로 화자와 청자의 역할을 교환할 수 있는 '쌍방향적'인 언어행위인 데 비해 '이야기하다'는 어느 정도 화자와 청자의 역할이 고정적이고 '일방적'인 언어행위라고 할 수

있다. 시점을 바꾸면 '말하다'가 그때그때 상황에 구속되는 '상황 의존적'이고 '사건적'인 언어행위인 데 비해 '이야기하다'는 훨씬 '상황 독립적'이며 '구조적'인 언어행위이다. 이 점은 어원적으로 '말하다話す[hanasu]'가 '발하다放つ[hanatsu]'에서 유래하며, '이야기하다語る[kataru]'가 '모방하다象る[katadoru]'에서 유래한다는 사실에서도 하나의 간접적인 증거를 얻을 수 있다. 일문학자인 사이고 노부쓰나는 이러한 어원적인 고찰을 바탕으로 양자의 차이점을 다음과 같은 단적인 형태로 표현하고 있다.

> 그렇다면 이야기ハナシ[hanasi]†는 무엇인가. 『다마카쓰마』‡에서 이야기ハナシ[hanasi]는 발하는 것放し[hansi]이라고 적고 있으며, 또한 『리겐슈란』⧺에서도 이야기라는 것은 본래는 발한다는 뜻이었다고 적고 있는 것을 그대로 따라도 좋을 것이다. 즉 단어를 입에서 자유롭게 내보내며 잡담하는 것이 이야기였다. 그러므로 정도를 넘어서면 그것은 '무책임한 발언'이 되고, 이야기를 적당히 걸러서 들을 필요가 있는 것이다. 맛깔스러운 이야기나 그냥 하는 이야기인데 같은 표현에서도 이야기가 지닌 자유로움과 편안함을 발견할 수 있다.[1]

> 그리고 『와쿤노시오리』⧺⧺나 『다이겐카이』⧺⧺⧺가 이야기하다語る[kataru]를 형태나 모양과 관련지어 설명하고 있는 것은 적절한 설명이라고 생각한다. 이야기カタリ[katari]⧺⧺⧺는 처음과 끝이 있는 형식을 갖춘 이야기 형태로,

† 話す(말하다)의 명사형으로, 이야기.
‡ 에도시대의 국학자 모토오리 노리나가本居宣長가 학문, 예술, 인생에 대해 적은 수필.
⧺ 에도시대의 국어사전.
⧺⧺ 에도 후기의 국어사전. 전93권.
⧺⧺⧺ 1932~1937년 간행된 국어사전.
⧺⧺⧺ 語る(이야기하다)의 명사형으로, 이야기.

가타리베語部[†]나 가타리고토語り言[‡]라는 신화적이며 제의적인 이야기의 극단적인 예가 존재했다. 이보다는 조금 더 일상어에 가까웠겠지만 옛날이야기昔話도 일정한 형식을 지닌 이야기였다. 그리고 이야기ハナシ보다 이야기カタリ가 풍부한 형식성을 지니고 있는 것은 확실하다.²

여기서 예를 들고 있는 '이야기話し'의 자유성과 '이야기語り'의 형식성이라는 대비는, '말하다話す'라는 행위가 특정 장면에서 대화상대의 반응이나 응답에 따라 임기응변적으로 단어를 바꿀 수 있는 일종의 상호행위로 이야기가 어떻게 끝날지는 전적으로 이야기의 진행 여부에 달려 있는 데 반해, '이야기하다語る'라는 행위는 청자의 반응이나 응답과는 독립적으로 처음부터 결론이 이야기의 구조와 표현에 의해 정해져 있다는 차이에 기인하고 있다. 그러므로 '말하다'에는 순간순간의 상황에 맞춰 단어나 문장을 적절히 변화시켜 적용할 수 있다는 의미가 강하다. 나쁘게 말하면 임기응변적으로 표현하고 있다고 할 수 있다. 그에 비해 '이야기하다'는 일정한 줄거리 또는 기승전결의 구성을 갖는 이야기를 서술한다는 느낌이 강하다.

이 차이는 일본어 이외의 다른 외국어에서도 동일하게 확인된다. 일본어의 '話す(말하다)'와 '語る(이야기하다)'의 차이에 대응하는 것은 영어의 'say'와 'tell'의 차이라고 할 수 있다. 후자가 어원적으로 tale(이야기)과 가깝다는 점에서도 알 수 있듯, 'tell a story'라는 표현은 존재하지만 'say a story'라는 표현은 존재하지 않는다. 마찬가지로 독일어에서도 'ein Märchen erzälen'이라고는 말하지만 그 동사를 'sagen'으로 바꾸는 것은 불가능하다. 한마디로 줄거리나 플롯을 가진 이야기나 동화는 '이야기하는語る' 것으로, '말하는話す' 대상은 아닌 것이다. 그러므로 '이야기되는 비화'는 존재하지만 '이

† 고대 조정에 출사하여 신화나 전설 등을 이야기하는 것을 소임으로 하던 사람들.
‡ 전승되는 이야기. 정식으로 전해 내려오는 이야기.

야기되지 않는 비화'는 존재하지 않는다. 조금 모순되게 들릴지 모르지만, '비화秘話'나 '일화逸話' 또는 '동화童話'나 '옛날이야기昔話'처럼 명사화되고 줄거리 설정을 통해 구조화된 '이야기話'는 '말하다話す'라는 표현으로 소화하기에는 그 짐이 너무 크기 때문에, 그 임무를 '이야기하다語る'라는 표현에 맡기지 않을 수 없는 것이다. 그것은 '말하다'라는 행위는 일상생활의 현장에 지나치게 밀착되어 있어서 그 생활의 중력권을 이탈해 상상이나 허구의 하늘로 비약할 수 없다고도 할 수 있을 것이다. 이 점에 대해 사카베 메구미는 『이야기カタリ』에서 앞서 소개한 사이고의 분석에 덧붙여 양자의 기본적인 차이를 다음과 같이 분석하고 있다.

좀더 생각해보면, 양자 사이에는 분명한 발화행위의 레벨 차이를 발견할 수 있다. 한마디로 이 두 가지 언어행위를 비교했을 때 '이야기ハナシ' 쪽이 더 소박하고 직접적이며, 그에 비해 '이야기カタリ'는 더 통합적이고 반성적이며 굴절의 정도가 높다. 또한 일상생활 속 행위 면에서 단절 및 차단 정도가 높다.[3]

물론 언어행위의 측면에서 '말하다'와 '이야기하다'를 생각할 때, 그들을 '제약하다' '경고하다' '선서하다' 같은 전형적인 행위수행적 발언 performatives과 비교하면 '말하다'와 '이야기하다'는 차이점보다 오히려 공통점을 많이 가지고 있다. 그러나 사카베가 지적한 둘 사이의 '발화행위의 레벨 차이'를 무시할 수는 없다. 뒤에서도 살펴보겠지만, 바로 이 레벨 차이가 우리의 역사의식을 형성하는 데 깊이 관여하고 있기 때문이다. 사카베는 나아가 이 차이점을 부연 설명하면서 '이야기하다'라는 행위를 "이미 의식의 굴절을 내포하며 오해, 은폐, 기만, 심지어는 자기기만으로도 연결될 가능성을 그 안에 내포하는, 복잡하고 또한 의식적인 통합의 정도가 높은 한 레벨 위의 언어행위"[4]로 파악하고 있다. 즉 '말하다'가 타인에게 직접적으로 작용한다는 의미에서 확실히 행위수행적 성격을 갖는다면, '이야기하다'의 경우에는 타인에게 간접적으로 작용하는 만큼 행위수행적 성격은 굴절 또는 차단되어, 메타레벨로 업그레이드되었다고도 볼 수 있다.

그렇다면 오스틴으로 시작되는 언어행위 연구의 성과는 '말하다'라는 행위에 대해 넘치지도 부족하지도 않은 이상적인 분석을 전개해왔지만, '이야기하다'라는 행위의 특이한 성격은 올바르게 파악하지 못했거나 그것을 파악의 범위에 넣지 않았다고 할 수 있을 것이다. '말하다'와는 다르게 '이야기하다'는 언어행위의 기본전제인 '현장성' 또는 '출석성'을 괄호에 넣고 의식적으로 그것들에서 벗어나려고 하는 행위이기 때문이다.

2 언어행위와 이야기행위

오스틴은 『언어와 행위』 제1강에서 행위수행적 발언의 전형적인 예로 (a) 결혼을 서약하다, (b)배 이름을 짓다, (c)유산을 증여하다, (d)도박을 걸다의 네 가지 언어행위를 들고 있다. 그가 같은 책 제12강에서 행하고 있는 언어행위의 체계적인 분류를 따르면, 이들 중 '짓다'와 '(유산을) 증여하다'는 권한행사형 발언에, 또 '서약하다'와 '(도박을) 걸다'는 행위구속형 발언에 속한다. 위의 예에서 분명히 알 수 있듯 이들 발언은 모두 타인에 대한 직접적인 작용을 포함하고 있으며, 현재 시점의 발언이 미래의 상황 또는 자신과 타인의 행동을 어떤 형태로든 제약한다는 점에서 공통점을 갖는다. 행위수행적 발언의 벡터는 현재에서 미래를 향해 뻗어 있는 것이다. 이 점은 행위수행적 발언이 종종 미래시제로 표현되는 데 비해, 과거시제로 표현되는 경우는 있을 수 없다는 점을 떠올리면 더욱 분명할 것이다. 그러므로 행위주체의 발언내용은 '약속하다'라는 행위에서 전형적으로 보이는 것처럼, 발언시점에서의 '성실함'을 요구하며 나아가 일어날 수 있는 미래에 대한 '책임'을 필연적으로 동반하게 된다. 앞에서 우리가 언어행위의 '현장성' 또는 '출석성'이라고 부른 것도 이러한 사태를 의미하는 것이다.

그렇다면 우리의 당면 문제인 '이야기하다'라는 행위는 이러한 언어행위론의 구도 속에서 어떤 위치를 차지하고 있는가. 오스틴은 이미 위에서 언급한 권한행사형과 행위구속형에 판정선고형, 태도표명형, 언명해설형을 덧붙여 언어행위의 5대 분류로 삼고 있는데, '이야기하다tell'라는 동사를 언명해설형에 귀속시키고 있다. 언명해설형은 "의견의 개진, 의논의 진행, 단어의 용법, 언급대상의 명확화 등을 동반하는 여러 가지 해설행위에서 사용되는 것"[5]으로 그 목적은 "이유, 의논, 전달작용의 명확화"[6]에 있다고 한다. 이것은 하나의 메타언어적인 기능을 수행하는 의미론적 언어행위로, 이 특징으로 인해 다른 네 가지 유형과는 기본적으로 다른 성격을 갖는다. 그런 의미에서 오스틴의 분류기준은 우리가 앞에서 논한 '말하다'와 '이야기하다' 사이의 레벨 차이를 명확하게 반영하고 있다고 해야 할 것이다. '말하다'가 지닌 상호행위적·타인지향적·현장구속적인 성격을 고려하면 나머지 네 가지 유형의 총칭으로 보아야 하기 때문이다. 그에 비해 '이야기하다'는 굴절이나 반성을 포함하고 있으며, '이야기를 이야기하다'라는 표현에도 나타나 있는 것처럼 명시적이라고는 할 수 없더라도 메타언어적인 기능을 가지고 있는 것이다.

그런데 언명해설형 중에서도 '이야기하다tell'가 '전하다inform'나 '통지하다apprise'와 동일한 범주로 분류되고 있는 것에서 알 수 있듯이, 여기서 tell은 확실히 '고해서 알리다'라는 의미로 사용되고 있다. 그러므로 이 경우에는 '이야기하다narrate'의 의미는 포함되어 있지 않다.[7] 사실 더 단적인 예로 '이야기하다narrate'라는 동사는 오스틴의 분류표 어디에서도 찾아볼 수 없다. 그뿐 아니라 그에게 '이야기하다narrate'라는 행위는 오히려 정상적이지 않은 '일탈적'인 언어행위로 분류되어야 하는 것이었다. 『언어와 행위』에서 조금이라도 '이야기하다narrate'에 비교될 수 있는 행위를 언급하고 있는 부분은 제2강이다. 그러나 그것도 무대 위에서 배우가 대사를 이야기하는 것이나 시 낭독을 예로 드는 몇 곳에 지나지 않는다. 하지만 데리다와 존 설의 논쟁 주제로도 잘 알려져 있는 것처럼, 오스틴은 그들 행위를 언어가 "제대로는 아니지만 정상용법에 기생하는 방법으로 사용되고 있는"[8] 전형적인 사례로 언급하면서 그들은 '언어퇴화' 이론에서 취급해야 하는 것이라고 말하며 고찰대상에서 배제하고 있다. 이 '배제'의 절차가 무엇을 의미하는지는 직접 데리다의 논술을 읽는 방법밖에 없지만,[9] 다시 한번 말해두자면, 처음부터 '이야기하다narrate'라는 행위는 오스틴의 언어행위론 구도 속에서는 정의될 수 없는 특이한 성격을 지니고 있는 것이다.

이와 같은 고찰을 바탕으로 '언어행위'를 '이야기행위'의 개념으로 대치해보자. 그 경우에 이야기되는narrate 것은 물론 연극의 대사나 시 또는 옛날이야기 같은 픽션에 한정되지 않는다. 과거의 경험이나 역사 또한 이야기되는narrate 것이다. 그 사실은 흔히 사용되는 '경험을 이야기하다'나 '역사를 이야기하다'라는 표현에 비해 '경험을 말하다'나 '역사를 말하다'라는 표현이 일반적으로 조금 어색하게 느껴진다는 점에서도 추론할 수 있다. 앞에서 우리는 언어행위의 시간적인 벡터는 현재에서 미래를 향해 있다고 지적했는데, 그것과 비교한다면 이야기행위의 벡터는 현재에서 과거를 향해 뻗어 있다고 할 수 있다. 언어행위가 미래의 사건이나 행위를 구속하는 데 비해 이야기행위는 과거의 사건이나 행위를 구속하는 것이다. 또는 조금 덧붙이자면, 이야기행위는 과거의 사건이나 행위에 '구성적으로' 관여한다고도 말할 수 있다. 그러므로 이야기행위는 언명해설형에 속하는 '진술'이나 '보고' '기술'과 같은 언어행위로 환원할 수는 없다. 역사서술은 뒤에서 살펴보겠지만 단순한 '서술' 행위가 아니기 때문이다.

그런데 오스틴은 『언어와 행위』에서 역시 단 한 번 역사서술의 언명에 대해 언급하고 있다. 그것은 사실확인적 발언으로 "래글런 경은 알마 전투[†]

[†] 크림 전쟁의 첫 번째 전투.

에서 승리했다"라는 문장을 예로 제시한 부분이다. 물론 그는 이 문장을 단서로 역사서술의 사례를 분석하려고 했던 것은 아니다. 그는 단지 이 문장의 진위가 얼마나 문맥의존적인가를 논하려 했을 뿐이었다. 그리고 도출된 결론은 다음과 같은 것이었다.

> 따라서 '자유'나 '부자유'처럼, '진실'과 '거짓' 또한 어떤 단순한 것을 의미하는 단어가 아니다. 오히려 다양한 상황에서 많은 청자를 상대로, 여러 목적을 위해 이러이러한 의도를 가졌을 때 그렇게 서술하는 것은 바람직하거나 적당하다 또는 반대로 틀렸다는 평가를 부여하기 위한 일반적인 관점을 의미하는 단어에 지나지 않는 것이다.[10]

이 주장에 대해서는 아무런 이론도 없다. 오히려 '기술주의적 오류'를 척결하는 오스틴의 명확한 분석에 감탄할 뿐이다. 그러나 그는 여기에서 분명히 역사서술을 '진술'이라는 언어행위의 한 형태로 취급하고 있다. 따라서 발언의 진위를 논하는 조건으로 제시하고 있는 '상황'이나 '청자'는 지각적 현재에 완벽하게 부여되어 있으며, 또한 '목적'이나 '의도'는 미래 구속적으로 작용하고 있다. '진술'이라는 언어행위의 벡터는 이미 살펴본 것처럼 현재로부터 미래를 향해 뻗어 있는 것이다.

그에 비해 역사서술을 이야기행위의 한 형태로 파악한다면, 진위를 논해야 할 '상황'은 지각적 소여가 아니라 이야기되는 '이야기' 그 자체에 의해서 '청자'에게 명시될 것이다. 그리고 그 경우에는 '목적'이나 '의도'는 과거구성적으로 작용된다. 좀더 이해하기 쉽게 역사가 아닌 픽션을 예로 들어보자. 히카루 겐지가 아오이노 우에를 부인으로 맞이한 것의 진위를 논하기 위한 조건은 '옛날옛날 한 옛날에'로 시작되는 이야기의 전개에 의해서 명시되며 그 이외에는 존재하지 않는다. 물론 허구의 언설에 진리의 가치를 부여하는 것이 과연 가능한지에 대해서는 다양한 견해가 있을 수 있지만, 나는 진위개념의 문맥의존성을 확대한다면 충분히 가능하다고 생각한다.[11] 그것과 마찬가지로 같은 내용을 역사서술에도 적용할 수 있다고 생각하는 것이 바로 이야기행위론의 핵심이다.

언어행위가 미래투기投企적인 데 비해 이야기행위가 과거구성적이라는 대비는 양자의 언어형식에서도 분명히 나타난다. 오스틴이 현재적인 행위수행적 발언의 전형적인 예로 분석한 것은 "일인칭, 단수, 직접법, 능동태, 현재형의 동사를 포함하는 형식"[12]을 가진 언어행위였다. 한편 이야기행위에 대해 말하자면, 역사서술이 과거시제로 이야기되는 것은 말할 필요도 없을 것이다. 또한 옛날이야기가 '옛날 어느 한 마을에'로 시작해서 '~했다고 한다'로 매듭지어지는 형식이라는 점을 보아도 이야기행위의 기본적인 시제는 과거형이라고 할 수 있다. 또는 "지금은 옛날"(『곤쟈쿠 이야기』[†]), "옛날 어느 한 시절에"(『겐지 이야기』), "노인이 말하기를"(『풍토기』[‡]) 같은 이야기의 시작부분을 떠올려봐도 좋을 것이다. 이들은 모두 현재의 시점에서 과거를 '재구성'한다는 해석학적인 기능을 가진 표현이다. 그러므로 이야기행위는 하나의 해석학적 행위이며, 과거의 사건을 재구성함으로써 현재의 자기 모습을 생각할 수 있게 해주는 기능을 갖는다. 이야기행위는 과거를 현재의 시점에서 재구성하며 구성된 과거에 의해 현재의 의미가 부여된다는 현재의 자기이해를 변용시키는 왕복운동을 작동시킨다는 점에서, 이중적인 의미에서 과거구성적이라고 할 수 있다.

그렇다면 언어행위의 미래투기성이 발언주체의 미래행위를 제약하고 '이행책임'을 발생시킨다면, 이야기행위의 과거구성성은 과연 어떤 제

[†] 헤이안 후기의 설화집. 모든 이야기가 '지금은 옛날今は昔'이라는 문구로 시작된다.
[‡] 나라시대에 편찬된 지리지. 일부가 지역 노인들의 이야기를 채록한 형식을 취한다.

약과 책임을 발언주체에게 부여하는가. 이와 같은 질문이 제시되는 것은 언어행위와 이야기행위를 동일 평면상에서 대립하고 있는 두 개의 행위로 생각하기 때문이다. 그러나 둘은 배타적으로 서로를 받아들이지 못하는 관계가 아니라 오히려 상호보완적인, 즉 수직으로 교차하는 관계라고 할 수 있다. 그렇게 언어행위와 이야기행위는 전혀 다른 규범을 따르고 있기 때문에 한쪽의 기준을 그대로 다른 쪽에 적용시킬 수는 없다. 굳이 말하자면 언어행위가 '도덕적moral'이라면, 이야기행위는 '비도덕적amoral'이기 때문에 일반적인 이론규범을 필연적으로 이탈할 수밖에 없는 것이다. 또한마디 덧붙이자면, 이야기행위에서 일반적인 의미의 '발언주체'라는 개념은 그 가치를 잃고 소멸해버릴 수밖에 없다.[13] 그 점을 분명히 하기 위해 앞에서 인용했던 사이고 노부쓰나의 논문에서 다시 한 부분을 빌려 단서로 삼도록 하자.

> 그것〔옛날이야기〕이 '있었다오' '있었다고 하네' 등과 같은 표현으로 마무리지어지는 것은, 일반적으로 화자가 그 이야기에 책임을 지지 않기 위한 형태라고 여겨진다. 그것은 『다케토리 이야기』가 "~라고 전해진다とぞいひ傳えたる", 『곤쟈쿠 이야기』가 "~라고 전해진다となん語り傳えたるとや"로 글을 마무리짓고 있는 것과 같은 종류이다.[14]

사이고 자신도 결론을 유보하고 있는 것처럼, 이야기의 종결부가 이른바 전문보고 형식을 취하고 있다는 이유로 '화자가 그 이야기에 책임을 지지 않기 위한 형태'라고 결정지어버리는 것은 실수라고 할 수 있다. 무엇보다 이야기행위에 대해서는 언어행위의 '화자'나 '책임'이라는 개념을 그대로 적용할 수 없는 것이다. 오히려 이야기행위가 때때로 전문보고라는 특이한 형식을 채용하고 있다는 점은 '발언주체'가 개인적인 주관성 차원에서가 아니라 간주관성 차원으로 설정되어 있다는 증거라고 생각해야 할 것이다. 그러므로 전문보고라는 형식은 발언주체의 책임 해제를 의미하는 것이 아니다. 오히려 언어공동체에서 형성되어온 간주관적인 '이야기語ㅆ'의 영역으로 적극 '가담加擔 commitment'함을 의미하는 것으로 파악해야 할 것이다. 아래와 같은 야나기타 구니오의 문장이 시사하고 있는 것처럼 '이야기語ㅆ'는 '가담'을 통해 경험과 지식의 공동화를 내포할 수 있는 개념인 것이다.

> 표준어의 '이야기하다'는 점점 그 용도가 한정되어 조루리淨瑠璃[†] 이외에는 사기를 치는 경우 정도에만 쓰이고 있다. 그러나 지방에서는 지금도 훨씬 넓은 범위에 걸쳐, 부부의 결혼에서 어린아이의 유회에 이르는 인간의 모든 공동체적인 것들이 전부 이야기하다로 표현되고 있다. 옛날에는 중앙에서도 마찬가지였으리라는 것은 가담과 같은 기묘한 단어가 남아 있는 것에서 알 수 있다. 현재는 여러 용법이 추가되어 단순히 형태만 같은 다른 단어처럼 보이지만, 이야기를 이야기하는 데에도 본래는 다수의 참가, 지식의 공동화라는 의미가 있었다고 나는 생각한다.[15]

'어린아이의 유회'까지 '이야기하다'의 종류 안에 포함시키는 야나기타의 주장에 대해서는 사이고 노부쓰나가 반대의견을 전개하고 있다.[16] 그러나 그 점을 감안한다 해도, '말하다'가 개인적인 언어행위인 데 비해 '이야기하다'가 공동적 내지는 간주관적 언어행위의 색채를 강하게 띠고 있다는 것은 명백하다. 우리는 무엇보다 개인의 체험 또는 지식이나 전문을 공동화하고 타인과 공유하기 위해 '이야기하는' 것이다. 그 점은 '이야기가

† 샤미센의 반주에 맞춰 특수한 억양과 가락을 붙여 엮어나가는 이야기.

전해진다'는 표현과 달리 '말이 전해진다'는 표현이 어색하게 느껴지는 것을 생각해보면 더욱 분명해진다. '이야기하다'라는 행위는 말하자면 그 배경에 역사적인 공동성이라 부를 수 있는 시간의식을 가지고 있다. 우리는 그것을 이야기행위의 '역사부하성history-ladenness'이라 부를 수 있다. 그러므로 역사부하성의 정도가 현저한 이야기행위일수록 옛날 사람들처럼 '이야기를 통해 전승해가는' 전문보고 형식을 취하게 되는 것은 당연할 것이다. 그것은 화자의 책임을 포기하는 것이 아니다. 그것은 간주관적인 '이야기語り'의 역사적 연쇄에 가담하는 의지의 표명이자 언어공동체의 저장고로부터의 이른바 '인용'행위이다. '인용'이라는 행위가 과거의 역사적인 텍스트 및 문맥의 '부하'의 힘을 무시하고는 성립할 수 없다는 것에 대해서는, 지금 굳이 다시 설명할 필요도 없을 것이다.

지금 서술한 역사부하성의 유무를 기준으로 삼는다면, '말하다'와 '이야기하다'의 대비는 한층 더 선명해진다. '말하다'라는 행위는 부하의 정도가 낮으며 역사적인 문맥에서 최대한 자유롭다는 점 때문에 공시적共時的인 커뮤니케이션 수단으로 기능한다. 즉 언어적인 습관을 예외로 한다면, 지각적 현재에 나타나 있는 문맥이 '이야기話し'를 이해하는 데 충분한 조건을 제공하고 있다고 할 수 있다. 그에 비해 부하의 정도가 높은 '이야기하다語る'라는 행위는 통시적通時的인 커뮤니케이션 수단으로 기능하며, 이해의 조건으로 역사적 또는 이야기적 문맥이 반드시 필요하다. 예를 들어 "래글런 경은 알마 전투에서 승리했다"라는 역사서술은 유럽 역사에 대한 배경지식이 없다면 거의 이해할 수 없는 문장이다. 또한 "히카루 겐지는 좀처럼 보기 힘든 호색가였다"라는 문장은 『겐지 이야기』의 문맥을 무시한다면 아무 의미도 없는 문장임에 틀림없다. 이야기행위는 바로 이들 문맥을 공동화하고 그것을 '이야기를 통해 전승해가는' 행동인 것이다.

'이야기하다'라는 행위를 특징짓는 '통시적인 커뮤니케이션'은 바로 위와 같은 의미로, 그런 점에서 보다 노골적으로 '세대간의 커뮤니케이션' 수단이라고 부르는 편이 적절할지도 모르겠다. 그리고 화자가 속하는 지각적 현재를 뛰어넘어 세대간의 커뮤니케이션을 가능하게 해준다(데리다는 그것을 '원격통신telecommunication'[17]이라고 부른다)는 점에서 '이야기하다'라는 행위는 오히려 '쓰다'라는 행위와 유사하다. 한편 '이야기하다'라는 행위가 문자가 아닌 음성을 매개로 한다는 점에서 '말하다'와 유사하다는 것은 말할 필요도 없을 것이다. 그러므로 '이야기하다narrer'는 바로 '말하다parler'와 '쓰다écrire' 사이에 배치되어야 하는 독립된 행위이며, 이야기행위는 언어행위의 단순한 하위분류에 속하는 것이 아니다. 즉 발화행위, 서자행위書字行爲와 함께 삼항대립 구도를 이루고 커뮤니케이션 구조 안에서 독자적인 카테고리를 주장할 수 있다는 점이야말로 이야기행위의 특이성인 것이다.

3 '과거'를 이야기하다

이야기행위에 의해 이야기되는 것들은 다양한 영역에 걸쳐 있다. 그런데 픽션을 예외로 한다면, 그 핵심 부분은 과거의 경험과 역사가 차지하고 있다. 그러므로 '빨간 꽃이 보인다' '좋은 냄새가 난다' '배가 아프다'처럼 지각적 현재를 직접적으로 묘사하는 것은 이야기행위의 대상이 되지 않는다. 콰인은 이렇게 감각적 자극에 의해 청자의 동의나 반대를 구할 수 있는 문장을 '관찰문'이라고 불렀다.[18] 관찰문은 지각적 상황이 공유되어 있다면 그것에 대한 동의나 반대에 대한 간주관적인 일치를 얻을 수 있다. 그에 비해 이야기문에 대한 동의나 반대에 대한 일치를 얻기 위해서는 지각상황이 아니라 '이야기'의 문맥 공유가 필수불가결한 조건으로 작용한다.

물론 지각적 현재는 금세 과거로 이동해버린다. 그러나 우리는 그것을 상기함으로써 '지나가버린 지각적 현재', 즉 과거의 사건을 이야기할 수 있다. 그러나 감각적 자극에 의해 지각적 현재를 묘사하는 것(관찰문)과 상기에 의해 '지나가버린 지각적 현재'를 이야기하는 것(이야기글)은 비슷한 듯하지만 전혀 다른 종류의 행위이다. 간단히 말하면 우리는 현재의 사건을 '묘사'할 수는 있지만 과거의 사건을 '묘사'할 수는 없다. 그것은 과거 느꼈던 복통을 지금 현재에서 느낄 수 없는 것과 유사하다(지금 통증을 느낄 수 있다면, 그것은 현재의 복통이지 과거의 복통이라고 할 수 없다). 과거의 복통은 지금 그것을 떠올려 이야기할 수 있을 뿐이기 때문에, 묘사에 해당되는 세부적인 감각이 결여되어 있다. 이것은 지나가버린 지각적 체험 전부에 적용할 수 있다. 과거의 사건은 '묘사'되는 것이 아니라 상기적으로 '구성'되는 것이다.

그것은 '체험'과 '경험'의 대비를 통해 다른 측면에서 보강할 수 있다. 지각적 현재의 오감五感을 통해 얻게 되는 것을 '체험'이라고 한다면, '체험을 말한다'는 것은 지금 현재의 지각상황을 묘사하고 기술하는 것을 의미한다. 그러나 '경험을 이야기한다'는 것은 지나가버린 체험을 있는 그대로 묘사하는 것이 아니다. '경험담' '경험이 풍부한 사람' '어떤 분야의 학식과 경험이 풍부한 사람'과 같은 일상적인 표현에서도 알 수 있는 것처럼, 경험을 이야기하는 행위에는 단순한 기술로 표현할 수 없는 어떤 규범적인 의미가 포함되어 있다. 있는 그대로 말하자면 과거의 '경험'은 현재의 우리 행위에 지침을 부여하고, 그것을 규제하는 작용을 한다는 것이다. 그러므로 '경험을 이야기하는' 것은 지나가버린 체험을 우리의 신념체계 속에 집어넣어 그것의 위치를 지정함과 동시에, 현재의 행위와 새로운 규범적 관계를 설정하는 것이다. "자라 보고 놀란 가슴 솥뚜껑 보고도 놀란다"라는 속담은 과거의 체험과 현재행위 사이의 그런 관계를 유머러스하게 표현한 것이다.

일회적인 개인적 체험은 경험의 네트워크 안에 들어가서 다른 경험과 조합됨으로써 '구조화'되고 '공동화'되어 기억할 만한 가치를 지니게 된다. 반대로 말하자면, 신념체계 안에서 일정한 위치값을 가질 수 있는 체험만이 경험으로 전해지고 기억 속에 잔류하는 것이다. 다시 말해 경험을 이야기하는 것은 과거의 체험을 정확하게 재생 또는 재현하는 것이 아니다. 그것은 있는 그대로의 묘사나 기술이 아니라 '해석학적 변형' 또는 '해석학적 재구성'의 조작이다. 그리고 체험을 경험으로 해석학적으로 변형하고 재구성하는 언어장치가 바로 우리의 주제인 이야기행위이다. 그러므로 이야기행위는 독립된 체험에 맥락과 굴절을 주어 새로운 의미를 부여하는 반성적인 언어행위라고 할 수 있다. 즉 '체험'은 이야기되는narrate 것에 의해 '경험'으로 성숙될 수 있는 것이다.

이러한 체험과 경험의 관계는 과거의 사건이나 역사적인 사실을 이야기하는 경우에도 적용할 수 있다. 지극히 상식적으로 생각해보면, 과거의 사건은 우리가 상기하려고 하는지 여부에 관계없이, 또한 그것에 대해 이야기하려고 하는지 여부에 관계없이 주관적인 활동에서 독립하여 엄연히 객관적으로 실재하고 있다. 그렇지 않다면 빌린 돈을 갚을 필요가 없어지고 살인범은 무죄방면될 것이다. 상기는 바로 객관적으로 실재하는 과거를 재현하는 것이다. 이것은 누구도 의심하지 않는, 과거에 대한 확실한 이해사항이다. 그러나 이렇게 건전한 상식을 의심하고 그것에 이의를 제기하는 것이야말로 철학의 의의라고 할 수 있다. 아래에 인용한 오모리 소조의 '상기과거설想起過去說'은 과거에 대한 상식적인 이해에 정면으로 도전하고 있다.

상기 체험을 검토하기 위한 최초의 단서는 뿌리깊은 오해 하나를 제거하는 것이다. 그것은 상기가 과거 경험의 재현 또는 재생이라고 생각하는 오해이다. 예를 들어 지금 과거에 있었던 여름여행을 떠올리고 있다고 하자. 이때 작년에 있었던 여행 경험이 지금 되살아나 있는 것으로, 지금 다시 그 경험을 떠올리며 느끼고 있는 것이다. 사람들은 이렇게 생각하기 쉽다. 그러나 이것이야말로 상기 체험에 대한 근본적인 오해라고 나는 생각한다. 그것은 감탄 없이 그러한 상기 체험을 떠올려보면 쉽게 알아차릴 수 있다. 작년 여행에서 봤던 바다의 푸르름이 지금 눈앞에 보이는가. 기적소리가 귓가에 들려오는가. 운 나쁘게 엄습했던 치통의 아픔이 지금 다시

어금니에서 느껴지는가. 그런 것들은 전혀 일어나지 않을 것이다. 물론 바다의 색이나 기적소리, 치통을 선명하게 기억하고 있어서 지금 그것들을 생생하게 떠올리고 있다. 그러나 생생하게 떠올리고 있는 것은 그것을 다시 지각한다는 것이 아니다. 상기는 과거의 지각을 되풀이하는 것이 아니다. 재현하는 것, 재생하는 것이 아니다.[19]

여기서 전개되고 있는 지각과 상기는 근본적으로 서로 다른 두 가지 경험양식으로, 상기는 과거의 지각을 재현하는 것이 아니라는 명제는 듣고 보면 전혀 특별하지 않은, 알기 쉽고 명료한 사실이다. 그러나 오모리는 여기서 한 발 더 나아가 '과거'는 '상기되는' 것이라는 결론을 내리고 있다. 조지 버클리의 "존재는 지각이다"에 빗대어 오모리는 "과거는 상기이다"라고 간략하게 정식화定式化하고 있는 것이다.[20] 즉 과거는 상기라는 경험양식으로부터 독립해서는 존재할 수 없다는 것이다. 이 지각과 상기의 대비를 앞에서의 체험과 경험의 구별에 적용시킨다면, 오모리의 명제는 다음과 같이 바꿔 말할 수 있다. 즉 경험을 이야기하는 것은 과거의 체험을 재생 또는 재현하는 것이 아니며, 과거의 체험은 경험을 이야기하는 언어 행위로부터 독립해서는 존재할 수 없다는 것이다.

그러나 이렇게 말하면 상기에는 '틀린 기억'이 존재하기 때문에, 과거의 객관적인 실재성을 부정하고 과거와 상기를 동일시하는 것은 진실과 오류의 구분을 없애버리는 지나치게 극단적인 주장이라는 비난이 돌아올 것이다. 이것은 확실히 극단적인 주장임에 틀림없다. 그러나 주장의 논리를 주의 깊게 되짚어본다면, 극단적인 것은 주장 자체가 아니라 오히려 건전한 상식 쪽이라는 것을 알 수 있다.

예를 들어 재판에서 과거의 사실에 대한 원고와 피고의 증언이 일치하지 않는 경우를 생각해보자. 어느 쪽의 주장이 맞는지를 '과거의 객관적인 사실'을 참고로 결정하는 것이 가능하다고 생각하는가. 그것은 절대로 불가능하다. 조합될 수 있는 과거의 사실은 기억 속에만 존재하기 때문이다. 만약 그것을 법정에서 재현할 수 있다고 하더라도 현재의 지각적 사실이지 과거의 사실이 아니다. 어떤 수단을 사용해도 과거의 사실을 지금 현재 이곳에서 지각하는 것은 불가능하다. 앞에서 인용한 오모리의 주장을 따르면, 상기는 과거에 실재했던 '원본'의 '복제'가 아니다. '원본'이 이미 지나가버리고 존재하지 않는 이상, '원본'을 소환해서 '복제'와 비교하는 것은 처음부터 불가능하기 때문이다. 그리고 기억 속에는 '복제'만 존재하고 있다고 한다면, '복제'는 '원본'이 존재하지 않는다면 존재할 수 없기 때문에 그것을 '복제'라고 부르는 것 자체가 잘못된 표현이다. 이런 이유로 상기는 과거의 '복제'가 아니라 오히려 과거 그 자체라고 할 수 있다. 이것이 바로 오모리의 '상기과거설'의 핵심이다.

그렇다면 증언의 차이는 과거의 사실과 상기의 대립이 아닌 원고의 상기(과거)와 피고의 상기(과거)의 대립으로 생각해야 할 것이다. 어느 증언이 맞는지는 과거 사실과의 조합에 의해서가 아니라, 그들의 다른 발언이나 다른 목격자들과의 '정합성'에 의해서 결정할 수밖에 없다. 과거에 대한 언명의 진위를 결정하는 기준은 사실과의 '대응'이 아니라 다른 여러 언명과의 '정합성', 즉 과거를 이야기하는 '이야기 내용의 일관성'인 것이다.

그렇지만 이렇게 말하면 과거의 사실은 '물적 증거'로 분명히 눈앞에 존재하고 있으며 증언의 흑백 여부는 그것들과의 조합을 통해 확실하게 결정될 수 있다는 반론이 제기될 것이다. 물론 물적 증거는 든든한 아군임에 틀림없다. 그러나 그것은 과거의 사실 그 자체가 아니라 '과거의 흔적'에 지나지 않는다. 우리는 물적 증거라는 '과거의 사실'과 상기 내용을 비교하는 것이 아니다. 물적 증거라는 '과거의 흔적'에서 소급하여 재구성된 과거 사실과 상기 내용의 정합성을 확인하고 있는 것이다. 물적 증거가 법정에서 '증거'로 채용되기 위해서는 연대年代의 결정, 혈액형 감정, 지문 조회 등 여러 조건이 만족되지 않으면 안 된다. 그것은 한마디로 물적 증거를 과거의 '이야기' 속으로 집어넣어 조합하기 위한 예비작업에 지나지 않는다. 그러므로 물적 증거 또한 상기로부터 독립적으로 동정同定되는 객관적 과거가 아니다. 그것은 중요하기는 하지만 상기를 통해 이야기되는 '과거 이야기'의 한 요소에 불과하다.

4 '역사'를 이야기하다

위와 같은 결론은 다소 수정을 가한다면 역사서술historiography의 문제에
도 적용시킬 수 있다. 학문적으로 궤변화되어 있다고는 해도 역사서술 또
한 '과거 이야기'의 한 종류이기 때문이다. 역사는 과거의 사실을 기록한다.
그러나 역사학자라고 해도 과거의 사실을 있는 그대로 묘사하기란 불가능
하다. 그들이 할 수 있는 일은 문헌사료나 고고학적 자료를 사용해 과거의
사건을 '해석학적으로 재구성'하는 것, 즉 '이야기하는narrate' 것뿐이다.

물론 태고로부터 현재에 이르는 모든 사건을 빠짐없이 기록하고, 가
능한 한 정확하게 기술하는 것은 역사학자들이 꿈꾸는 이상이다. 단토는
그 꿈을 '이상적 연대기 작자'라고 부르고 있다.[21] 즉 모든 역사적 사건을 그
것이 일어난 순간 있는 그대로 묘사할 수 있는 능력을 가진 초인적인 역사
학자이다. 그러나 만약 그와 같은 일이 가능하다고 해도 그가 작성하는 '연
대기'는 맥락이 결여된 장대한 역사연표에 지나지 않을 것이다. 그것은 역
사서술의 기초자료는 될 수 있지만 '역사서술' 자체가 될 수는 없다. 왜냐
하면 그것에는 사건과 사건을 연결하는 맥락, 즉 '이야기'가 결여되어 있기
때문이다. 고바야시 히데오는 이러한 역사학자를 "일종의 동물에 지나지
않는다"라고 비난한다. 지금 와서 새삼스럽게 인용하는 것이 망설여질 정
도로 널리 알려진 문장이지만, 역시 『무상無常이라는 것』의 한 소절을 인
용하지 않을 수 없다.

그저 일종의 동물이 되는 것으로부터 우리를 구하는 것이 바로 추억이다. 기억하는 것만으로는 부족하다. 추억하지 않으면 안 되는 것이다. 많은 역사가가 일종의 동물에 지나지 않는 것은 바로 기억으로 머릿속을 가득 채우고 있기 때문으로, 마음을 텅 비게 만들고 추억을 회상하는 것이 불가능하기 때문이다. (중략) 능숙하게 추억을 회상하는 것은 상당히 어렵다. 그러나 그것이 과거로부터 미래를 향해 엿가락처럼 뻗어 있는 시간이라는 창백한 사상(나에게 그것은 현대의 최대 망상이라고 생각되지만)에서 도망갈 수 있는, 진정으로 유효한 유일한 방법이라고 생각된다.[22]

이 글에서 사용된 '기억'과 '추억'의 대비는 '이상적 연대기'와 '역사 서술'의 구별을 확실하게 보여준다. 사소한 일들부터 중요한 사건까지 모든 역사적 사건이 빠짐없이 저장된 거대한 물 항아리를 기억이라고 한다면, 추억은 그 물 항아리의 미세한 균열부분에서 흘러나온 한 개의 물방울에 비유할 수 있다. 그 물방울은 아침햇살을 받아 반짝일 수도 있지만 밤의 냉기에 얼어붙어버릴 수도 있다. 고바야시 히데오는 한 개의 물방울이 마른 입을 적셔주는 순간을 포착해서 그것을 '역사'라고 부른 것이다. 그러므로 추억은 과거의 사건을 있는 그대로 재현한 것이 아니다. 그것은 경험의 원근법에 의한 여과와 선별을 거침으로써 일종의 '해석학적 변형'이 이루어진 사건이다. 강렬한 인상을 준 사건은 클로즈업되어서 크게 복제되고 그다지 인상에 남지 않는 사소한 사건은 멀리 뒤로 밀려나서 사라져버린다. 그곳에서는 자연적으로 발생된 상기의 역학이 작용하고 있는 것이다.

그러나 고바야시의 생각과 달리 '추억'은 그 자체만으로는 '역사'로 변하지 않는다. 단지 회상되었을 뿐 그것이 다시 기억의 어둠 속으로 돌아가 사라져버린다면, 추억은 달콤한 개인적 감회일 수는 있지만 간주관적인 역사라고는 할 수 없다. 무엇보다 추억이 역사로 변신하기 위해서는 반드시 '언어행위'라는 매개가 필요하다. 추억은 단편적이고 간결하며, 통일적인 줄거리가 없을 뿐 아니라 유기적인 연관을 조직하는 맥락도 결여되어 있다. 그러한 단편들을 조합하고 인과의 실로 연결해 기승전결 구조를 만들어냄으로써 한 장의 천에 섬세한 무늬를 짜넣는 것이야말로 이야기행위의 사명인 것이다. 이야기되는narrate 것에 의해 비로소 단편적인 추억이 '구조화'되고, 개인적인 추억이 '공동화'된다. '이야기하다narrate'라는 언어행위를 통한 추억의 구조화와 공동화가 바로 역사적 사실의 성립조건인 것이다. 그러므로 역사적 사실은 있는 그대로의 '객관적인 사실'이라기보다는 오히려 이야기행위에 의해 여러 차례에 걸쳐 매개되고 변용된 '해석학적 사실'이라고 부르지 않으면 안 될 것이다.

이렇게 말하면 다시, 역사적 사실의 객관성은 문헌자료나 고고학적 자료에 의해 보증되고 있다는 반론이 제기될 것이다. 그러나 문헌자료는 언어에 의한 기술이라는 점에서 있는 그대로의 과거를 재현하는 수단이 아니라 '해석'의 산물로 생각해야 할 것이다. 우리는 심지어 지각의 현장에서 직접적으로 체험한 것조차도 완벽하게 재현해 기술할 수 없다. 의식적으로든 무의식적으로든 우리가 어떤 것을 언어로 기술할 때, 이미 그곳에는 관심의 원근법이 작용하고 있으며 기술할 가치가 있는 유의미한 정보의 취사선택이 이루어지고 있는 것이다. 그런 의미에서 문헌사료는 이미 하나의 '이야기'를 이야기하고 있다고 할 수 있다. 고고학적 자료조차도 '해석'의 오염에서 벗어날 수 없는 것에 대해서는 가와다 준조가 다음과 같이 설명하고 있다.

한편, 토기 파편도 인간의 해석을 완전히 배제할 수 있는 것이 아니다. 그것이 인간에 의해 만들어지거나 사용된 이상, 그 토기는 당시 사회에서 어떤 의미를 가지고 있었으며 그것을 만든 사람은 자연 소재에 대한 인간의 어떤 '해석'과 그 작용의 결과로 그 토기를 만든 것이기 때문이다. 단지 '물건'은 문자나 언어 같은 확실히 표명된 해석은 보이지 않을지도 모른다. 그러나 토기 형태나 그곳에 조각되거나 그려져 있는 여러 모양과 도형에 주의한다면, 토기와 문자의 사료적 가치도 사실은 연속되어 있는 것임을 알 수 있다.[23]

그러므로 역사의 '사료' 또한 과거의 '객관적인 사실' 그 자체가 아니다. 그곳에는 이미 '해석'의 정으로 새겨진 무늬가 존재한다. 그렇다면 역사서술은 '해석의 해석'이라는 행위가 되지 않을 수 없을 것이다. 그런 관점에서 본다면 역사서술은 '기술'이라기보다 오히려 '제작Poiesis'과 비슷하다. 역사가 폴 베인느의 말을 빌리자면 "소설과 동일하게 역사는 오래된 것들을 단순화하고 조합한다. 한 세기를 한 장으로 만들어버린다"[24]라고 할 수 있다.

위와 같은 논의를 통해 '역사적 사건Geschichte'과 '역사서술Historie'의 고전적인 이분법이 그대로 유지되기 힘들다는 점은 분명해졌을 것이다. 과거와 상기가 불가분의 관계에 있는 것처럼, 역사적 사건 또한 역사서술로부터 독립된 개념으로는 논할 수 없다. 역사적 사건은 이야기행위에 의해 이야기됨으로써 비로소 역사적 사실이라는 지위를 획득할 수 있는 것이다. 이야기행위는 상기된 여러 사건을 시간계열을 따라 배열하고, 나아가 그것들을 일정한 '이야기' 문맥 속에 재배치함으로써 역사적 사건을 구성한다. 그 이외의 장소에, 즉 이야기행위에 의해 이야기된 것들의 외부에 '객관적 사실'이나 '역사의 필연성'이 존재하고 있는 것은 아니다. 영어 단어 'history'와 'story'가 모두 그리스어의 'historia'에서 파생된 단어라는 점에서도 알 수 있듯, '역사'와 '이야기'는 '사실'과 '허구'처럼 대립하는 개념이 아니다. 오히려 역사서술의 원형인 '구비전승'이나 '전승'의 모습을 생각하면 알 수 있듯, 둘은 종이의 양면과도 같은 것이다. 그러므로 이야기행위야말로 우리의 역사의식을 구성하는 가장 원초적인 언어활동이라고 말하지 않을 수 없다. 우리는 여기서 첫 부분의 비트겐슈타인을 흉내낸 명제로 되돌아가 다시 한번 "이야기할narrate 수 없는 것에 대해서는 침묵하지 않으면 안 된다"라고 말할 수 있다.

제3장

이야기로서의 역사

— 역 사 철 학 의 가 능 성 과 불 가 능 성 —

1 역사의 '측면도'와 '정면도'

만약 기억이 육체의 외부에 존재한다면, 그것은 기억이라고 할 수 없을 것
이다. (중략) 만약 내가 존재하지 않게 된다면, 그때는 기억작용 전부가 존
재하지 않게 되는 것이다.
··· 윌리엄 포크너, 『야생종려나무』

역사의 여신 클리오가 기억의 여신 므네모시네에게서 태어났다고 전하는
그리스 신화의 이야기는 우리에게 역사의 근본에 관련된 간과할 수 없는
중요한 사실 하나를 알려주고 있다. 즉 역사는 기억 또는 상기라는 모태 없
이는 태어날 수 없다는 간단명료한 사실이다.

물론 이렇게 말하면 곧바로 기억이나 상기의 원인이 되는 과거의 '객
관적 사실'이야말로 역사의 기반이며 그 반대의 경우는 생각할 수 없다는
반론이 제기될 것이다. 확실히 니브르와 랑케로 시작되는 19세기 이후의
실증적 역사학은 엄밀한 사료비판적 방법을 통해 주관적인 기억이나 상기
로부터 독립된 '역사적 사실'을 객관적으로 서술하는 방법을 확립해온 것
처럼 보인다. 또한 헤겔로 그 정점에 달한 역사철학은 개개인의 기억이나
상기행위는 전혀 문제로 생각하지 않고, 관철된 '이성의 교지狡智'에 대해
이야기하면서 역사과정의 의미와 목적을 '자유의 실현'이라고 높이 추켜
세워왔다. 그러나 실증적인 역사과학과 장대한 '메타 이야기'로서의 역사
철학이라는 양극 분해의 구도야말로 19세기 이후 우리에게서 역사의 육체

성과 생동력을 빼앗아온 주범이 아니었을까.

그리고 20세기 들어 실증주의의 깃발 아래 '목적인目的因'이 '작용인作用因'에 의해 쫓겨나 역사서술 안에서 '목적론'이 일제히 제거됨과 동시에 메타 이야기로서의 역사철학 또한 철학자의 시대착오적인 쓸데없는 주장으로 평가되기에 이르렀다. 즉 역사는 실증사학의 독재지배시대에 들어선 것이다. 사실과 가치가 분리되어버린 시대에, 사실과 가치의 총합체인 역사철학은 이미 그 설 곳을 잃은 것처럼 보인다. 니체의 표현을 빌리자면, 20세기에는 '신'과 함께 '역사철학' 또한 죽어버린 것이다.

그러므로 이제 와서 '역사철학을 논하는 것은 가능한가'라는 질문을 던지는 것은 죽은 아이의 나이를 세고 있는 것 같은 불필요한 작업임에 틀림없다. 야스퍼스의 저서 제목이기도 한 '역사의 기원과 목표'를 그럴듯하게 이야기하는 언설인 역사철학이 이제 그 지적인 지남력指南力[†]을 잃은 것만은 분명할 것이다. '기원'을 탐색하는 것은 실증과학에, 그리고 '목표'를 이야기하는 것은 종교에 각각 맡겨두면 되는 것이다. 우리 현대인은 그들을 밀어제치고서까지 역사의 기원과 목표를 논할 정도로 순박하지도 한가하지도 않기 때문이다.

그런데 거꾸로 생각해보면, 과연 역사철학에 '기원(아르케)'과 '목표(텔로스)'라는 카테고리가 반드시 있어야만 하는가. '아르케'와 '텔로스'라는 신학적 표상이야말로 역사로부터 그 육체성을 빼앗아 역사를 말라비틀어진 미라처럼 만들어버린 장본인이 아닌가. 우리는 이런 질문을 던지지 않으면 안 된다. '아르케'와 '텔로스' 사이를 가로지르는 하나의 밧줄로 역사를 표상하려는 습관이야말로 많은 메타 이야기를 낳아온 온실인 것이다.

[†] 자신이 놓인 상황을 시간적·공간적으로 바르게 파악하여 이것과 관계되는 주위 사람이나 대상을 명확히 인지하는 일.

공책에 한 개의 선을 수평으로 그려보자. 물리학의 기초를 배운 우리가 그 선을 보고 시간축을 떠올리는 것은 지극히 자연스러운 발상이다. 대상을 역사적 시간으로 한정한다면, 시간적 순서를 따라 선 위의 각 점에 여러 사건을 배열하는 것으로 간단한 연표가 완성될 것이다. 원한다면 사건과 사건 사이에 인과관계를 나타내는 화살표를 첨가할 수도 있다. 이것을 역사의 '측면도' 또는 '조감도'라고 부르기로 하자. 이 도면의 경우, 확실히 역사를 바라보는 시점은 역사적 사건의 외부로 가정되어 있으며 시간은 직선상의 순서를 따라 일정 간격으로 구분되어 있다. 직선적인 시간 위에 배열된 사건계열이라는 연대기적 역사의 이미지는 초등학교 때부터 접해와서 지극히 친숙할 것이다.

그러나 아무리 긴 선을 그린다 해도, 결국 선은 유한하다. 즉 '시작'과 '끝'이 있다. 그 시작점을 '아르케', 종점을 '텔로스'로 해석하는 것 또한 자연스러운 일이다. 이것으로 '역사철학'을 전개할 준비는 완벽하게 갖춰졌다. 이제 왼쪽이 조금 높은 선을 그려보자. 그렇게 하면 우리는 어려움 없이 콩도르세와 함께 '진보'의 메타 이야기를 논할 수 있다. 다음엔 왼쪽을 조금 내려서 그려보자. 그렇게 한다면 이번에는 헤시오도스와 함께 '몰락'의 메타 이야기를 이야기할 수 있다. 그렇다면 선의 경사도를 '자유의 실현'이나 '인류의 타락' 어느 쪽으로 설명하더라도, 결국 그 뒤는 철학자가 어떻게 설명하는지에 달려 있다고 할 수 있을 것이다. 선 위에 배치된 여러 사건은 국가의 성쇠부터 개인의 생사까지, 선 위의 '위치값'에 따라 명확한 의미가 부여된다. 앞에서 '지적인 지남력을 잃어버렸다'고 표현한 것은, 각각의 역사적 사건에 보편적인 의미를 부여하고 일정한 역사적 역할을 분배하는 권능을 자랑하는, 이러한 '초월론적 역사철학'의 이야기였다.

이 역사의 '측면도'와 함께 우리는 역사의 '정면도' 또는 '원근도'도 생각해볼 수 있다. 우선은 지각의 장면을 예로 드는 것이 이해하기 쉬울 것이다. 내가 몇 미터 앞에 있는 사과를 보고 있다고 가정해보자. 이 지각적인 사실의 성립구조를 도해圖解한다면, 인간은 먼저 사과를 그리고 그 "외부 사물로부터의 반사광선이 나의 안구에서 굴절되어 망막의 신경세포에 도달하고, 그 신경세포의 활동전위 펄스가 시신경과 시냅스를 통해 후두엽의 시각 뉴런에 도달한다"[1]라는 줄거리를 과학적으로 묘사하는 것이 될 것이다. 이 진행은 현대생리학의 지각에 속하며 얼마든지 자세한 묘사를 덧붙일 수 있다. 또한 화면의 각 부분은 정확한 축척으로 그릴 수 있으며, 원한다면 시간적 추이를 첨가할 수도 있다. 이것이 지각의 '측면도'이다. 단지 이 '측면도'에는 사과를 보고 있는 나의 시점이 안구로 그려져 있기는 하지만, 이 측면도를 그리는 시점은 분명히 사과를 향한 나의 시선의 외부로 가정되어 있으며 다르게 표현하면 화면을 '초월'해 있다. 원근법을 배제하고 지각과정을 조감하는 이 '초월적인 시선'이야말로 과학의 객관성을 보증해주는 것이라고 할 수 있다.

그에 비해 지각의 '정면도'를 그리는 경우에는, 나 자신의 시선 속에 보이는 사과를 있는 그대로 묘사할 수밖에 없다. 즉 "이러한 측면도에 비해 정면도는 물론 보이는 시각풍경 그 자체"[2]인 것이다. 그곳에는 내 머리도 눈도, 사과와의 거리도 사과로부터의 반사광선도 그려져 있지 않다. 그들은 정면도 안에 '그려져' 있는 것이 아니라 화면 속 사과의 원근법적인 영사를 통해 '나타나고' 있는 것이다. 또한 정면도를 그리는 시선은 사과에서 내 눈으로 이어지는 시선상에, 말 그대로 '지금 여기' 있는 내 안에 존재하는 것이다. 물론 정면도 안의 사물은 정확한 거리나 축척에 맞춰 그린 것이 아니다. 그것들은 원근법적인 '비뚤어짐'을 가지고 표

현되어 있다.

그렇다면 '사과'를 '나 자신'으로 바꾼다면 어떻게 될 것인가. 그러한 지각적 정면도의 단적인 예는 에른스트 마흐가 『감각의 분석』에서 제시했던 기묘한 자화상이라고 할 수 있다(위 그림 참조).[3] 그곳에는 마흐의 시야에 보이는 한도 내에서, 소파에 발을 뻗고 있는 자신의 신체가 그려져 있다. 그러므로 화면 속에는 콧대나 수염, 눈꺼풀의 일부분까지 묘사되어 있지만, 그것을 바라보고 있는 '시점', 즉 마흐의 머리나 눈은 그려져 있지 않다. 그것은 이 원근법적인 시야 속에 '나타나고' 있는 것으로, 다르게 표현하자면 투명한 시선으로 화면 속에 '내재'하고 있는 것이다. 현실주의자인 마흐에게 딱 맞아떨어지는 이 자화상에 대해, 에른스트 블로흐는 「거울 없는 자화상」이라는 짧은 에세이에서 다음과 같이 해석하고 있다.

마흐는 이 기묘한 데생에 '자기관찰에 의한 나'라는 제목을 붙였다. 실제로 이렇게까지 거울의 도움에서 해방된 자화상은 없었으며, 감성적 소여라는 점에서도 이렇게 아무것도 끼어들지 않은 예는 없다. 누운 상태로 자신을 바라보고 있을 때의 마흐는 이런 모습이다. 숱 많은 콧수염은 거대한 어깨의 돌출부로 뻗어가고, 어깨에서 목으로 이어지는 부근과 그 앞쪽은 백지 상태로, 그 아래쪽에는 그로테스크할 정도로 단축된 원근법으로 몸체, 허벅지, 다리의 순서로 이어져 있다. (중략) 단지 이것이야말로 주체가 그 자화상의 중심에 위치하며 전혀 모습을 드러내지 않는 것이다. 머리가 없다는 그것이 스스로 자신을 바라봤을 때의 인간의 모습인 것이다.[4]

'머리가 없는' 자화상. 이것이야말로 자기 자신의 지각적 정면도이다. 주체가 결코 모습을 나타내지 않는 이 화면 속에는 자기인식의 아포리아가 상징적으로 나타나 있다. 자신은 끊임없이 대상화의 시선으로부터 도망쳐 언제나 자기 자신을 등뒤에 숨김으로써 오히려 현재화시킨다. 바꿔 말하면 정면도에서는 자기 자신의 '전신상'을 빠짐없이 그리기가 불가능하다. 그에 비해 거울에 정확히 비춰진 마흐의 전신상은 그의 '측면도'라고 할 수 있다. 그러나 거울 속의 전신상은 말할 필요도 없이 '허상'에 지나지 않는다. 거울 속으로 손을 뻗어도 '자기 자신'을 붙잡을 수 없다. 우리의 손은 허무하게 허공을 헤맬 뿐이다. 블로흐의 말을 빌리면 거울 속의 전신상은 "자신이 존재하는 사회로부터 받고 있는, 즉 외부로부터의 규제에 의해서만 스스로의 외모를 파악할 수 있다는 고전적이고 관념적인 자기인식 방법"[5]에 지나지 않는 것이다. 그 경우 전제되고 있는 것은 누구에게도 속하지 않은 무색투명한 중립적 시선으로 우리가 보고 있는 것은 어디까지나 "거울에 비춰진 자기 자신"인 것이다. 물론 자기인식의 비밀은 객관적인 측면도 속에서가 아니라 "그 표면이 그대로 하나의 심연"[6]처럼 보이는 그로테스크하게 일그러진 정면도 속에 개시開示되어 있다고 하지 않으면 안 된다. 그러므로 블로흐는 다음과 같이 덧붙였다.

> 그렇다고 해도, 이 자화상을 이것으로 완성짓기 위해서는, (표현되지 않은) 목 부분을 백지상태로 그대로 내버려둘 수는 없다. 그곳은 희망이 놓여야 할 장소이다. 머리가 없는 채로 있는 것이 아니라, 그곳에서는 바로 희망이 한창 스스로를 만들어내고 있는 것이다.[7]

머리가 없는 자화상의 결손부분을 보완할 수 있는 것으로 '희망'을 소환한 것은 철저히 '희망의 철학자' 블로흐다운 취향의 구도이지만, 여기서 이 '희망'을 물론 다른 말로 바꿔 표현할 수도 있다. 단지 우리가 확인해두고 싶은 점은, 희망이나 다른 어떤 말로 표현하는지에 상관없이 정면도에서 본질적인 공백을 보완하는 구상력의 작용이야말로 자기인식을 자기인식으로 만들어주는 바로 그것이라는 점이다. 그러나 '객관성'을 참칭僭稱하는 측면도에는 이러한 구상력이 작용할 여지가 조금도 남아 있지 않다. 그러므로 그곳에는 자기인식의 계기契機 또한 존재하지 않는다.

지금까지 살펴본 지각의 장면에서 측면도와 정면도의 대비를, 다음에는 역사인식의 장면에 적용시켜보기로 하자. 역사인식은 결국 인류의 자기인식으로, 역사인식에는 자기인식과 동일한 아포리아가 언제나 관련되어 있다. 역사의 측면도는 이미 언급했다. 즉 동일한 간격으로 눈금이 표시된 선형시간線形時間의 수치선 위에 배열된 역사적 사건의 계열, 한마디로 '연표' 모델의 역사상歷史像이 바로 그것이다. 연표의 공백부분은 실증사학이 보고 들어서 얻은 지식으로 얼마든지 자세하게 메워줄 것이다. 그 연표에는 나 자신이 살고 있는 '현재'까지도 그려넣을 수 있다. 그러나 그렇게 해서 역사를 내려다보고 있는 나 자신의 시점은 역사적 시간을 초월해 있으며 연표 안에 모습을 드러낼 수 없다. 역사의 측면도를 그리는 '나'는 시간의 외부에 서서 시간적 추이를 기술하고 있는 것이다.

그렇다면 역사의 '정면도'는 어떤 것인가. 물론 눈앞의 사과나 자기 자신의 신체와 달리, 과거의 사건을 있는 그대로 지각하기는 불가능하다. 지각이 작용하지 않는다면 남겨진 수단은 '기억'과 '전문傳聞'과 '상상력' 뿐이다. 지각의 정면도가 눈앞에 보이는 시각풍경 그 자체였다면, 역사의 정면도는 우리 앞에 모습을 드러낸 역사적 풍경 그 자체일 것이다. 즉 마흐가 그린 자화상이 지각되는 한도 내에 있는 자기 자신의 신체상이었던 것처럼, 내가 기억하고 전해듣고 상상하는 한도 내의 과거상이 바로 역사의 정면도인 것이다. 물론 당연히 그곳에 나타나는 역사적 풍경은 원근법적인 뒤틀림을 동반한다. 인상 깊었던 강렬한 체험이나 기억에 남는 선명한 전문은 클로즈업되어 크게 보일 것이며, 그다지 인상에 남지 않는 작은 사건이나 관심을 불러일으키지 않는 전문들은 뒤로 밀려나고 결국에는 사라져버릴 것이다. 그러므로 그곳에 흐르는 시간 또한 수치선상에 정해진 것 같은 균질적인 선형시간이 아니다. 그것은 농밀한 시간과 희박한 시간이 서로 교차하며, 현재의 체험이 10년 전의 사건과 직접적으로 연결되기도 하는 비선형非線形적인 시간이다. 심지어 그곳에는 마흐의 '머리가 없는 자화상'과 마찬가지로 메울 수 없는 공백부분도 존재할 것이다. 말하자면 정면도에서 시간과 공간은 역사의 중력에 의해 현저하게 휘어져 있는 것이다.

여기에서 하나의 장면을 떠올려보자. 노인이 겨울철 난롯가에서 자식이나 손자들에게 또는 마을 사람들에게, 희미한 기억에 의지해가며 자신의 경험이나 선조들에게 전해들은 마을의 역사 또는 이미 아는 사람이 거의 없는 옛날이야기를 이야기하고 있는 장면이다. 아마도 역사의 정면도의 구체적인 이미지를 이러한 '구비전승'의 이야기행위 속에서 찾을 수 있을 것이다. 그러므로 노인이 '철의 필연성'으로 관철된 역사법칙이나 세계사의 발전단계를 이야기하는 일은 없을 것이다. 그는 역사의 흐름을 '조망하는' 초월적인 시점에 위치해서는 안 되기 때문이다. 노인이 위치하는 곳은 역사의 '내부에 속하는' 자의 시점이며, 그곳에서 이야기되는 것은 바로 '살아 있던 과거'인 것이다. 물론 살아 있던 과거는 객관적인 역사적 사실이 아니다. 그것은 경험의 원근법에 의해 구성되어 있으며 관심의 필터에 의해 여과되어 있다. 노인은 후대 사람들에게 전달할 가치가 있거나 부탁할 것들을 골라내고 그것을 '역사'인 것처럼 이야기하는 것이다. 물론 그는 역사적 추세를 파악한 '미래의 예측'을 이야기하지는 않는다. 그의 미래상은 자연스러운 주제의 취사선택과 이야기 형식의 레퍼토리 속에 맡겨져 있다고 할 수 있을 것이다. 그곳에서 이야기되는 것은 바로 '머리가 없는 자화상'으로서의 역사적 자기인식이며, 또한 그 결손부분을 보완하는 '희망'의 구상력인 것이다.

그러므로 노인이 이야기하는 역사는 그 자신이 살아온 과거를 밑바탕으로 하는 '생활형식'의 전승이며, 그 이야기 형식은 일종의 '논리적 명법命法'의 색채를 띠지 않을 수 없다. 야나기타 구니오는 이러한 생활형식의 전승의 한 예를 "비유하는 말"의 언어게임 속에서 발견하고, 그것을 자신의 저서『국사와 민속학』에서 다음과 같이 생생하게 적고 있다.

우리가 숙지하고 있는 다수의 비유가, 단지 기지가 넘치는 단구短句 형식을 이용해 강한 인상을 주고 설명할 시간을 절약하는 것뿐만이 아니라, 나아가 갑작스러운 비교나 장단을 맞추는 말로 청자의 웃음을 불러일으킨다는 것은 일종의 의식적인 훈계법이었다. (중략) 즉 하나하나 그에 해당

되는 타당한 논리용어는 정립되어 있지 않았어도, 해야 할 것과 하지 말아야 할 것의 학습으로는 충분했다. 보통 속담의 연주자는 마을의 연장자이며, 이야기를 듣고 웃거나 웃음거리가 되는 사람은 주로 미혼남녀였던 점을 생각하면 이것은 가장 중요한 구비전승의 하나였다. 젊은이들은 이것을 바로 교양으로 삼았으며, 나아가 암기를 통해 또 다음 세대에 그 기술을 전해온 것이다.[8]

여기에서 묘사되고 있는 전승의 언어게임이야말로 '역사'를 그 밑바탕에서 지탱하고 있는 기초적인 요소element라고 할 수 있지 않을까. 역사는 초월적 시점에서 '조망되는' 것이 아니다. 어디까지나 그 내부에 속해서 살아가는 사람들에 의해 '이야기되어야' 하는 것이다. 그러므로 우리는 노인이 난롯가에서 이야기해주는 이야기행위 속에서 역사의 원형이라고 부를 수 있는 무언가를 발견하고자 한다. 그것은 동시에 첫 부분의 그리스 신화로 돌아가 설명하자면, 객관적인 역사적 사실이 기록의 모체인 것이 아니라 반대로 기억과 상기의 작용이야말로 역사적 사실의 모체라는 것을 고찰의 출발점으로 삼는 것을 의미할 것이다. 나는 논리에 맞지 않는 주장을 하는 것이 아니다. 역사서술의 고전으로 알려진 『오카가미』[†]는 190살의 노인이 유년 시절부터의 내력을 뒤돌아보면서 그 견문을 청중을 향해 이야기하는 체계를 취하고 있다. 이 노인은 바로 역사의 '정면도'를 이야기하고 있는 것이다. 만약 헤겔이라면 그것을 '근본적 역사die ursprungliche Geschichte라고 부를 것이다. 헤로도토스[‡]나 투키디데스[††] 역시 노인의 필법으로 역사를 이야기한 것이다.

그러나 이렇게 말하면, 곧바로 노인은 단순히 주관적인 '추억'을 이야기하고 있을 뿐 그것을 객관적인 '역사'라고 할 수 없다는 반론이 제기될 것이다. 물론 그들이 이야기하는 이야기는 '객관적'이지 않을지도 모른다.

그러나 '객관적'이라는 단어가 역사서술과 역사적 사실의 '대응'이나 '일치'를 의미하는 것이라면, 그 입증의 책임은 논자에게 있다고 하지 않을 수 없다. 지각적 사실과 달리 과거 사실의 경우 '대응'이나 '일치'가 무엇을 의미하는지 전혀 분명하지 않기 때문이다. 뒤에서 살펴보겠지만, 역사서술의 진위는 '대응correspondence'에 근거하는 진리조건에 의해서가 아니라 '보증된 주장가능성warranted assertibility'을 통해 판단되지 않으면 안 된다. 이것은 말할 것도 없이 과거 사실에 대해 '실재론'이 아니라 '반反실재론'의 입장을 취하고 있는 것을 의미한다. 마흐의 표현을 흉내내면 그것을 역사에 관한 '현상주의現象主義'적인 입장이라고 바꿔 말할 수 있다. 이 견해에서 본다면 역사는 '구조화'되고 '공동화'된 추억, 즉 '기억의 공동체'이다. 덧붙이자면 역사철학은 '역사의 형이상학'도 '역사의 인식론'도 아닌 역사를 이야기하는 이야기행위의 구조분석론, 즉 '역사의 수행론Pragmatics'이라는 형태를 취한 것이다.

이야기의 진행을 조금 서두른 감이 없지 않다. 다음 글에서는 '역사철학'의 현상을 되돌아보는 지점으로 돌아갈 것이다.

---

† 헤이안 후기에 쓰여진 작자 미상의 역사이야기. 두 노인의 이야기에 젊은 무사들이 비판을 하는 이야기 형식을 취하고 있다.
‡ '역사의 아버지'로 불리는 그리스 역사가로, 페르시아 전쟁사를 다룬 『역사』를 저술했다.
⁇ 『펠로폰네소스 전쟁사』를 저술한 그리스 역사가.

2 역사철학의 궁지와 돌파구

아우렐리아노는 11쪽 분량을 뛰어넘어, 현재 살아가고 있는 순간의 해독
에 착수했다. (중략) 그는 예언을 앞질러 자신이 죽는 날과 그때의 상황을
살펴보기 위해서 계속 책장을 넘겼다.
… 가브리엘 가르시아 마르케스, 『백년의 고독』

앞에서 우리는 '신'과 함께 '역사철학' 또한 죽었다고 말했다. 그것은 다름
아니라 지금까지의 역사철학, 이른바 '역사의 형이상학'이라고 불려왔던
것은 그 화려한 장식과 엄격한 개념적인 도구형식을 떼어내버리면 역사의
옷을 입은 '변신론辯神論'[†] 내지는 '역사신학'에 지나지 않기 때문이다. 그
것은 역사의 본질이나 구조 또는 의미나 목적을 이야기하는 초월론적인
시점을 '신의 시점God's point of view'으로 파악하고 역사과정의 외부에 설
정하고 있다는 점에서 전형적인 역사의 '측면도'라고 할 수 있다. 그곳에서
기술자는 절대자의 시선에 동화됨으로써 역사의 추이를 빠짐없이 '조망'
하는 특권적 위치를 차지하고 있는 것이다.

  이와 같은 '역사의 형이상학'의 단서와 원형은 말할 것도 없이 아우구
스티누스의 『신국』에서 찾을 수 있다. 그는 신에 의한 천지창조로 시작되

[†] 독일의 라이프니츠가 제창한 이론으로, 세상에 존재하는 악惡에 대한 책임을 신이 져야 한
다는 주장에 대해 악의 존재가 이 세상의 창조주인 신의 의지에 반反하는 것이 아니라고 신
을 변호한다.

어, 아담과 하와가 범한 '원죄'로 인한 인류의 타락, 그리고 그리스도의 속죄를 거쳐 '예정설'에 의한 구원의 완결에 이르는 모든 과정을 장대한 스케일로 훌륭하게 묘사해냈다. 잘 알려진 것처럼 『신국』은 의심의 여지가 없는 '호교서護敎書'이다. 그러므로 전22권에 이르는 분량 중 전반부의 대부분을 이교도의 사설邪說에 대한 논박에 할애하고 있다. 천지창조를 논하는 것은 제11권에 들어가서, 인류사에 대해서는 제15권이 되어야 겨우 논술이 시작된다. 각각의 권두에는 다음과 같은 문구가 적혀 있다.

> 여기에서, 사람들이 나에게 무엇을 기대하는지를 인식하고, 내가 반드시 지켜야 하는 약속을 떠올려서, 두 개의 나라, 즉 땅의 나라와 하늘의 나라의 (중략) 언제나 주님과 왕 되는 자의 도움을 받으며, 기원과 발전과 정해진 종말exortu et excursu et debitis finbus에 대해서 내가 할 수 있는 한 논하려고 한다.[9]

> 그러면 우리에게는 그 수數를 알 수 없는 천사들 및 최초의 두 인간에 있어서 두 개의 나라의 기원exortu에 관해서는 충분히 설명했다. 그러므로 지금 우리는 최초의 부부가 후손을 낳기 시작한 때부터, 인간이 후손을 낳는 것을 멈추게 될 그때까지의 이들 나라의 경과excursus의 기술에 착수하지 않으면 안 될 시점에 이르렀다고 생각되는 것이다.[10]

분명하게 확인할 수 있듯이 여기에서는 '기원'이나 '경과'나 '종말' 또는 그것에 상응하는 단어가 반복되고 있다. 땅의 나라와 하늘의 나라가 기원과 종말을 가지는 것처럼, 아담과 하와로 시작되는 인류사 역시 기원과 종말이 있는 것이다. '시작'이 있다면 어딘가에 '끝'이 있어야 한다고 생각하는 것은 지극히 당연한 일일지 모른다. 그러나 그 자명성은 '시작'과 '끝'을 갖는 시간, 즉 직선적으로 흐르는 선형시간의 표상으로 뒷받침되고 있는 것이다. 게다가 아우구스티누스의 경우, 특징적이라고 할 수 있는 것은 시간의 진행과 역사의 진행이 일말의 차이 없이 겹쳐져 있다는 점이다. 그것을 단적으로 보여주는 것은 "세계가 시간 안에서 창조된 것이 아니라 시간과 함께 창조되었다는 점은 의심할 여지가 없다"[11]라는 그의 생각일 것이다. 즉 천지의 창조와 시간의 창조는 그 '시작'이 동일하며, 그 시간은 세계의 역사와 겹쳐진 채로 '종말'을 향해 직선적으로 진행하는 것이다.

그러나 당시에는 이렇게 '시작'과 '끝'을 갖는 시간의 표상은 그다지 자명한 관념이 아니었다. 그리스 철학의 유산으로 '시작'도 '끝'도 없는 주기적인 순환의 시간의 표상이 뿌리깊이 잔존하고 있었기 때문이다. 그러므로 아우구스티누스는 신의 천지창조를 서술하기 전에 많은 페이지를 할애하여 시간의 주기적인 순환을 논박하지 않을 수 없었다. 그는 "지금 있는 것은 언젠가 있었던 것이요. 지금 생긴 일은 언젠가 있었던 일이라. 하늘 아래 새것이 있을 리 없다"라는 유명한 문장을 포함하는 「전도서」에 대해, "솔로몬의 이 말로 인해 시간 및 시간적인 여러 사물의 동일한 순환이 반복된다고 사람들이 생각하고 있는 바로 그 순환이 의미를 갖고 있다고 우리가 믿고 있다면 그것은 바람직한 신앙이라고 할 수 없다"[12]라고 적고 있다. 왜냐하면 주기적인 순환설은 그리스도의 죽음과 부활이라는 유일회적唯一回的인 사건의 의미를 없애버리는 결과로 이어지기 때문이다. 또한 순환설로는 영혼 구제의 영원성을 보증하는 것도 불가능하다. 영원성의 차원은 시간이 '끝'을 맞이해 정지하는 것에 의해 비로소 실현되는 것이기 때문이다. 그러므로 아우구스티누스는 다음과 같이 결론을 맺고 있다.

이러한 순환 속에서 방황하며 걷고 있는 사람들이 입구도 출구도 발견하지 못하더라도 그것은 전혀 이상한 일이 아니다. 그것은 그들이 죽음을 피

할 수 없는 인류와 우리의 이 상태가 어떻게 시작되었고, 어떤 결과로 종결되는지를 모르기 때문이다.[13]

즉 아우구스티누스에게 인류사의 '시작'과 '끝'을 아는 것이야말로 인류 궁극의 자기인식이었으며, 그 인식이야말로 그리스도교적인 역사인식의 핵심 부분을 형성하고 있는 것이었다. 특히 구제의 완성이라는 '끝'이야말로 역사과정에 출현하는 모든 사건에 의미를 부여하고 재단하는 좌표의 원점이라고도 할 수 있는 역할을 수행하고 있다. '끝'이 도래하게 되면 모든 역사적 사건의 의미는 남김 없이 분명해지는 것이다. 그리고 인류사의 '끝'을 주관하고 있는 것이 바로 신이기 때문에, 아우구스티누스의 역사철학은 필연적으로 '역사신학' 또는 '변신론'의 형태를 취하지 않을 수 없다. 예를 들어 다음과 같은 부분이 그것을 단적으로 증명해준다.

사악한 자들에 의해서 신의 의지에 반하는 많은 일이 이루어지더라도, 신의 지혜와 권능은 위대하므로 신의 의지에 반하는 것처럼 보이는 모든 사건도 신 자신이 선善 또는 바람직한 것으로 만들어서 예지된 결과 또는 종극終極을 향해 가는 것이다.[14]

이러한 '종극'을 설정하는 것이 불가능하다면 모든 사건은 무의미해질 수밖에 없을 것이다. 그런 의미에서 니체가 능동적 허무주의의 극한을 '영겁 회귀'를 향한 의욕이라고 정식화定式化한 것은, 시간의 주기적 순환설이야말로 그리스도교적인 세계상을 전도시키는 요소임을 통찰해냈다는 점에서 정곡을 찌르는 견해였다. 시간에 '시작'과 '끝'이 없다면 변신론은 제대로 된 구조를 가질 수 없다. 즉 종극의 목표가 설정되어 있지 않다면, 신의 의지에 반하는 '악'의 존재에 의미를 부여하고 변증하는 것은 불가능하다. 바로 그런 점 때문에 아우구스티누스는 역사의 주기적인 순환설을 집요하게 논박하지 않을 수 없었다. 그는 기승전결 구조를 지닌 선형시간의 표상이야말로 역사적 사건이 갖는 '의미'의 원천임을 명시한 점에 있어서, 즉 시간의 전후관계를 '목적'과 '수단'의 관계에 대입시켜 시간의 흐름을 최종목적의 실현과정으로 해석하는 개념장치를 발명한 점에 있어서 역사철학, 특히 '역사의 형이상학'의 창시자라고 할 수 있다.

이렇게 아우구스티누스를 통해 기본적인 구조가 마련되었다. 종극의 텔로스를 향해 진행하는 선형시간에 기반을 둔 역사의 변신론의 구도는, 그 이후 서구 역사철학의 전개 속에서 여러 변형의 기교에 의해 카무플라주되면서도 계속해서 일관되게 유지되어왔다. '역사철학philosophie de l'histoire'이라는 단어를 만들어낸 것은 계몽철학자 볼테르였다. 그러나 그는『여러 국민의 풍속과 정신에 대해』의 「서론」으로 알려진『역사철학』(1765)에서 아우구스티누스 역사신학의 근대판이라고도 할 수 있는 보쉬에의『세계사 서설Discours sur l' histoire universelle』을 반박하면서, 신학적 표상에 의지하지 않고 인류사를 관통하는 보편적인 이념을 그려내려 하고 있다. 그러므로 그는 천지창조가 아니라 지구 생성에 관한 지질학적 고찰로부터 서술을 시작하고 있으며, 또한 최후의 심판이 아닌 로마 제국의 쇠퇴로 마무리를 짓고 있다. 즉 볼테르에 의하면 "나는 역사 안에서 신에 관한 것에는 일체 관여하지 않으며, 언제나 고대의 탐구만을 목표로 하고 있다"[15]라는 것이다. 그러나 볼테르의 역사서술의 저변에 흐르고 있는 것은 예를 들면 다음과 같은 개념이다.

신은 우리에게 보편적 이성이라는 원칙을 부여해주었다. 그것은 마치 새에게는 깃털이 주어지고 곰에게는 털가죽이 주어진 것과 같은 것으로, 이 원칙은 지극히 항상적恒常的인 것이다. 그렇기에 이 원칙과 대립되는 여러 정념이 존재함에도 불구하고, 이 원칙을 피의 바다로 가라앉혀버리고 싶어하는 폭군들이나 미신으로 둘러싸서 멸망시키려고 하는 사기꾼들이 있음에도 불구하고, 그것은 변함없이 존속하고 있는 것이다. 이것이 있기 때문에 가장 원시적인 민족도 오랜 시간이 지나면 자신들을 지배하는 법칙에 대해 언제나 훌륭하게 판단할 수 있게 되는 것이다.[16]

인류의 역사는 이러한 '보편적 이성'의 작용으로, "미개한 세기들은 모두 공포와 기적의 세기이다"[17]라고 불리는 암흑시대를 거쳐 점차 폭정과 잔학함, 그리고 미신을 극복하며 계몽의 세기를 향해 진보해왔으며 앞으로도 또한 진보해갈 것이다. 이것이 볼테르의 역사관, 즉 계몽주의적 진보사관이다. 처음부터 볼테르가 이 책을 집필한 동기는 보쉬에로 대표되는 가톨릭교회의 미망迷妄을 타개하고, 그가 인류 진보의 장해물이라고 여겼던 종교적인 불관용intolerance을 비판하려는 것이었다. 이러한 볼테르의 의도는 그가 저서 『역사철학』을 러시아의 계몽전제군주 예카테리나 2세에게 헌정하고 있는 데서도 짐작할 수 있다. 그러나 그 결과로 형성된 역사철학의 구도는 명확하게는 아니더라도 근대 휴머니즘이라는 옷을 입은 '역사의 변신론'이라고도 부를 수 있는 색채를 띠는 것이었다. 인간이성의 발전단계를 서술하는 다음과 같은 부분에서 우리는 ─ 계몽주의적인 언설로 포장되어 있지만 ─ 그러한 변신론의 잔향을 느낄 수 있다.

이제 막 움직이기 시작한 인간의 이성은 태양과 달이나 별자리라는 일반적인 힘보다 위에 있다고 믿어지는 어떤 존재나 힘을 숭배했다. 결국 점차 거대해진 인간의 이성은 많은 오류를 범하기는 했지만, 4대 원소를 지배하며 다른 신들의 주인인 지극至極의 유일신을 숭배했다. 그리고 인도에서 유럽의 오지에 이르기까지 개화된 민족은, 반대의견을 가진 철학자들의 일부 학파가 있다고는 해도 대체적으로 모두 내세의 생명을 믿은 것이다. 이러한 위대한 역사적 진리는 아무리 역설해도 지나치지 않을 것이다.[18]

인류의 역사는 다수의 오류나 정체로 장식되어 있다 하더라도, 결국 인간이성의 진보의 안내를 받아 최종적으로는 '유일신 숭배'나 '전면적 관용'에 도달한다. 이것이 계몽철학자 볼테르의 신념이었다. 고즈마 다다시는 이러한 볼테르의 견해를 "그는 역사를 이성의 승리로 끝나는 이성과 반反이성의 항쟁으로 파악한 것으로, 그렇게 인간의 학문과 예술의 진보를 읽어내려고 했던 것이었다. 지금은 인간성의 진보가 신의 섭리를 대신해 역사를 관철하는 것이 되었다"[19]라고 간략하게 요약하고 있다. 역사를 이성의 승리라는 '종극목적(텔로스)'을 향해 직선적으로 진보하는 것으로 그려내는 것, 이것이 바로 볼테르의 역사철학이 갖는 기본구도이다. 그 안에서 미신이나 폭력을 비롯한 '반이성'은 단지 이성의 광채를 증가시키는 보완제로 역사 안에서 그 존재를 인정받고 있는 것이다. 이런 생각은 예를 들어 "개화 육성된 이성의 결실로 이렇게 여러 곳에서 발견되는 유일신의 인식과 전면적 관용에는 다수의 미신이 부착되어 있다. 그들은 이제 막 활동하기 시작했으며 길을 잘못 들었던 이성의 오래된 결실이었다"[20]라는 부분에서도 엿볼 수 있다. 그리고 일체의 사건은 이성의 승리라는 종극지점에서 재단되고 의미가 부여됨으로써 각각의 역사적 위치를 획득하는 것이다. 이것이 모습을 바꾼 변신론이 아니라면 무엇인가. 분명히 볼테르의 역사철학은 신의 섭리를 인간성의 진보로 대체함으로써 구제사관救濟史觀의 기본적인 구조를, 자각하지 못하는 사이에 모방해버린 것이다. 그리고 그 인류사의 서술은 '신이 존재하지 않는 변신론'이라고도 할 수 있는 기묘한 구도 속에서 훌륭하게 표현되고 있는 것이다.

이러한 '신이 존재하지 않는 변신론'의 구도는 세계사를 이성의 자기 실현 과정으로 파악하며, "세계사는 자유의식의 진보를 의미하는 것으로, 이 진보의 필연성을 인식하는 것이 우리의 임무인 것이다"[21]라고 주장하는 헤겔의 『역사철학』에서도 기본적으로 답습되고 있다. 분명히 볼테르의 이성개념은 초역사적인 보편성을 참칭僭稱하고 있기 때문에 인류사를 이성과 반이성의 항쟁으로 파악하는 그의 시점은 확실히 역사과정을 초월해서 그 외부에 가설假設되어 있는 것이다. 따라서 그곳에 그려진 역사는 분명히 '측면도' 내지는 '조감도'라고 부를 수 있는 것이었다. 그에 비해 헤겔의 이성개념은 일관되게 역사과정의 내부에 속하는 것이며, 역사철학은 역사과정에 육체를 가지고 살아가는 인간의 자기인식이라는 의미를 부여하고 있다. 그렇다면 헤겔이 서술하는 역사는 '정면도'에 가까운 것으로 볼 수 있다. 그것은 다시 한번 고즈마 다다시의 평론을 빌리면, "헤겔이 역사를 이성이 자기를 표현하는 목적론적 운동으로 파악할 때, 헤겔 자신이 이러한 이성의 운동이 자기의식을 얻어 자기 자신으로 귀환하는 장소에 서서 세계사를 바라봄으로써 모든 역사적 사건을 자신이 살아가는 현재 속에서 지양할 수 있게 되었다"[22]라고 할 수 있기 때문이다. 즉 헤겔은 구체적인 역사과정을 살아가고 있는 자기 자신이 '최후의 인간'임을 자각하고, 그 지점에서 역사를 바라보며 클리오가 주관하는 법정의 증언대에 서 있는 것이다.

이러한 헤겔 역사철학의 구조 안에서는, 역사의 내부에 속하는 '이성'이야말로 역사를 전개시키는 원동력이라고 할 수 있다. 그러나 때때로 오해되는 것처럼 그것을 '신'과 동일시할 수는 없다. 바꿔 말하자면 헤겔은 역사를 서술하는 시점을 현재의 역사과정을 살아가는 헤겔 자신의 자기의식 안에 설정함으로써 초월적인 '신의 시점'에서 역사를 바라보는 입장을 거부하고 있는 것이다. 그러므로 『역사철학』의 편자인 에드와르트가 "저자는 역사를 창조하는 신이 되려고는 전혀 생각하지 않았다. 전적으로 창조된 이성적이고 이념으로 가득 찬 역사를 고찰하는 인간이 되려고 하는 것이다"[23]라고 적고 있는 것은 어떤 면에서는 분명히 맞는 말이라고 할 수 있다. 그러나 헤겔이 그 자신이 살고 있는 '현재'를 역사의 종극으로 파악하고 자신의 철학에 '최종의 철학'이라는 위치를 부여했을 때, 그곳에는 모습을 바꾼 구제사관의 그림자가 숨어 있다고 하지 않을 수 없다. 가야노 요시오가 말하는 것처럼, 역사의 의미를 '말기의 눈'을 통해 밝혀내려고 하는 헤겔의 역사철학은 "현재에 있어 역사의 목적 실현, 현재에 있어 종말의 도래를 이야기하는 종말론적 사관"이며, 나아가 "현재 종말을 확인하는 진보적 사관"임에 틀림없기 때문이다.[24] 그러므로 역사서술의 시점을 역사과정 안에 내재시켰음에도 불구하고, 역사의 '끝'을 이야기하려고 하는 구제사관의 전통에 의탁했기 때문에 역사인식의 목표가 바로 '변신론'으로 귀착되는 것이다. 헤겔은 이러한 내용을 『역사철학』에서 아래와 같이 확실하게 표현하고 있다.

> 우리의 인식이 목표로 하는 것은, 영원한 지혜에 의해서 기획된 것이 자연의 토양 위에서도 또한 세계 속에서 현실적으로 나타나 작용하고 있는 정신의 토양 위에서도 현성現成한다는 통찰을 획득하는 것이다. 그런 점에서 우리의 고찰은 변신론Theodizee이다. 그것은 라이프니츠가 그가 가진 일류의 방법으로, 형이상학적으로, 아직 무규정적이고 추상적인 범주의 형식으로 시도하면서, 세계 속의 해악도 포용해야 하며 사유적 정신은 악과 유화宥和되지 않으면 안 된다고 말한 부분인 바로 그 신의 변명이다. 실제로 세계사에서 이러한 유화적 인식이 요구되는 곳은 전혀 존재하지 않는다. 그런데 이 화해는 단지 지금 말하는 부정적인 것(악)이 그 안에서는 종속적인 것, 초극된 것이 되어 소실되어버린다는 긍정적인 부분을 확

인함으로써만 달성된다. 달리 표현하면, 한편으로는 무엇이 참으로 세계의 궁극목적Endzweck인지를 의식하고, 다른 한편으로는 그 궁극목적이 세계 속에서 실현되어 있는 것으로, 결국 악은 그것과 함께 존재할 수 있는 것은 아니라는 의식에 의해서만 달성될 수 있는 것이다.[25]

이 '궁극목적'이 나아가 구체적으로 '자유의식의 진보'로 형식화되는 것에 대해서는 굳이 설명을 덧붙일 필요가 없다. 헤겔은 역사과정을 살아가는 인간의 자기인식으로 역사철학을 파악함으로써 역사의 '정면도'를 그리는 시점을 확보할 수 있었다고 말할 수 있을 것이다. 그러나 동시에 변신론의 구조를 완성시키기 위해서 '궁극목적'이라는 존재는 필수불가결한 관념장치였다. 그것이 없이는 '유화적 인식'의 획득은 이룰 수 없는 꿈으로 변해버리기 때문이다. 그러므로 헤겔은 『엔치클로페디』(1817)에서 "역사의 밑바탕, 그리고 본질적으로 세계사의 밑바탕에는 어떤 궁극목적이 절대적으로 존재한다는 점, 그리고 이 궁극목적이 현재 세계사 속에서 실현되고 있으며 또한 실현될 것이라는 점"[26]은 절대적인 필연이라고 적고 있다. 어디까지나 변신론을 향한 이러한 욕구와 역사 내재적인 시점을 조화시키기 위해서 헤겔은 독창적인 유화책을 제안했다. 그것은 '궁극목적'을 가능적 미래에서가 아니라, 바로 '현재'라는 역사과정의 한가운데에서 실현시키는 전대미문의 시도였다. 바꿔 말하면 그는 '현재'라는 시점에서 역사를 끝냄으로써 서로 모순되는 쌍방의 계기를 지양하려 한 것이다.

그러나 앞에서 블로흐가 지적하고 있는 것처럼, '정면도'는 본질적으로 미완의 공백부분을 그 안에 포함하고 있다. 공백부분의 미완결성이야말로 정면도를 정면도답게 만드는 것이다. 헤겔의 독창성은 그 공백을 확실한 형태를 갖지 않는 '희망'이 아닌 '자유의 실현'이라는 구체적인 현실성으로 빈틈없이 칠한 데 있었다. 그렇게 함으로써 역사의 변신론적 구도는 훌륭하게 완성되었다. 그러나 동시에 그 순간 그가 그리려고 했던 '정면도'는 바로 '측면도'로 변해버린 것이다. 이것은 '시작'과 '끝'을 가지고 역사과정을 조망하는 아우구스티누스 이래 역사신학 도식을, 헤겔 또한 결국은 답습하지 않을 수 없었던 것을 의미한다. 게다가 그는 '현재'의 시점에서 역사를 종언시킨다고 하는, 이후로 아무도 극복할 수 없는 형태로 이 도식을 최종적으로 완성한 것이었다.

19세기 후반에 발흥한 '역사의 인식론'이라는 과학방법론의 한 분야를 따로 떼어놓고 생각한다면, 헤겔 이후의 역사철학에는 볼 만한 것이 없다고 할 수 있다. 야스퍼스나 테야르 드 샤르댕의 과감한 시도도 헤겔의 체계에 비교한다면 다소 진부해 보이는 것을 부정할 수 없을 것이다. 그것은 바로 헤겔 이후, 아니 그보다는 니체가 '신의 죽음'을 선언한 이래 모든 사건을 '궁극목적'으로 수렴시키는 역사의 변신론 구도가 더 이상 액면 그대로 성립할 수 없게 되었다는 것을 의미한다. 그러므로 헤겔과 함께 종언한 것은 '역사' 그 자체가 아니라 '역사철학'의 가능성이었다고 하지 않으면 안 된다. 바로 '아르케'와 '텔로스'로 구성된 완결된 역사라는 표상, 또는 목적론과 변신론으로 채색된 아우구스티누스 이래 역사의식의 방식이 종언된 것이다. 우리가 현재 서 있는 곳은 바로 '아르케'와 '텔로스'의 부재라는 사태를 눈앞에 둔, 누가 보더라도 역사철학의 한계성이 분명해진 공허하고 황량한 장소이다.

요즘 떠들썩한 논의가 벌어지고 있는 '역사의 끝'이나 '포스트모던'을 둘러싼 언설은 그런 황량한 장소에 피어난, 겉만 그럴듯할 뿐 열매를 맺지 못하는 한 송이의 도화徒花이다. '끝'과 '포스트'가 의미하는 것이 시간적인 전후관계나 역사의 발전단계 이상이 아니라면, 이들 언설 역시 '시작'과 '끝'을 갖는 선형시간을 바탕으로 하는 역사의식의 반복 또는 변주에 지나지 않기 때문이다. 만약 이러한 논의에 의미가 있다면, 그것은 단지 '역사의 끝'을 그럴싸하게 이야기할 수 있는 역사의식에 대한 조종弔鐘이라는 의미뿐일 것이다. 그 종소리는 바로 〈역사의 끝〉의 끝'을 알려주고 있는 것이다. 헤겔의 역사철학을 위해서 마지막을 고하는 그 종을 가장 먼저 울린 것은, 니체의 동료였던 바젤 대학의 야코프 부르크하르트였다. 그는 유작『세계사적 성찰』의 서론에서 다음과 같이 명확하게 단언하고 있다.

> 나아가 우리는 모든 체계적인 것들을 단념한다. 우리는 이른바 '세계사적 이념' 같은 것은 조금도 요구하지 않는다. 오히려 우리의 눈으로 본 것에 만족하며 역사를 통과하는 횡단면Querdurchschnitte을, 그것도 가능한 한 많은 방향에서 부여하려고 하는 것이다. (중략) 그럼 종래 역사철학의 특질에 대해 말하자면, 그것은 역사의 뒤를 쫓아 그 종단면Langendurchschnitte을 부여해왔다. 즉 그것은 연대를 따르는chronologisch 방법을 취해왔던 것이다. 이처럼 그것은 세계 발전의 보편적인 프로그램을 추구하려고 했으며, 그것도 일반적으로 최상의 낙관적인 의미에서 시도해온 것이다. 헤겔이 그의 역사철학을 가지고 추구한 것도 이러한 것이었다.[27]

부르크하르트가 여기에서 역사의 '횡단면'과 '종단면'으로 부르고 있는 것들은 우리가 지금까지 논한 역사의 '정면도'와 '측면도'에 거의 대응하는 것이라고 생각해도 좋을 것이다. 부르크하르트의 주장에 의하면, 연대기적으로 배열된 종단면을 그려내는 역사철학은 예외 없이 "우리 시대야말로 모든 시대의 완성이며, 만약 그렇지 않다고 하더라도 그것에 가깝다. 과거에 있었던 모든 일은 우리를 목표로 하고 있었던 것으로 생각한다"[28]는 오류를 범하고 있는 것이다. 그러나 각 시대는 그 자신을 위해 존재하고 있는 것으로, 절대로 다음 시대를 위해 존재하는 것이 아니다. 이러한 내용을 근거로 생각한다면, 역사서술의 출발점은 역사과정의 한가운데에서 살아가고 있는 우리 자신일 수밖에 없다. 물론 이것은 헤겔 자신의 출발점이기도 했다. 그러나 그는 '궁극목적'을 설정함으로써 횡단면을 그대로 종단면으로 바꿔버렸다. 이러한 선례를 되풀이하지 않기 위해, 부르크하르트는 '발단'과 '종말'에 관한 사변思辨을 철두철미하게 거부하고 있다. 일단 변신론이라는 강박관념에서 해방될 수 있다면, '발단'과 '종말'을 둘러싼 언설은 더 이상 역사에서 본질적인 것도 불가결한 것도 아니기 때문이다.

> 그러나 우리가 출발점으로 삼는 것은 단지 하나뿐이며 변하지 않는 중심, 바꿔 말하자면 참고 노력하며 행동하는 인간, 있는 그대로의 모습으로 또한 언제나 존재했으며 앞으로도 존재할 인간 이외에는 있을 수 없다. 그러므로 우리의 고찰은 조금 정념론적인pathologisch 것이 될 것이다. 역사철학자들은 과거를 그러한 것으로부터 발전한 존재인 우리와 대치하고, 우리의 전前 단계로 생각한다. 우리는 오히려 우리의 마음속에 와닿고 우리가 진심으로 납득하는 것들 중에서 반복하는 것, 변하지 않는 것, 유형적인 것을 고찰한다. 역사철학자들은 발단에 대한 사변에 집착하기 때문에, 본래 또는 미래에 대해서도 이야기하지 않을 수 없었다. 우리는 그러한 발단설發端說을 제외할 수 있으며, 또한 종말론도 우리가 추구하는 것은 아닐 것이다.[29]

역사의 한복판에서 참고 노력하며 행동하는 인간에 의해 이루어지는 정념론적인 고찰. 이것이야말로 역사의 '횡단면'인 것이다. 다방향으로 구성된 횡단면의 유기적인 연결이야말로 역사서술의 본체를 구성하는 것이다. 부르크하르트의 "우리는 오히려 우리의 마음속에 와닿고 우리가 진심으로 납득하는 것들 중에서 반복하는 것, 변하지 않는 것, 유형적인 것을 고찰한다"라는 말은, 앞에서 인용했던 서민의 구비전승에 관한 야나기타 구니오의 서술과 서로 통하는 부분이 있다. 야나기타가 이야기한 것은 마을 노인들을 통해 전승되는 '작은 이야기'로서의 역사였다. 실제로 야나기타는 『메이지 다이쇼사史 세태편』의 자신이 쓴 서문에서 '횡단면'이라는 말을 사용하고 있다. 그는 "내가 이루지 못한 야망을 솔직히 말하자면, 실은 나는 단지 현대생활의 횡단면, 즉 매일 우리 눈앞에 나타났다가 사라지는 사실들에 의해서도 역사는 충분히 쓰여질 수 있다고 생각하고 있다"[30]라고 적으면서, 역사의 종단면이라고 할 수 있는 "재래의 전기식傳記式 역사를 불만스럽게 생각하는"[31] 이유를 설명하고 있다. 이런 야나기타의 제언을 하나의 역사철학적인 주장으로 파악하고, 그것을 앞의 헤겔 비판의 문맥에서 생각해본다면, 부르크하르트 또한 변신론이나 구제사관으로 대표되는 '장대한 이야기'를 거절하고, 수고적受苦的 pathologisch 인간이 이야기하는 '작은 이야기'의 네트워크로 역사를 구성하려고 했던 것이다.

이 '작은 이야기'의 네트워크로 구성된 역사를 '역사의 미시론micrology'이라고 부를 수 있을 것이다. 그것과 비교한다면, 헤겔로 그 정점에 달하고 그곳에서 종언된 것이 바로 '역사의 거시론macrology'이다. 현재 역사철학이 처한 힘겨운 상황은 역사의 거시론을 더 이상 주장할 수 없게 된 데서 유래한 것이다. 그것을 지지해온 신학적 표상이 지금은 성립기반을 잃어버렸기 때문이다. 역사의 거시론에서 역사의 미시론으로 역사의식의 근본적인 전환이 이루어지지 않는 한, 지금 역사철학이 처한 힘겨운 상황을 돌파할 방법은 발견할 수 없을 것이다.

그렇다면 '역사의 미시론'을 전개하는 기반은 어디에서 찾아야 하는가. 부르크하르트는 그 단서를 "정신은 여러 곳에서 여러 시대를 거치면서 살아온 것들에 대한 상기Erinnerung를 자신의 소유로 바꾸지 않으면 안 된다. 일찍이 기쁨과 슬픔이었던 것들이 본래 개인의 생활에서도 그런 것인 것처럼, 바야흐로 인식되지 않으면 안 되는 것이다"[32]라고 표현하고 있다. 역사의 횡단면을 인식하는 기반은 바로 '상기'이다. 이것이 부르크하르트의 대답이다. 물론 여기서 말하고 있는 '상기'는 전문이나 전승을 포함하는 넓은 의미의 기억작용으로 이해하지 않으면 안 된다. 부르크하르트가 '정신'이라는 단어로 나타내고자 했던 것은 그러한 연속성이기 때문이다. 하지만 이 단순하고 명쾌한 답변으로 인해 사람들은 깜짝 놀라고, 의심하고, 당황하게 될 것임에 틀림없다. 그러나 '상기'에서 역사서술의 근거를 찾았다는 바로 이 사실이 부르크하르트가 역사의 '정면도'를 그리려고 했다는 틀림없는 증거일 것이다.

아이러니컬하게도 헤겔의 견해를 따라 '역사의 끝'을 선고했던 코제브 또한 부르크하르트와 거의 같은 취지를 적고 있다. 그는 『헤겔 독해 입문』의 한 부분에서 "먼저 실재하는 역사가 완성되어야 하며, 다음으로 그 완성된 역사를 사람들이 이야기하지raconter 않으면 안 된다"라고 이야기하고 있다. 코제브는 이어서 그 부분에 주를 달고, "덧붙이자면 역사적인 상기 없이는sans souvenir historique, 즉 이야기되거나 쓰여진 기억 없이는sans mémoires oraux ou écrits 실재적 역사는 존재하지 않는다"라고 보충 설명하고 있다.[33] 분명히 본문과 주의 내용은 정반대 방향을 향하고 있다. 왜 코제브가 이러한 주를 붙였는지는, 지금은 단지 추측할 수밖에 없다. 그러나 이 주가 역사의 '정면도'의 묘사방법을 시사하고 있는 것만은 분명하다. 게다가 중요한 것은 단순한 기억이나 상기가 아니며, '이야기되거나 쓰여진' 기억이나 상기야말로 실재적인 역사의 근거로 간주되고 있는 것이다. 역사의 기반을 이러한 '이야기행위'에서 찾은 점에서, 코제브는 부르크하르트보다 한 발 앞서 있다고 말할 수 있다. 우리의 생각으로는, '역사의 미시론'의 기초단위는 기억이나 상기의 작용으로 뒷받침되는 '이야기행위' 외에는 있을 수 없기 때문이다.

비유적으로 말하자면, 부르크하르트와 코제브 모두가 시사하고 있는 것은 이미 첫머리에서 언급한 그리스 신화의 에피소드, 즉 역사의 여신 클리오가 기억의 여신 므네모시네의 딸이었다는 이야기가 가장 적합할 것이다. 이것이야말로 '역사의 미시론'의 알파이자 오메가라고 할 수 있다. 나아가 그것이 '장대한 이야기'의 유혹으로부터 우리를 해방시키고, 역사철학의 힘겨운 상황에서 탈출할 수 있는 단서, 즉 아리아도네[†]의 실을 우리에게 부여해주고 있는 것이다. 다음 글에서는 클리오와 므네모시네의 혈연관계를 되짚어보면서, 현대에 있어서 역사철학의 가능성에 대해 생각해볼 것이다.

[†] 테세우스에게 실뭉치를 이용해 미궁을 빠져나오는 방법을 알려준 크레타 섬의 왕녀.

3 역사철학의 명제

이야기가 얼마나 오래됐는지는 일수를 가지고 가르칠 수 없으며, 이야기
상에 축적된 연령은 지구의 공전을 가지고 셀 수 없는 것이다. 한마디로 말
하자면, 이야기의 과거의 정도는 시간과 관련이 없는 것이다.

… 토마스 만, 『마의 산』

역사철학의 가능성을 둘러싼 우리의 기본적인 견해는, 검토를 통해 아래와
같이 여섯 개의 명제로 정리할 수 있다.

1. 과거의 사건이나 사실은 객관적으로 실재하는 것이 아니라 '상기'를 통
   해 해석학적으로 재구성된 것이다. 〔역사의 반反실재론〕

2. 역사적 사건Geschichte과 역사서술Historie은 불가분의 관계이며, 전자
   는 후자의 문맥을 떠나서는 존재하지 않는다. 〔역사의 현상주의〕

3. 역사서술은 기억의 '공동화'와 '구조화'를 실현하는 언어적 제작Poiesis
   이다.

4. 과거는 미완결이며, 어떠한 역사서술도 개정을 피할 수는 없다. 〔역사의
   전체론〕

5. "시간은 흐르지 않는다. 그것은 축적된다Time does not flow. It accumulates
   from moment to moment."[34] 〔산토리 테제〕

6. 이야기할 수 없는 것에 대해서는 침묵하지 않으면 안 된다. 〔역사의 수행
   론Pragmatics〕

지금은 갑자기 납득하기 힘든 괴상한 명제들이 나열되어 있다고 생각될 것이다. 지금부터는 조금이나마 그러한 의문을 풀 수 있도록, 각각의 명제에 대해 그 내용을 자세히 설명하고 간단한 논증을 덧붙여보자.

1. 과거의 사건이나 사실은 객관적으로 실재하는 것이 아니라 '상기'를 통해 해석학적으로 재구성된 것이다.

설명할 필요도 없이, 역사라는 것은 과거에 일어난 사건에 대한 인식을 말한다. 그에 비해 지각적 현재의 사건은 '지나버리다' 또는 '되돌릴 수 없다'라는 회고적인 성격을 포함하지 않기 때문에, 아직 역사적 사실이 될 자격을 갖지 못한다. 닛타 요시히로의 말을 빌리면, 역사서술은 이러한 회고적인 성격을 형성하는 요건이라고도 할 수 있는 '시간적 거리화'와 '반성적 거리화'라는 두 가지 계기를 그 안에 포함함으로써 성립하고 있는 것이다.[35] 역사적 사실을 지각적 사실과 구별하는 것은 바로 이 '거리화'의 계기인 것이다.

그렇다면 과거의 사건과 우리의 사이를 갈라놓고 있는 '시간적 거리'는 무엇으로 메울 수 있는가. 또는 시간적 거리를 사이에 두고 존재하는 과거의 사건을 우리는 어떻게 동정同定할 수 있는가. 당연한 이야기이지만 그것들을 가능하게 해주는 것은 '상기' 또는 '기억'의 작용이다. 지나치게 단순한 이 대답이 의심스럽다면, 현재의 지각적 사건을 동정하는 장면과 비교해서 생각해보면 이해하기 쉽다. 현재 진행 중인 사건과 우리 사이에 존재하는 것은 '공간적 거리'일 것이다. 우리는 시각이나 청각 같은 '지각'을 사용해 그 거리를 메움으로써, 예를 들면 눈앞에서 일어난 싸움이나 교통사고라는 사건을 인식할 수 있다. 그와 마찬가지로 우리는 '상기'를 사용해 시간적 거리를 메움으로써 어제의 데이트나 3년 전의 해외여행이라는 사건을 동정할 수 있는 것이다. 과거의 사건을 '지각'하는 것이 불가능한 이상, 우리에게는

'상기'라는 수단밖에 남겨져 있지 않기 때문이다.

그러나 과거와 상기 사이의 긴밀한 연관성을 인정하더라도, 우리가 가진 제거하기 힘든 상식의 반작용은 논의를 다시 과거와 상기를 분리하는 지점으로 되돌려버린다. 즉 객관적 실재로서의 '과거자체'는 분명히 주관적 의식작용인 '상기'나 '기억'으로부터 독립되어 있을 것이라고 생각하는 것이다. 이것을 오모리 소조는 "상기라는 의식 안에서 내재적으로 경험되는 과거성을 억지로 초월적으로 외재하는 과거의 실재성으로 치켜세우는 '초월화의 오류'"[36]라고 부르고 있다. 상기라는 것이 이전에 존재했던 '과거자체'의 재현이고, 재생이며, 묘사라고 생각하는 상식은 간단한 논박조차 용서하지 않을 정도로 뿌리깊은 것이다. 그렇다면 우리는 상기와 독립적인 '과거의 실체'를 어떻게 동정할 수 있는가. 어제의 '복통 자체'를 똑같이 재현했다고 한다면, 그것은 이미 현재의 복통의 지각이지 과거의 복통의 상기는 아닐 것이다. 과거의 복통은 정의적으로 '더 이상 아프지 않은' 것이기 때문이다. 지각할 수 없다(아프지 않다)는 것이야말로 과거의 사건이 지닌 '시간적 거리'의 본질이라고 할 수 있다. 지각할 수 없는 이상, '과거자체'에 접근하는 통로는 '상기'밖에 남아 있지 않다. 그러므로 상기된 과거와 '과거자체'를 구별하는 것은, 지각된 색과 지각되지 않는 '색자체'를 구별하는 것과 같은 무의미한 시도이다. 기억의 오류는 다른 기억으로 정정될 수밖에 없으며, 그것말고는 기억의 상을 '과거자체'와 조합하는 어떠한 수단도 우리는 가지고 있지 않다. 그렇다면 우리는 오모리처럼 다음과 같이 말할 수밖에 없을 것이다.

너무나 유명한 버클리의 '존재와 지각'을 외삽外揷[†]해서 과거 존재에 적용한다면, "과거(존재했다)라는 것은 상기되는 것이다"라고 말할 수 있을 것이다. 그리고 이 경우, 버클리가 아무도 지각하지 못하는 존재에 곤혹감을 느끼고 신을 끌어들일 수밖에 없었던 것에 대응해서, 아무도 상기하지 않는 과거 실재가 더욱더 큰 곤혹스러움을 발생시킬 것이다. 그러나 누구에게도 상기되지 않는 과거는 바로 무無라고 해야 하지 않을까. 이렇게 버클리의 노선을 답습하는 한, 상기와 아무 관계없이 독립적으로 존재하는 과거 실재는 부정될 공산이 크다.37

오모리는 이 주장을 '상기과거설'이라고 이름 붙였다. 오모리 자신도 인정하고 있는 것처럼, 이 주장의 난점은 '누구에게도 상기되지 않는 과거'를 단적으로 '무無'라고 잘라 말하지 않을 수 없다는 점에 있다. 이것은 누구나 납득하기 어려운 내용이다. 망각이나 잘못된 기억은 인간의 습성으로, 엄연히 실재했던 '과거'의 존재 여부가 그런 애매모호한 심리작용에 의해 좌우되어서는 안 된다고 생각하는 것은 지극히 당연하기 때문이다.

그러나 이 당연함 또한 '상기'로부터 독립적인 '과거자체'를 상정하고 싶다는 유혹에서 유래한 것이다. 그렇다면 그 점에 대해 반대 시각에서 고찰해보도록 하자. 먼저 미래의 사건을 상상으로부터 독립적으로 '미래자체'로 상정할 수 있을까. 이 질문에 대해서는 누구나 주저 없이 부정할 것임에 틀림없다. 미래라는 것은 '아직 없는 것'을 이야기하는 것이기 때문에, 오로지 상상만이 그 존재를 '예기予期'나 '기대'라는 형태로 보증하고 있는 것에 지나지 않기 때문이다. 그러므로 상상으로부터 독립된 '미래자체'를 상정하는 것은 명백하게 이치에 맞지 않는다. 그렇다면 지각되고 있는 사물로부터 독립적으로 '물자체物自體'‡로 존재하는 것을 상정하는 것은 가능할까. 이것은 의견이 나뉘는 부분일 것이다. 칸트 이래로 '물자체'의 상정

† 대표적인 탐색적 예측수법. 과거에서 현재까지의 시계열 데이터의 경향선을 미래로 연장시켜서 미래를 예측한다.
‡ 칸트는 순수이성의 힘으로도 꿰뚫어 볼 수 없는 궁극적인 실재인 '사물 자체'가 존재한다고 말했다. 그에 따르면 현상계를 넘어선 모든 것은 '물자체의 영역'에 있기 때문에, 인간은 근본적이고 궁극적인 실재가 존재한다는 것은 알 수 있지만 그것에 접근할 수는 없다.

에는 그것을 부정하는 결정적인 논증이 이루어지지 않고 있는 대신, 다수의 중대한 문제점이 늘 따라다니고 있다는 점이 독일 관념론 이후의 철학자들에 의해 지적되어왔기 때문이다. 그러나 정의상으로는, 누구에게도 지각되지 않는 물자체의 상정이 버클리의 '신'과 유사한 '초월적인 시점'을 요청하고 그것에 의해 뒷받침되고 있다는 것은 분명하다. 그와 마찬가지로, '과거자체'의 상정 또한 역사과정의 외부에 존재하는 '초월론적 시점'을 암묵적으로 요구하고 있다. 그러므로 '물자체'에 관련된 문제점은 그대로 '과거자체'로도 이어진다고 할 수 있다. 적어도 상기에서 독립한 '과거자체'의 상정은, 지각에서 독립한 '물자체'의 상정 같은 정도의 설득력밖에는 가질 수 없다.

'물자체'나 '과거자체'를 지각이나 상기로부터 독립적인 것으로 상정하는 입장과, 그것을 부정하고 현상 속에 머물려고 하는 입장의 차이는 결국 '실재론'과 '반反실재론'의 대립으로 귀착된다. 바꿔 말하자면, 세계를 기술하는 시점을 어디에 설정하는가라는 문제이다. 마이클 더밋은 시간에 대한 태도의 근본적인 차이를 기준으로 양자의 차이를 다음과 같이 정형화하고 있다.

실재론자가 바라는 것은 사상에 있어 모든 시간과정의 외부에 서서 그 자체는 어떤 시점도 갖지 않은 채, 모든 것을 한눈에 조망하는 것 같은 시점에서 세계를 기술하는 것이다. (중략) 반실재론자들은 우리가 시간의 영향을 받고 있다는 사실을 좀더 진지하게 받아들인다. 우리는 시간의 영향을 받고 있기 때문에, 우리를 시간 속에 존재하지 않는 존재로 표현하는 세계의 기술을 꾀하는 것은 불가능하며, 그것이 존재하는 그대로, 즉 세계가 지금 존재하는 그대로 기술할 수밖에 없다.[38]

여기에서 말하고 있는 시간과정의 외부에 존재하는 초월적 시점과 시간의 영향을 받는 내재적 시점의 대립은, 우리가 지금까지 논해온 역사의 '측면도'와 '정면도'를 그리는 시점의 차이에 그대로 대응시킬 수 있다. 그러므로 역사의 '정면도'를 그리려면, 우리는 어쩔 수 없이 과거에 대해 '반실재론'적인 입장에 서지 않을 수 없다. 역사과정의 한복판에서 살아가고 있는 자의 시점으로부터는, 상기를 통해 '세계를 지금 있는 그대로' 기술하는 이외의 방법은 없다. 초월적인 '과거자체'의 상정에 어떤 의미도 부여할 수 없기 때문이다.

그것은 동시에 과거의 역사적 사실은 상기로부터 독립적으로 '실재' 하는 것이 아니라, 상기를 통해 '구성'되는 것임을 의미한다. 이것은 반실재론이 수학적 대상의 존재에 대해서 '플라톤주의'가 아닌 '구상주의'의 입장을 취하고 있는 것과 유비類比적으로 생각할 수 있다. 물론 '구성'은 독립된 개인적 행동이 아니라 언어적 커뮤니케이션을 통해서 이루어지는 간주관적인 행동이다. '상기의 공동체'라고도 부를 수 있는 공동성에 의해 뒷받침됨으로써 개인적인 기억의 결손이나 잘못된 기억은 보충되고 수정된다. 그러한 공동작업을 통해 '구성된' 역사적 사실은 개인적인 추억의 수준을 뛰어넘어 '간주관적인 타당성'을 획득해간다. 그런 의미에서 역사적 사실은 의심할 여지 없이 '간주관적 구성'의 소산인 것이다.

게다가 '구성'이라는 단어는 그 기원이 '재현'이나 '묘사'가 아니라는 점을 시사하고 있다. 지각체험을 있는 그대로 상기하는 것이 불가능하다는 것에 대해서는 말할 필요도 없다. 설마 6년간의 초등학교 시절을 6년이라는 시간을 들여 회상하는 사람은 없을 것이다. 만약 상기하는 데 지각체험과 같은 시간이 필요하다면, 우리는 인생을 두 번 살게 되는 것이며, 상기는 불가능한 것이 되어버릴 것이다. 상기는 자연적으로 발생하는 경험의 원근법perspective에 의해 제어되어 있는 것으로, 그곳에는 선택은 말할 것도 없이 강조나 삭제, 변형 같은 요인들이 작용하고 있다. 상기는 이와 같은 '해석학적 재구성'의 조작으로 성립되는 것이다. 그렇다면 '재구성' 이전의 조작되지 않은, 있는 그대로의 과거는 어디에 있냐고 묻는다면, 그 것은 다시 '과거자체'를 상정하는 것으로 연결될 것이다. 우리는 과거의 사 건에 관해서는, '해석학적 재구성'이라는 간접적인 조작을 통해서 접근하 는 길밖에는 알지 못하기 때문이다. 그러므로 과거의 역사적 사실은 '원본 original이 없는 복사copy'라는 기묘한 신분(특징)을 갖게 된다. 그러나 '원 본'이 없다면 '복사'라는 단어는 처음부터 의미가 없다(이 점에 있어서는 오모 리 소조의 주장을 따른다). 그렇다면 '해석학적 재구성'의 소산인 역사적 사실 이야말로 바로 오리지널의 과거라고 할 수 있을 것이다. 역사적 사실을 '간 주관적 구성' 및 '해석학적 재구성'의 소산으로 파악하는 것, 이것이 바로 '역사의 미시론'의 출발점이어야만 한다.

2. 역사적 사건Geschichte과 역사서술Historie은 불가분의 관계이며, 전자는 후 자의 문맥을 떠나서는 존재하지 않는다.

아라이 하쿠세키는 『고사통』의 첫 부분 「독법」에서, "무릇 경서와 역사서 는 각각 다른 체제를 지니고 있다. 역사서는 사실에 근거해 일을 기록함으 로써 세상 사람들에게 경계해야 할 것들을 보여주는 것이다"[39]라고 적고 있다. '경經'과 '사史'는 각각 '철학'과 '역사학'으로 바꿔 생각할 수 있다. 하쿠세키는 여기서 역사학의 기본을 '사실'에 기초를 둔 사건의 '기록' 속 에서 찾고 있다. 사실과 그 기록을 엄중히 구별하는 것은 역사학의 출발점 이자, 역사철학에서도 기본적인 구별이라고 할 수 있을 것이다. 그러나 역 사적 사실에 대해 반실재론적 입장을 취하고, 역사의 '정면도'를 그리려고 하는 우리에게 이 구별은 상식적으로 생각할 수 있을 만큼 분명한 것이 아니며, 오히려 이 분명함은 붕괴되어야 하는 도그마이다. 사실 헤겔은 자신의 저서 『역사철학』에서 이 전통적인 구별을 답습하면서도, 양자의 관계에 대해 미묘한 주석을 덧붙이고 있다.

독일어의 역사Geschichte라는 단어는, 객관적인 면과 주관적인 면을 통일하고 있으며, res gestae〔사건, 행해진 것〕를 의미함과 동시에 historia rerum gestarum〔사건의 기록, 행해진 것의 기록〕도 의미한다. 즉 역사는 사건das Geschehene임과 동시에 역사이야기Geschichitserzählung이기도 한 것이다. 우리는 이 두 가지 의미의 통일을 단순한 외면적인 우연성 이상의 의미를 지닌 것으로 생각하지 않으면 안 된다. 즉 역사적인 이야기는 실제의 역사적 행위나 사건과 동시에 나타나는 것이라고 생각해야 한다. 내면적인 공통의 근원이 있어서, 그것이 이 둘을 함께 생산해내는 것이다.[40]

역시 헤겔은 '사건'과 그 '기록'을 단순히 구별하고 있을 뿐만 아니라, 양자에게는 '내면적인 공통의 근원'이 있으며 그것들은 '동시에 출현하는' 것이라는 점을 놓치지 않고 파악하고 있다. 그런데 그에게 그 공통의 근원은 바로 법률을 구비한 '국가'였다. 그러므로 헤겔은 중국에는 훌륭한 역사가 존재하고 있음에도 불구하고 인도에는 역사가 존재하지 않는다고 지적하면서, "이 토양이 역사를 가질 수 있기 위해서는, 역시 현실에 뿌리를 내림과 동시에 실체적인 자유에 뿌리를 내린 목적을 가질 필요가 있었다"[41]라고 적은 것이다.

그러나 국가에 관한 의견을 일단 제외하고 생각한다면, 역사기술 이전의 시간경과에 대해서 "그것은 어떤 주관적인 역사, 어떤 역사이야기도 가지고 있지 않기 때문에, 또한 어떤 객관적인 역사도 갖지 않는다"[42]라고 잘라 말하는 헤겔의 주장은 지극히 중요한 통찰을 포함하고 있다고 말하지 않으면 안 될 것이다. 그것은 '역사적 사건'과 '역사서술'의 등근원성等根源性을 시사하는 것이기 때문이다. 그것을 우리의 언어로 바꿔 표현하면, 상기로부터 분리된 '과거자체'가 존재하지 않는 것처럼 역사서술로부터 독립한 역사적 사건도 존재하지 않는다라고 할 수 있다. 이것은 '상기과거설'과 역사의 '반실재론'으로부터의 당연한 귀결이다. 역사적 사건이 역사서술로부터 독립한 '과거자체'라고 한다면, 우리는 그것에 접근할 어떤 수단도 가질 수 없기 때문이다. 우리는 복잡하게 얽혀 있는 역사서술의 네트워크를 통해서만 과거의 역사적 사건을 그것으로 동정하고 인식할 수 있는 것이다.

그러나 이렇게 말하면, 하나의 역사적 사건에 대해서는 복수의 서로 다른 역사서술이 가능하며, 바로 그것이야말로 양자의 독립성을 증명하는 것이 아니냐는 반론이 곧바로 제기될 것이다. 그렇다. 정확히 그 말 그대로이다. 그러나 복수의 서로 다른 역사서술은 그 하나하나가 동일한 역사적 사건의 '사영射映 Abschattung'이라고 생각해야 할 것이다. 현상학의 표현을 빌리자면, 무수한 지각적 사영의 지향적 통일이 하나의 사물인 것처럼, 사영되는 무수의 역사서술의 지향적 통일이야말로 하나의 역사적 사건인 것이다. 다수의 사영의 지향적 통일인 지각적 사물의 배후에 '물자체'를 상정할 필요가 없는 것처럼, 다양한 역사서술의 지향적 통일인 역사적 사건의 배후에 '과거자체'를 상정할 필요는 없다. 이 지향적 통일의 기반을 형성하는 것이 앞에서 서술한 '간주관적 구성'과 '해석학적 재구성'의 작용인 것이다. 역사적 사건과 역사서술의 이차적 분리를 부정하고 양자를 불가분의 통일체로 파악한다는 점에서, 우리의 입장은 역사철학에 있어서의 '현상일원론' 또는 '현상주의'라고 불러야 할 것이다. 이러한 역사의 현상주의는 역사인식의 '불확정성 원리'라고도 부를 수 있는 것을 필요로 한다. 그 실정에 대해서는 고사카 마사아키가 『역사적 세계』에서 적절한 설명을 내놓고 있다.

> 사람들은 역사적 사건은 그 자신은 명확한 구조를 가지고 있지만, 단지 그것에 대한 우리의 인식이 불완전하다고, 또는 그것에 대한 해석이 시대와 함께 변한다고 생각한다. 따라서 신과 같이 명확한 통찰력을 구비한 사람은 과거의 사건을 구석구석 명확하게 인식할 수 있다고 생각할 것이다. 그런데 역사적 사건은 과연 이렇게 확정될 수 있는 한정성을 가지고 있는가. 우리 일상생활이 불확정적이고 예측할 수 없는 심연 위를 떠돌고 있는 것처럼, 과거의 사건도 그 자체가 어느 정도의 불확정적인 성격을 지니고 있는 것이 아닐까. 과거의 사건을 물자체적인 것으로 생각하고, 우리의 인식은 그에 대한 단순한 묘사인 것인가. 본래 역사인식이 단순한 설명이 아니라 이해라고 한다면, 이렇게 막연한 분위기 같은 것에 대한 이해도 포함하고 있는 것은 아닐까. 이렇게 말하면 불확정성의 원리를 역사인식에까지 적용시키는 것은 역사인식의 가치를 떨어뜨리는 것이 아니라고 할 수 있을 것이다. 오히려 우리의 인식을 통해 막연했던 과거가 자기 자신을 일정한 주체로 형성하고 이렇게 자각적이 되는 것으로, 자기 자신의 중심으로 통합되어가는 것이다. 따라서 역사인식에 구성적·실재적인 의미를 부여하는 것이라고도 할 수 있는 것이다.[43]

'신의 시점'에서 내려다보는 명확한 윤곽을 구비한 객관적인 역사상을 부정하는 고사카의 주장은 쇼와 12년(1937년)에 쓰여진 것이라고는 생각할 수 없을 정도로 현실성actuality을 가지고 있다. 게다가 그는 역사인식을 '물자체'적인 과거의 '묘사'라고 생각하는 상식적인 견해를 거부하고, 역사인식의 불확정성까지 언급하고 있다. 그런 점에서 고사카의 역사철학은 바로 우리가 말하는 역사의 '정면도'를 그리려 하고 있다고 할 수 있다.

그러나 우리의 생각으로는, 역사인식의 불확정성은 그가 말하는 것처럼 "막연한 분위기 같은 것에 대한 이해"로부터가 아니라, 오히려 역사서술의 근본적인 제약조건인 '사영'적인 성격으로부터 유래하는 것이다.

역사적 사건을 역사서술의 '사영'의 지향적 통일로 파악하는 것은, 당연히 그 사영의 계열이 미완결이며 열려 있음을 의미한다. 즉 역사인식이 시간과정의 외부가 아닌 내부의 시점에서 이루어지는 한, 역사서술의 사영의 계열은 언제나 새롭게 부가되거나 누적되어가는 것이다. 그리고 사영의 계열이 부가될 때마다 지향적 통일의 상태, 즉 역사상歷史像은 점진적이지만 변용되지 않을 수 없다. 그런 의미에서 역사인식은 항상 '잠정적'이며, 본질적으로 '불확정'적인 부분을 포함하고 있는 것이다. 그러므로 역사적 사건은 시간 속에서 끊임없이 '생성'되고 있으며, 조금 역설적인 표현이기는 하지만 과거는 원칙적으로 '미완결'이라고 하지 않을 수 없다.

3. 역사서술은 기억의 '공동화'와 '구조화'를 실현하는 언어적 제작Poiesis이다.

잘 알려져 있는 것처럼 아리스토텔레스는 『시학』에서 역사가와 창작가의 차이에 대해 언급하면서, "역사가와 창작가(시인)의 차이는 이야기하는 음률을 가지고 있는지 그렇지 않은지에 있는 것이 아니다. (중략) 양자의 차이는 오히려 지금 말한 점에 있다. 즉 역사가는 실제로 일어난 사건을 이야기하는 데 비해, 창작가(시인)는 일어날 것 같은 사건을 이야기한다는 점에 그 차이가 있는 것이다"[44]라고 적고 있다. 앞에서 인용한 아라이 하쿠세키의 말과 마찬가지로, 이것 역시 누구나 인정하지 않을 수 없는 차이처럼 보인다. 그러나 양자의 구별은 아리스토텔레스가 생각했던 만큼 명확한 것도 자명한 것도 아니다. "역사의 미시론" 입장에서 본다면, 역사가와 창작가의 차이는 '종류kind'의 차이가 아니다. 말하자면 '정도degree'의 차이에 지나지 않기 때문이다.

　역사가와 창작가의 차이가 정도의 차이에 지나지 않는다고 한다면, 역사와 문학이라는 두 장르는 현저히 접근하게 될 것이다. 이렇게 말할 때 곧바로 떠오르는 것은, "작은 유품과 깊은 슬픔만 있다면, 죽은 아이의 얼굴을 떠올리는 데 충분한 저 어머니의 기술技術"[45] 속에서 "역사에 관한 우리의 근본적인 지혜"[46]를 발견해내고, "대역사가는 추억의 달인이지 문헌정리의 명인은 아니다"[47]라고 강하게 주장한 고바야시 히데오의 말일 것이다. 그렇다. 고바야시가 그리려고 한 것은 바로 역사의 '정면도'이다. 그러나 그의 주장에서 "역사를 관통하는 중심축은 우리의 애석한 마음이지 결코 인과의 사슬 같은 것이 아니다"[48]라는 주지의 '역사=추억'설을 도출해내는 고바야시의 주장 전개는 조금 성급한 면이 없지 않다. 그의 주장에는 '추억'이 '역사'로 전환되는 데 필요한 불가결의 조건, 즉 '언어화'와 '공동화'와 '구조화'라는 세 가지 계기가 결여되어 있기 때문이다.

　적어도 고바야시 히데오가 '어머니의 기술'이라고 했을 때 염두에 두고 있던 것은, 죽은 아이의 모습을 떠올리는 어머니의 농밀濃密한 이미지 형성력이었음에 틀림없다. 그러나 상기의 본질적인 부분은 이미지에 의해서 형성되어 있는 것이 아니다. 그것은 오히려 죽은 아이의 추억을 이야기하는 어머니의 언어행위 속에 있는 것이다. 예를 들어 재판 증언대에 섰을 때, 어떤 사람의 얼굴이나 그때 입었던 옷이나 넥타이 모양까지는 확실히 떠올릴 수 있다고 해도, 그 사람이 누구였으며 언제 어디서 그/그녀와 만났는지를 이야기할 수 없다면 그것은 증언의 역할을 수행하지 못하는 모호한 기억이 될 것이다. 그에 비해 그 사람이 안경을 썼는지 안 썼는지, 어떤 무늬의 옷을 입고 있었는지는 떠올리지 못하더라도, 언제 어디에서 누구랑 만났는지를 명확히 서술할 수 있다면 그것은 선명한 기억이라고 불릴 것이다. 그러므로 상기의 핵심이 되는 것은 추억을 이야기하는 언어행위이며, 이미지는 그 보조수단에 지나지 않는 것이다. 그것을 오모리 소조는 비트겐슈타인의 언어게임론을 수용하면서, "과거에 대한 기술이나 과거형이 갖는 의미에 대한 이해는 단지 과거에 대한 회화를 통해서만 학습되는 것으로, 그곳에 우연히 부유영상이 존재한다고 해도 그 역할은 보조적인 삽화인 것이다"[49]라고 적고 있다. 상기의 기술技術은 과거를 이야기하는 언어게임을 통해 숙달할 수밖에 없으며, '추억'이 '역사'가 되기 위해서는 단순한 이미지에 머물지 않고 무엇보다도 그것이 '언어화'되는 것, 즉 '언어행위'에 의한 매개가 필요한 것이다.

죽은 아이를 생각하는 어머니의 기술技術이 단순한 추억으로 고정되어버린다면, 그것은 달콤한 개인적 감회라고는 할 수 있지만 역사라고는 할 수 없다. 감회는 어머니의 육체와 함께 소멸될 수밖에 없을 것이다. 추억이 역사로 전환되기 위해서는 '언어화'와 동시에 '공동화'라는 계기가 반드시 필요하다. 아무리 유일한 개인적 감회라고 해도, 어머니가 그것을 이야기할 때에는 공적으로 유통되고 있는 손때 묻은 단어들을 사용하지 않을 수 없다. 그때 적어도 어머니의 감회가 갖는 미묘하고 개인적이며 비밀스러운 색채는 언어의 숫돌에 갈려 떨어져나가게 될 것이다. 그러나 그렇게 함으로써 언어화된 감회는 반대로 '보편성'과 '추상성'을 획득하고 하나의 독립적인 '작품'이 되어 '기억의 공동체'로 등록되는 것이다. 그런 의미에서 이야기행위는 개인적인 슬픔(개인적이고 비밀스러운 체험)을 보편적인 슬픔(공동체적인 경험)으로 승화시키고 '공동체적인 과거'로서의 역사를 만들어내는 언어장치인 것이다.

그러나 추억을 이야기하는 이야기행위는 공통의 과거를 향하는 '회고성'의 벡터뿐만 아니라 공통의 미래를 향하는 '투기성'의 벡터도 가지고 있다는 점을 덧붙이지 않으면 안 된다. 닛타 요시히로의 표현을 빌리면, 이야기행위는 "과거를 이야기하는 현재의 행위에 의해 과거가 현재의 행위에 방향성을 부여하고, 그렇게 함으로써 미래를 향한 기대를 성립시킨다"[50]라고 할 수 있는 것이기 때문이다. 우리가 앞에서 살펴본 것처럼, 바로 이 '현재행위에 대한 방향 설정'을 야나기타 구니오는 '일종의 의식적인 훈계법'이라고 불렀으며, 또한 '미래를 향한 기대'를 블로흐는 '희망'이라고 이름 붙였던 것이다. '공동화'가 사람과 사람 사이에 성립하는 사건인 이상, 그것은 좋든 싫든 간에 윤리적인 색채를 갖지 않을 수 없다. 이야기행위는 과거와 함께 미래를 '공동화'함으로써 우리에게 과거나 미래를 전망할 단서를 부여하고, 그것을 통해 현재를 살아가는 우리에게 자기이해의 기회를 제공한다. 이 자기인식의 계기야말로 역사인식의 특징적인 '반성적 거리화' 작용인 것이다.

게다가 추억은 본래 간헐적이며 단편적이어서, 명확한 줄거리나 맥락을 갖지 않는다. 그 간헐성과 단편성을 보완해서 추억에 일정한 줄거리와 맥락을 부여하는 것이 이야기행위이다. 체험의 원근법으로 재단되고 감정의 안료로 채색된 추억은 이야기행위라는 실에 의해 다시 한번 봉합되어, 한 벌의 의상으로서 형태와 구조를 구비하게 된다. 추억과 역사행위의 차이는, 전자가 비교를 허락하지 않는 독자적인 광채를 갖는 주옥 같은 일회적인 사건인 데 비해, 후자는 단편적인 과거의 사건 사이에 인과의 실을 둘러쳐서 기승전결 구조를 마련함으로써 '(해당 사건이) 왜 발생했는가'라는 소박한 의문에 답하면서 사건의 유래를 설명하고 있다는 데 있다. 그 절차를 '구조화'라고 부른다면, '추억'은 이야기행위를 통해 구조화됨으로써 비로소 한 편의 '역사'로 이야기된다고 할 수 있을 것이다.

여기서 주의하지 않으면 안 되는 것은 역사를 이야기하는 이야기행위는 단순히 과거의 사실을 '기술' 또는 '묘사'하는 것이 아니라는 점이다. 독립적인 사실을 묘사하는 기술문은 '연대기'는 될 수 있지만, '역사'를 이야기하는 기능은 갖지 못한다. 역사서술은 일정한 시점에서 이루어지는 과거의 전체적인 조직화이고 그 역할을 수행하는 것은 단토가 말하는 "최소한 두 개의 시간적으로 떨어진 별개의 사건을 제시하고, 그 중에서 더 앞선 사건을 기술한다"[51]라는 특징을 지닌 '이야기글narrative sentence'이다. 이 이야기글을 통해 시간적으로 떨어진 두 개의 사건이 연결되고 설명적 서술의 관계에 놓이게 된다. 이렇게 무수한 이야기글이 상호 연관되면서 구성하고 있는 네트워크가 바로 '역사'인 것이다. 단, 설명적 서술이 단지 '인과관계'에 의해서만 이루어진다고 한정할 수는 없다. 그곳에는 여러 가지 문학적 수사법이 개입될 여지가 있으며, 그런 점에서 역사가는 창작가와 서로 이웃하는 위치에 서는 것이다. 저서 『메타히스토리』에서 역사철학에 있어 수사법의 유형학을 전개한 H. 화이트는 자신의 다른 저서인 『언어의 무늬』에 수록된 「역사의 부하」라는 논문에서 다음과 같이 적고 있다.

그러므로 우리는 더 이상 어떤 특정 시대나 과거 사건의 복합체에 대한 언명이 과거에 미리 존재했던 '있는 그대로의 사실'의 집합체에 '대응'한다고 소박하게 기대해서는 안 된다. 이렇게 말하는 것은, 무엇이 사실 자체를 구성하고 있는지에 대한 질문은, 역사가가 예술가와 마찬가지로 그가 속하는 세계나 과거, 현재, 미래에 질서를 부여하기 위한 은유를 선택함으로써 해석하려고 해온 문제라는 것을 우리는 인식해야 하기 때문이다. (중략) 그가 선택한 은유가 어떤 종류의 명제에 적응할 수 없다는 것이 분명해지기 시작하면 과학자가 이미 필요 없어진 가설을 버리고 나아가는 것과 같은 방법으로 그는 그 은유를 버리고 가버린다. 처음의 것보다 한층 더 포괄적이고 풍부한 다른 은유를 찾아나서는 것이다.[52]

역사서술에서 역사가는 문학자에 뒤떨어지지 않는 '은유'를 구사하며 그것은 과학자가 사용하는 '가설'과 동일한 역할을 수행한다는 H. 화이트의 지적은, 역사서술을 이야기행위에 의한 과거의 '해석학적 재구성'으로 파악하는 우리의 시점에 중요한 발판을 부여해준다. 그러나 생각해보면, 유럽계 언어에서 '역사'와 '이야기'는 그리스어의 '히스토리아'에서 유래된 동일한 어원을 갖는 단어이다. 영어의 경우에는 이후 'history'와 'story'로 분화되어 각각 '역사'와 '이야기'의 의미를 갖게 되었지만, 프랑스어나 스페인어나 이탈리어에서는 지금도 '역사'와 '이야기'에 같은 단어가 사용되고 있다. 역사는 이렇게 그 기원에서부터 이야기행위와 표리일체라고 할 수 있다. 그런 의미에서 '역사'는 17세기에 출현한 '실증과학'보다는, 오히려 호메로스 이래의 '문학'과 근본적으로 통하고 있다고 하지 않을 수 없다. 그러므로 우리는 아리스토텔레스의 의견에 반대해서, 역사가와 창작가 사이의 울타리를 헐어버리고 그들을 '언어적 제작Poiesis'이라는 같은 테이블에 배치해야 할 것이다.

4. 과거는 미완결이며, 어떠한 역사서술도 개정을 피할 수는 없다.

역사가와 창작가 사이에 있는 울타리를 허물었을 때 직면하게 되는 가장 큰 문제점은 '진실'과 '허구'를 판별할 수 없게 된다는 것이다. 그렇다. 이것은 곤란한 사태임에 틀림없다. 그러나 과거에 관한 언명의 진위 결정이라는 문제에서는, 곤란한 입장에 처하게 되는 것은 오히려 상기로부터 독립적인 '과거자체'를 상정하는 악의 없는 실재론자 쪽이다. 그것은 과거언명에 있어서는 실재론자가 근거로 삼고 있는 '진리의 대응설'이 본래 그 말뜻 그대로는 성립하지 않기 때문이다.

'고양이가 매트 위에 있다'라는 지각언명을 생각해보자. 이 경우에는 분명히 지각된 눈앞의 사태와 해당 언명 사이에 어떤 종류의 '대응'이 성립하고 있는 것처럼 보인다. 그러나 '어제 고양이가 매트 위에 있었다'라는 과거언명의 경우는 어떠한가. 이 언명은 나의 기억상과 '대응'하고 있는 것인가. 그러나 실재론자의 주장에 의하면, 기억상은 과거의 복사이며 '과거 자체'는 아닐 것이다. 그렇다면 날짜가 들어 있는 고양이의 사진과 '대응'하고 있는 것인가. 물론 사진은 '과거자체'일 수 없다. 이렇게 무엇을 언명의 대응물로 소환하더라도, 우리는 결국 과거언명을 과거자체와 '대응'시킬 수 있는 어떤 수단도 가지고 있지 않은 것이다.

이상의 내용은 우리가 체험한 적이 없는 역사언명의 경우에는 한층 더 잘 들어맞을 것이다. 예를 들면 '야마타이국邪馬台國[†]은 기타큐슈에 있었다'라는 먼 옛날의 역사언명은 대체 무엇에 '대응'하고 있는 것인가. 유적이나 발굴품, 목간이나 고문서에 대응해야 하는가. 그러나 그것들이 과거의 작은 흔적이기는 하지만 '과거자체'가 될 수는 없다. 결국 '과거자체'라는 것은 결코 손에 넣을 수 없는 그림의 떡에 지나지 않는 것으로, 우리는 어떤 수단을 사용해도 그것과의 '대응' 유무에 따라 과거언명이나 역사언명의 진위를 결정할 수 없다. 그러나 과거의 흔적인 여러 '증거'를 바탕으로 해당 명제를 '주장'할 수는 있다. 동시에 그 이상의 것은 누구에게도 불가능한 것이다.

이것은 과거언명이나 역사언명의 진위가 '대응'이 아닌 '보증된 주장가능성'의 유무로 귀착되는 것을 의미한다. 그리고 이처럼 '진위' 개념을 '주장 가능성'의 개념으로 바꿔놓는 것이야말로 반실재론의 가치라고 할 수 있다. 여기에서는 더밋의 간단명료한 논술을 참고로 소개하겠다.

[†] 중국 『삼국지三國志』 「위지왜인전魏志倭人傳」에 실려 있는 3세기경 일본에 있었다고 추정되는 국가.

우리가 과거시제의 사용법을 습득하는 것은, 어떤 상황이 발생하면 그 시제로 표현된 언명의 주장이 정당한 것으로 간주될 수 있는지를 배웠기 때문이다. 물론 그런 상황에는 우리가 목격한 어떤 사건을 떠올리는 경우가 포함된다. 그리고 과거시제 사용법에서 훈련의 첫걸음은 과거시제의 언명을 기억의 표현으로 배우는 것이다. (중략) 우리가 과거시제 언명의 사용법 훈련을 통해서 손에 넣는 과거시제 언명에 대한 진리개념은, 그러한 언명의 주장의 정당화 가능성, 즉 그러한 언명을 정당화하고 우리가 그 성립을 인식할 수 있는 상황의 존재와 일치하는 것뿐이다.[53]

더밋이 말하고 있는 것처럼, 우리는 과거시제 언명의 용법을 그 '정당화'의 절차를 포함한 언어게임의 훈련을 통해 습득한다. 그때 우리는 해당 언명을 어떤 상황에서 어떤 증거를 바탕으로 주장해야 하는지를 학습하는 것이다. 그에 비해 '과거자체와의 대응'이라는 실재론자의 진리개념을 바탕으로 하는 언어게임이 과연 어떤 것인지 우리는 상상할 수조차 없다. 바꿔 말하자면, 과거언명에 대해 실재론자들은 어떤 훈련에 의해서도 습득할 수 없는 진리개념을 제시하고 있는 것이다. 설령 백보 양보한다 하더라도, 그 '대응'을 이야기할 수 있는 것은 아마도 버클리의 '신'이나 단토가 말하는 '이상적 연대기 작자'뿐일 것이다.

그런데 역사서술은 일정한 시점에서 원근법적으로 과거를 전체로 조직화하는 이야기행위의 연쇄였다. 그러므로 각각의 역사언명은 상호 유기적으로 연관되면서 거대한 네트워크를 구성하고 있다고 생각하지 않으면 안 된다. 그곳에서는 물론 언명의 주장가능성 조건이나 정당화 조건 또한 상호적으로 얽혀서 밀접하게 의존하고 있다. 따라서 각각의 역사언명을 단독으로 검증하거나 반증하는 것은 의미를 갖지 않는다. 콰인이 「경험주의의 두 도그마」에서 적고 있는 주지의 명제를 조금 변형해서 차용한다면, 역사서술에 있어 '경험적 유의미성의 단위는 역사서술 전체'인 것이다. 이것을 역사에 관한 '전체론'이라고 부를 수 있다.

역사의 전체론의 구체적인 이미지는 무수한 이야기글의 네트워크로 구성된 한 장의 텍스트(직물)에 비유할 수 있다. 우리가 위치하는 곳은 바로 짜이고 있는 이 직물의 끝부분이다. 우리는 이 직물의 외부에 서서 초월적인 시선으로 직물의 무늬를 내려다볼 수는 없다. 어디까지나 직물을 짜는 내부의 시선에서, 원근법적으로 그 무늬를 비추어볼 수밖에 없는 것이다.

물론 직물(텍스트)은 쉴새없이 짜여지고 있으며, 그곳에는 새로운 이야기글의 실이 차례차례 더해져갈 것이다. 그러므로 천의 무늬 또한 매순간 새로운 모습으로 보이게 될 것임에 틀림없다. 때로는 예측하지 못했던 고고학적 발굴이나 공개되지 않았던 고문서의 발견 등 새로운 '증거'가 발견됨으로써 기존 이야기글이 '주장가능성'을 상실하고 중대한 수정을 재촉당할지도 모른다. 그러나 그 경우에도 어떤 이야기글이 부정되는지 일의적으로 결정할 수는 없다. 어떤 이야기글이 부정 또는 수정될지는 네트워크 전체의 '정합성'에 근거해 정해지는 것으로, 복수의 선택이 존재할 수 있는 것이다. 역사가가 솜씨를 발휘할 수 있는 것은 바로 이 장면에서일 것이다. 과거는 언제나 이미 텍스트로 '이야기되어' 버린 것이다. 그러므로 베를 짜는 장인으로서의 역사가의 기술은, 과거사실의 '발견'이 아니라 오히려 과거언명의 '변경'이나 '수정' 그리고 '재편성'의 장면에서 발휘되는 것이다.

그런데 어떤 이야기글의 부정 또는 수정은 그 즉시 텍스트의 전체적인 배치로 파급되어, 문양의 무늬를 변용시키지 않을 수 없다. 즉 네트워크 전체의 '재조정'을 통해 과거의 사실은 변화되는 것이다. 앞에서

'과거는 미완결이다'라고 기술한 것은 바로 이것을 말하는 것이다. 다르게 표현하자면, 과거의 사실은 새로운 이야기글의 첨가나 기존 이야기글의 수정을 통해 끊임없이 '생성'되고 있는 것이다. 그러므로 다시 콰인의 명제를 차용해서 "어떤 역사서술도 개정을 피할 수 없다"라고 말할 수 있을 것이다.

여기까지 와서 우리는 겨우 처음 질문에 대답할 수 있다. 즉 '진실'과 '허구'를 구별하는 기준은 무엇인가라는 질문이다. 지금까지 서술해온 내용에서도 그것이 과거 사실(과거자체)과의 '대응'이 아니라는 것만은 분명하다. 그렇다면 우리는 '정합성'에 의존할 수밖에 없다. 즉 어떤 이야기글이 진실인지 거짓인지는, 이야기글을 뒷받침하는 '증거'인 '주장가능성'을 가지고 역사서술의 네트워크 안에서 '정합적으로' 포함될 수 있는지 아닌지에 달려 있는 것이다. 반대로 말하자면, 아무리 터무니없는 이야기글이라도, 우리는 그것을 아프리오리적으로 허구라는 이유로 배제할 권리를 갖지 못한다. 진실인지 허구인지의 판별은 어디까지나 전체적인 배치와의 정합성이라는 기준에 따라 사후적으로 이루어질 수밖에 없기 때문이다.

물론 여기에서 사용하고 있는 '진실'이라는 말에 대해서는 판단을 미루지 않으면 안 된다. 과거가 미완결이며 어떤 역사서술도 개정을 피할 수 없는 이상, 모든 역사적 사실은 해당 시점에서의 '잠정적 진리' 또는 '가설'의 위치에 머물고 있기 때문이다. 반증가능성을 향해 열려 있다는 점에서, 역사언명은 과학언명과 같은 신분을 갖는다고 할 수 있다. 그렇다면 역사는 '문학'과 함께 '과학'과도 경계를 접하고 있다고 하지 않으면 안 된다. 아니, 과학언명 또한 '보증된 주장가능성' 이외의 진리기준을 가질 수 없다는 반실재론적인 입장에서 말하자면, 오히려 '과학'도 또 하나의 '역사history'이며 '이야기story'라고 할 수 있다.

5. "시간은 흐르지 않는다. 그것은 축적된다Time does not flow. It accumulates from moment to moment."

역사가 '시간의 흐름'이라는 관념은 웬만한 것으로는 흔들리지 않을 정도로 우리의 사고 깊은 곳까지 뿌리를 내리고 상식 속에 자리잡고 있다. 분명히 역사연표를 펼치면 원시시대부터 현대까지, 시간은 왼쪽에서 오른쪽으로 힘차게 흐르고 있는 것처럼 보인다. 그러나 '수평적으로 흘러가는 시간'이라는 표상만큼 역사에 대한 이해를 방해하는 것도 없다. 그것은 즉각적으로 직선형의 선형적인 시간을 요구하고, 역사적 사건을 그 수치선상 위에 배열함으로써 다른 가능성을 없애버리기 때문이다. 말할 것도 없이 이것은 바로 역사의 '측면도'이며 '종단면'이다. 시간이 흘러가는 것인 이상, 시간의 흐름 속에 몸을 담그고 있는 이상, 이미 지나버린 사건을 파악할 수는 없다. 그것은 강의 흐름에 몸을 맡기고 있으면서, 이미 지나가버린 상류의 풍경을 다시 바라보려고 하는 것과 같다. 그러므로 과거의 사건을 인식하기 위해서는 육지에 상륙해 높은 곳에 올라가 그곳에서 흐름의 전모를 파악하지 않으면 안 된다. 즉 역사는 시간의 흐름에서 몸을 분리하고 상공으로 비약한 '초월적 시점'에서 기술되지 않으면 안 되는 것이다. 이것이 아우구스티누스 이래 역사철학의 대전제였다. 그것이 역사의 '변신론'으로 귀결되었다는 것은 지금에 와서 덧붙여 설명할 필요도 없다. '수평적으로 흘러가는 시간'이라는 표상이야말로 역사의 형이상학을 키우기 위한 절호의 토양인 것이다.

그러나 역사의 '정면도' 내지는 '횡단면'을 그리려고 하는 우리에게 이 '수평적으로 흘러가는 시간'이라는 고정관념은 가장 피하고 싶은 것이다. 결론부터 말하자면, 그것에 대치되어야 하는 것은 바로 '수직적으로 퇴적되는 시간'이라는 표상이다. 즉 역사를 기술하는 우리 자신이 내부에 속해 있는 '현재'라는 횡단면 위에, 눈처럼 끊임없이 내려와 쌓이고 있는 시간이다. 또는 역사의 지층으로 몇 겹으로 퇴적되고 침전된 지질학적 시간이라고 말할 수도 있다. 그것은 흘러가버리는 것이 아니라 현재 지표의 각 부분에 노출되어 있는 것이다.

이미 확인한 것처럼, 과거의 존재는 상기작용과 밀접하고 불가분의 관계에 있는 것으로, 우리는 상기로부터 독립된 '과거자체'에는 어떤 의미도 부여할 수 없다. 상기가 현재의 행위인 이상, 과거는 상기라는 형태로 현전하고 있는 것이며 그 이외에 과거가 존재할 수 있는 방법은 찾을 수 없다. 이는 역설을 꾀하고 있는 것이 아니다. 그저 지극히 당연한 일에 지나지 않는다. 나는 3개월 전에 빌린 돈을 현재 시점에서 갚고, 3주 동안 배운 워드프로그램을 지금 현재 사용하고 있으며, 3일 전의 면회 약속을 현재 이행하고 있다. 이런 형태로 과거는 언제나 현재와 접촉하고, 현재의 한복판에 얼굴을 노출시키고 있다. 우리는 과거와 관련 없이는 잠시라도 현재를 살아갈 수 없다. 과거는 기억되어 현재 경험의 일부분을 구성하고, 습관이 되어 현재의 행동을 제약하고 또한 가능하게 해준다. 처음부터 '경험 experience'이 가진 본래의 뜻은 그런 것이었다. 만약 과거가 흘러가버리고 소멸하는 것이며 현재와 아무런 관계가 없다면, 우리는 빌린 돈을 갚을 필요도 없고 아무리 연습을 되풀이해도 워드작업은 능숙해지지 않을 것이다. 이렇게 시간은 흘러가버리는 것이 아니라 현재를 살아가는 우리 자신 속에 퇴적되고 침전되어 있는 것이다.

물론 지금 서술한 내용은, 태어난 이후 우리가 경험해온 수십 년이라는 시간의 폭뿐만 아니라 '전통' '전승' '전문傳聞'의 연쇄를 통해 한층 더 장대한 과거의 시간으로 거슬러 올라갈 수 있다. 그렇게 생각하면, 역사의 끝부분에 위치하는 현재 우리의 위치는 인류사의 시간을 모아서 만들어진

한 병의 증류주라고도 할 수 있다. 그러므로 "오감五感의 형성은 지금까지 모든 세계사에 있어 하나의 역작이다"[54]라는『경제학·철학 초고』에 나오는 마르크스의 말은 글자 그대로의 의미로 맞는 말이라고 하지 않을 수 없다. 또는 니시다 기타로의 '역사적 신체'라는 개념은 우리 신체가 역사의 내부에 속하는 것이며 동시에 역사과정의 시간의 퇴적을 통해 형성되는 것임을 시사하고 있다는 점에서, 바로 정곡을 찌른 의견이라고 할 수 있다.[55] 원한다면 우리의 유전자 안에 프로그램되어 있는 '생물학적 시간'의 퇴적을 그것에 부가할 수도 있다. 분자진화의 레벨에서조차 시간은 흘러가버리지 않고 끊임없이 퇴적되고 침전되어 있는 것이다. 따라서 수직적으로 퇴적되는 '지질학적 시간'의 사정거리는 인간의 역사뿐만 아니라 '자연사natural history'의 영역까지 포괄하는 넓은 폭을 가질 수 있다.

그러나 '수평적으로 흘러가는 시간'이라는 선형시간의 표상에 지나치게 익숙해져버린 우리는 갑자기 '수직적으로 퇴적되는 시간'을 받아들이기 힘든 무언가를 느끼게 될 것이다. 물론 그것은 그것으로 괜찮다. 우리는 단지 역사철학의 가능성을 찾기 위해 역사의 '정면도'를 물리학적인 선형시간의 강박관념으로부터 해방시키고, 역사 고유의 시간성 안에서 그 기초를 확립하고 싶었을 뿐이다. 그러한 시간성을 우주까지 확장했을 때 나타나는 하나의 장대한 이미지를 라이프니츠는『단자론』의 제61절에서 '영혼의 주름'이라는 아름다운 형상을 빌려 묘사하고 있다.

그리고 합성체는 이 점에서 단순한 실체에 대응한다. 생각해보면, 모든 것은 충실한 상태이기 때문에 모든 물질은 연결되어 있으며, 충실함 속에서 모든 운동은 멀리 떨어진 물체에도 그 거리에 따라 어떤 효과를 미친다. 그러므로 각각의 물체는 그것과 접촉하는 물체의 영향을 받아, 그곳에 발생하는 모든 것에 어떤 방법으로 감응할 뿐만 아니라 그것들을 사이에 두고 자신이 직접 접촉하고 있는 첫 번째 물체와 접촉하고 있는 것과도 감응하기 때문이다. 그런 점에서 이러한 교통은 거리가 아무리 떨어져 있더라도 일어난다는 것을 알 수 있다. 따라서 모든 물체가 우주 속에서 일어나는 모든 일과 감응하기 때문에, 전체를 보는 자는 각각의 물체 속 모든 곳에서 지금 일어나고 있는 일들뿐 아니라, 지금까지 일어났던 일이나 앞으로 일어날 일까지도 파악할 수 있다. 또한 시간에 대해서 말한다면 공간적으로 멀리 떨어져 있는 것을 현재의 범위 내에서 인정하는 것이다. '만물동기萬物同氣'라고 히포크라테스는 말했다. 그러나 영혼은 자기 자신의 내부에서 명확하게 표현되는 것밖에는 파악할 수 없다. 자아가 자신의 주름을 일거에 모두 전개하는 것은 불가능하다. 그 주름은 무한에 걸쳐져 있기 때문이다.[56]

분명히 라이프니츠의 이미지는 현저하게 공간성 쪽에 치우쳐 있다. 그러나 우리는 그것을 시간성으로 바꿔놓음으로써, 이것을 하나의 역사철학으로 생각할 수 있다. 예를 들어 상호간에 연락을 주고받으며 감응하고 있는 '물체'를 '이야기글'과 바꿔서 생각한다면, 우리는 '역사의 전체론'을 표현하는 데 적합한 이미지를 손에 넣게 될 것이다. 또한 우리가 '수직적으로 퇴적되는 시간'이라는 표현에서 시사하고 싶었던 것은 바로 "시간에 대해서 (중략) 멀리 떨어져 있는 것을 현재의 범위 내에서 인정한다"라는 것이다. 게다가 퇴적되는 과거의 시간은 "영혼의 주름" 속으로 들어가 그곳에 접혀서 존재한다. 우리가 그것을 한번에 나타내는 것은 불가능하다. 즉 초월적인 시점에서 과거의 시간을 한눈에 내려다보는 형태로 조망하는 것은 불가능한 것이다. 역사가의 작업은 이 주름 속에 밀려들어가 숨겨져 있기 때문에 보통은 사람들의 눈에 띄지 않는 과거의 시간을, 그 주름을 조금씩 펼침으로써 세상에 드러내고 그것을 명확하게 인식하는 작업에 비유할 수 있다.

그것을 요약하면, 역사서술이라는 것은 무한에 걸쳐져 있는 '영혼의 주름' 속에 탐색침을 넣어 그곳에 축적되어 있는 과거 시간의 '두께'를 측정함과 동시에 그곳에 저장되어 있는 풍요한 이야기를 구비전승하는 것이다.

6. 이야기할 수 없는 것에 대해서는 침묵하지 않으면 안 된다.

이 명제는 더 이상 설명할 필요도 없다. 이미 서술한 것처럼 역사적 사건과 역사서술이 불가분의 관계에 있으며, 그 통일성이 우리의 언어행위로 뒷받침되고 있다면, 역사인식에 있어 우리가 '이야기'의 외부에 위치하는 것은 불가능하기 때문이다. 이야기의 외부로 나간다는 것은 곧 시간의 영역 밖에 위치하는 것으로, 그것은 신과 같은 '초월적인 시선'에 위치하는 것을 의미한다. '수직적으로 축적되는 시간'은 언어행위를 통해 구성되는 것으로, 역사는 이 특징적인 시간을 떠나서는 성립할 수 없다. 축적되는 인간적 시간을 축으로 무수히 얽혀 있는 이야기글의 네트워크 속에서만 역사는 그 존립근거를 가질 수 있다. 그러므로 우리는 비트겐슈타인의 표현을 빌려서 "이야기할 수 없는 것에 대해서는 침묵하지 않으면 안 된다"라고 말하지 않으면 안 되는 것이다.

만약 지금까지의 고찰에서 빠진 것이 있다면, 그것은 역사서술의 기본단위라고도 할 수 있는 이야기행위의 구조분석일 것이다. 우리는 그것을 '역사의 수행론'이라고 부를 수도 있다. 그렇다면 '역사의 거시론'이 이미 종언되어버린 현대 역사철학의 가능성은 전적으로 '역사의 미시론', 즉 야나기타 구니오가 일찍이 구비전승문예를 적용해서 해명했던 '이야기행위의 구조론' 또는 우리가 말하는 '역사의 수행론'을 어떤 형태로 전개하는지에 달려 있는 것이다.

제 2 부

제4장

이야기의 의미론을 위해서

"나는 이야기를 이야기하는 데에도
본래는 다수의 참가, 지식의 공동의미가 있었을 것이라고 생각한다."

— 야나기타 구니오, 『옛날이야기와 전설과 신화』

1 거짓과 진실 사이

'민간어원설民間語源說'이라고 하면 무조건 색안경을 끼고 바라보는 사람이 많다. 그런데 '이야기하다語る(kataru)'라는 동사가 '속이다騙る(kataru)'라는 단어에서 유래했다는 속설은 그 사실 여부를 떠나, 우리의 언어활동에 내재하는 미묘한 진실을 표현하고 있다고 생각한다.

분명히 일상생활의 현장에서 '이야기하는' 행위는 장려되지만 '속이는' 행위는 엄격히 금지되고 있다. 즉 '진실'은 존경받고 '거짓'은 배척되는 것이다. 그러나 세상은 그렇게 간단명료하지 않다. 실제로 발생한 한 사건, 동북자동차도로의 교통사고를 예로 들어 생각해보자. 사고에 대해 단순한 사실을 있는 그대로 '이야기한다'고 해도 운전자, 동승자, 경찰, 신문기자 등등 화자話者의 입장 차이로 그 '이야기'에는 미묘한 또는 결정적인 차이가 생길 것이다. 그렇다면 누가 '진실'을 이야기하고 있는가. 신의 시점에서 이루어지는 '이야기'를 상정하지 않는 한, 답은 결국 '안개 속'에 존재할 것이다.

처음부터 '화자'의 '시점'이라는 것은 아무런 흠이 없는 투명한 카메라 렌즈 같은 것이 아니다. 그것은 생활의 내력을 통해 양육된 이해와 관심의 원근법에 의해 형성되어 있으며, 또한 감수성의 역사를 내포하는 감성의 필터로 채색되어 있다. 나아가 우리가 '이야기'에 사용하고 있는 언어로 표현한 시점에서, 그것은 이미 사실이나 사태에 대한 틀림없이 정확한 '사상

寫像'이라고 할 수 없다. 초여름의 바람냄새, 눈부신 감청색 바다를 상대방에게 정확히 전달하기 위해 백만 가지 단어를 사용하더라도 결국에는 헛수고였다는 허무함만 남게 될 것이다. 그와 반대로 한 줄의 시구가 한순간에 눈앞의 익숙한 풍경을 이 세상 같지 않은 모습으로 변하게 해주는 것도 드문 일은 아니다. 그러므로 언어는 사실을 과함도 부족함도 없이 정확하게 묘사하는 사실寫實의 수단이 아니다. 그것은 언제나 대상을 '다소' 또는 '과다'하게 '이야기해(속여?)' 버리는 변덕스러운 변형장치이다. 그렇다면 '진실'이라는 것은 전적으로 '사실'에 속하는 것이 아니라, 오히려 '사실'과 '거짓' 사이에 존재하는 것이라고 해야 하지 않을까. 그런 의미에서 호모 로쿠엔스Homo loquens, 즉 '언어를 이야기하는 동물'이라는 호칭은 인간이 '거짓과 진실 사이'에서 살고 있는 존재임을 시사하는 호칭이라고 생각할 수밖에 없다.

이번 장의 과제는 '허구의 언술fictional discourse'을 고찰하면서, 이렇게 '거짓과 진실 사이'에서 살고 있는 우리의 언어활동 모습을 분명하게 밝히는 것이다. 분명히 '사실'과 '허구' 사이에는 차이가 존재하며, 우리가 가지고 있는 '현실감각sense of reality'[1]의 확고함은 철학자의 어떠한 망상적인 주장에 의해서도 붕괴되지 않을 것처럼 생각된다. 그러나 '현실감각'을 우리 눈에 보이며 접촉할 수 있는 물리적 사물에만 한정한다면, 우리는 과거나 미래의 사건은커녕 지구상에 존재하는 것이 분명한 적도나 자오선에 대해서조차 이야기할 수 없을 것이다. 그뿐 아니라 허수는 물론 실수조차 사용할 수 없는 상황에 빠질 것이다. 그러므로 현실감각을 "논리학에 있어서의 사활문제"[2]라고까지 단언했던 버트런드 러셀조차도 보편자普遍者 내지는 보편개념을 감각여건과 동일한 숙지acquaintance의 대상으로 인정하지 않을 수 없었던 것이다.

그러나 둘 다 감각적 지각으로 파악할 수 없는 대상이기는 하지만, 보편자와 허상 사이에는 역시 분명한 차이가 존재할 것이다. '친자관계'나 '지구의 중심'에게는 현실세계로 가는 통행증을 발행하는 철학자라도, 분명한 인간관계인 '겐지'나 '햄릿'의 입장은 단호히 거부할 것이다. 마치 그들이 환상이나 유령이라도 되는 것처럼 말이다. 그렇다면 현실세계에서 쫓겨난 그들은 대체 어디에서 안주의 땅을 찾아야 하는가. 그곳은 '지옥'이나 우리의 '머릿속'인가. 그러나 '머릿속'이라고 답해버린다면, 모처럼 현실세계의 구석에 장소를 마련한 보편자, 그리고 결국에는 과거나 미래의 사건까지도 모두 새로운 유토피아로 이주를 요청해올 것임에 틀림없다. 그러나 오모리 소조의 근년의 논의는 그 땅이 극락정토가 아니라 철학자들에게 속아서 이주해온 대상들이 묶여 있는 연옥에 지나지 않는다는 것을 철저한 형태로 분명하게 밝혀주고 있다.[3] 지금 우리에게 필요한 것은 편협하고 배타적인 현실감각의 함양이라기보다 오히려 방황하는 수많은 '햄릿'들에게 가나안 땅을 찾아주는 '허구감각' 쪽이라고 생각한다. 좀더 덧붙이자면, 바로 '허구감각'을 통해 현실세계의 구조는 역조사逆照射되며 명확한 윤곽을 가질 수 있게 되는 것이다. 그러기 위해서 먼저 우리의 언어생활 속에 '허구의 언술'의 위치를 정확하게 정해두지 않으면 안 될 것이다.

2 언어행위로서의 '허구'

상식적인 언어감각에서 생각해보면, '속이다'가 의도적으로 타인을 속이는 행위인 데 비해 '이야기하다'는 보다 객관적인 사실의 묘사라는 인상을 받는다. 그러나 오스틴의 '언어행위론'은 '이야기하는' 행위가 '속이는' 행위에 뒤지지 않는, 타인을 대상으로 적극적으로 이루어지는 행위라는 점을 분명하게 밝히고 있다. 그는 지금까지 언어철학의 편향, 즉 언어의 기능을 현실세계의 충실한 묘사로 단순화하는 오류descriptive fallacy를 비판한다. 그리고 언어를 이야기하는 것이 동시에 하나의 '행위수행performative'이기도 하다는 점을 보여주면서, 언어활동의 실천적인 성격을 강조했다. 오스틴의 제안에 따라 언어철학의 대상영역은 협소한 기술적 평서문의 영역에서 비약적으로 확장될 수 있었다. 그러나 오스틴 또한 '허구의 언술'만은 아래와 같은 이유로 일단 분석의 주제에서 제외시키고 있다.

> 어떤 종류의 수행적 발언은, 예를 들어 무대 위에서 배우가 이야기하거나, 시詩에서 사용되거나, 혼잣말에서 사용될 때 독특한 방법으로 인해 실질이 없는 것이 되거나 효과가 없는 것이 된다. (중략) 언어는 그러한 상황에서 독특한 방법으로, 정상적이지는 않지만 그러나 정상용법에 기생하는 방법으로 사용되고 있다. 이런 종류의 방법은 언어퇴화이론이라고 불러야 할 이론의 범위 내에서 취급되어야 할 것이다. 우리는 이들 모두를 일단 고찰대상에서 제외한다.[4]

즉 허구의 언술은 통상적인 언어행위에 비해 '기생적parasitic' 내지는 '퇴화적etiolation'인 형태로, 이차적이며 파생적인 위치를 지니고 있는 것에 지나지 않는다.

그렇다면 오스틴이 말하는 언어행위의 '정상적인 용법'은 어떤 것인가. 오스틴은 '현재적인 수행발언'의 기본형을 '1인칭, 단수, 직접법, 능동태, 현재형'이라는 문장형식에서 찾고 있다.[5] 그것은 언어행위 수행에서 "발언자 자신이 행위수행자가 아니면 안 된다"[6]는 것, "발언시점에서는 발언하고 있는 인물을 통해 행해지는 무엇인가가 존재하고 있다"[7]는 것에 근거하고 있다. 그러므로 이런 경우에는 해당 발화주체(=행위주체)가 대명사 '나' 또는 고유명사를 통해 명시적으로 언급되면서 등장하지 않으면 안된다. 오스틴은 이러한 언어행위의 주체를 '발언원점utterance-origin'이라 부르고 있다. 만약 명시적인 언급이 행해지지 않는 경우라도 "(a)구두발언의 경우에는 그 인물이 발언을 하고 있는 장본인이다"[8]라는 자기언급적인 관계를 통해, 또한 "(b)문자에 의한 발언의 경우에는 발언자의 서명을 덧붙인다"[9]는 절차에 의해 '발언원점'과의 연결이 확보되는 것이다. 즉 언어행위의 수행이 적절하게 이루어지기 위해서는 행위주체와 발화주체의 일치가 불가결의 조건이 된다. 오스틴 본인이 적고 있는 것처럼, "해당 행위를 수행하는 '나(I)'라는 개념이 전체적인 구도 속에서 본질적인 것으로 등장하게 되는 것이다"[10]라고 할 수 있다.[11]

깊이 생각하지 않더라도 분명히 알 수 있듯이, '허구의 언술'의 경우에는 이와 같은 행위주체와 발화주체의 일치라는 정상적인 언어행위에 불가결한 조건이 충족되지 않는다. 즉 한 작품의 작자(행위주체)와 그 작품의 화자(발화주체)는 통상적으로 분리되어 있으며, 오히려 분리되어 있는 편이 허구가 허구로서 성립하는 근본조건이기 때문이다.[12] '셜록 홈즈' 시리즈의 작자는 코난 도일이지만, 그 화자가 와트슨 박사라는 것은 잘 알려진 사실이다. 그리고 허구의 작품에서 행위주체(작자) 자신이 '나'로 언술 속에 등장하는 것은 '후기'와 같은 예외를 제외하면 있을 수 없는 일이다. 1인칭 소설의 경우라도 사정은 다르지 않을 것이다. 일본의 사소설私小說 같은 1인칭 고백형식의 언술에서도, 작자인 '나'와 화자인 '나'는 다른 사람이다. 그 둘이 일치하고 있는 것 같은 착각을 굳이 말하자면 문학적 효과로 이용하고 있을 뿐이다. 고백형식이라는 것은 하나의 '문학적 제도'에 지나지 않기 때문이다.[13]

그렇다면 언어행위론의 틀 안에서 '허구의 언술'은 어떤 의미와 신분을 요구할 수 있는가. 그에 대해 주목할 만한 가치가 있는 것은 오스틴의 언어행위론을 독자적인 시점에서 발전시킨 존 설의 논문 「허구적 언술의 논리적 신분」이다. 논문에서 설은 '허구의 언술'이 지닌 문제점을 패러독스 형식으로 다음과 같이 정리하고 있다.

허구의 이야기 속 단어나 다른 여러 요소는 일상적인 의미를 갖지만, 그럼에도 불구하고 그들 단어나 여러 요소에 의미를 부여하고 의미를 결정하는 규칙은 발동되어 있지 않다.[14]

즉 동화 『빨간 망토』에서 물론 '빨갛다'는 단어는 통상적인 빨간색을 의미한다. 그러나 동화 속의 '빨갛다'를 현실세계의 '빨갛다'에 대응시키는 규칙은 이야기 속에서는 발동되고 있지 않으며, 실제적인 효력을 지니고 있지 않다는 것이다.

설은 잘못된 견해를 비판하는 것으로부터 시작하고 있다. 그것은 작가는 '주장하다assertion'라는 발화 내 행위illocutionary act를 수행하고 있는 것이 아니라, '이야기하다telling a story' 내지는 '소설을 쓰다writing a novel'라는 특별한 종류의 발화 내 행위를 수행하고 있는 것이라는 주장이다. 이 주장에 대한 설의 논거는 "일반적으로 문장의 발화에서 수행되는 발화 내 행위는 문장의 의미meaning의 함수이다"[15]라는 명제에서 출발한다. 예를 들면 '나는 그를 기억하고 있다'라는 문장은 자의적 의미literal meaning로서는 '주장'이라는 발화 내 행위로 사용되지만(법정에서의 증언 등), 동시에 '이야기하다'라는 행위의 수행에도 사용된다(보르헤스, 『기억의 천재 푸네스』의 첫머리). 그러나 발화 내 행위가 문장 의미의 함수라면, 다른 발화 내 행위에는 다른 의미가 대응되지 않으면 안 된다(일 대 다수의 관계는 '함수'가 아니다). 그러므로 '이야기하다'라는 특별한 언어행위를 인정하는 사람은, 어떤 문장을 통해 실현된 발화 내 행위의 종류에 따라서 동일한 문장이 다른 의미를 지닐 수 있다는 것도 인정해야만 할 것이다. 그것은 설의 주장에 의하면, "픽션이 논픽션과는 다른 발화 내 행위를 포함한다고 주장하기를 원하는 사람은 단어가 픽션 작품 속에서는 그 통상적인 의미를 지니고 있지 않다는 견해에 속해 있다. (중략) 그렇다면 언어에 포함되는 모든 단어는 픽션용 의미와 논픽션용 의미라는 양면성을 지니고 있다고 할 수 있을 것이다"[16]라는 이유 때문이다. 이것이 불합리하다는 것은 누가 보더라도 분명할 것이다.

그렇다면 설이 제시하는 해결안은 무엇인가. 그가 내린 제1의 결론은 "픽션 작품의 작자는 통상적으로 주장형태에 속하는 일련의 발화 내 행위 수행을 가장하고pretend 있는 것이다"[17]라고 정식화定式化된다. 즉 '허구의 언술'이라는 것은 바로 '가장된 주장pretended assertion'이라고 할 수 있다. 그러나 설 또한 지적하고 있는 것처럼, '가장하다'라는 동사는 지향적 동사intentional verb의 한 종류이다. 따라서 발화자가 가장하려는 '의도'를 지니고 있지 않다면 그 행위를 가장이라고 부를 수는 없다. 그 점으로부터 제2의 결론이 도출된다. 즉 "어떤 텍스트가 픽션 작품인지 아닌지를 동정 同定하는 기준은 당연히 작자의 발화 내 의도illocutionary intentions 안에 존재해야만 한다"[18]라는 것이다.

위와 같은 설의 제안은 그 나름대로 설득력을 지니며, 상당히 매력적인 견해이다. 그러나 몇 가지 치명적인 결점이 있다. 우리는 그러한 결점들을 지적함으로써 생각할 수 있는 바람직한 해결안을 향해 나아가도록 하겠다. 먼저 첫 번째로, 설의 분석에서는 우리가 앞에서 살펴본 구성의 언술 성립조건, 즉 행위주체(작자)와 발화주체(화자)의 분열이라는 사태가 올바르게 파악되지 않고 있다. '가장된 주장'을 행하는 주체는 어디까지나 해당 픽션의 작자가 아니면 안 된다. 예를 들어 셜록 홈즈 시리즈에서 발화주체는 작자(코난 도일)가 아닌 와트슨 박사이다. 그렇다면 이런 경우에는 작자가 와트슨 박사의 입을 빌려 '가장된 주장'을 하고 있다고 생각해야 하는가. 그러나 와트슨 박사 자신이 행하고 있는 행위는 분명히 '주장' 또는 '보고'로 결코 '가장된 주장'이 아니다. 만약 와트슨 박사의 행위가 '가장된 주장'이라면, 셜록 홈즈 시리즈는 와트슨 박사가 이야기하는 '소설 내부의 소설'이 될 것이다. 설의 분석은 어디까지나 행위주체와 발화주체의 일치를 전제로 하고 있다. 그렇다면 고백형식으로 쓰인 1인칭 소설의 경우, 그 안에 등장하는 '나'만이 다른 대명사나 지시어와는 다르게 '가장된 주장'을 수행하는 행위주체, 즉 현실세계 안에 그 실체를 가지고 있는 작자를 지시하는 것이 될 것이다. 예를 들어 에드거 앨런 포의 『검은 고양이』에 등장하는, 작품 속의 '나'와 작자인 포를 동일시하는 것은 미숙한 독자를 제외하고는 있을 수 없는 일이다(일찍이 나는 이런 '미숙한 독자'였다). 허구의 언술에 언어행위의 위치를 부여하기 위해서는, 행위주체와 발화주체의 자기분열이라는 사태를 적절하고 정확하게 설명하는 것이 불가결할 것이다.

두 번째로, 설은 하나의 텍스트가 허구인지 아닌지를 판단하는 기준을 작자의 '발화 내 의도'에서 찾고 있다. 즉 '주장'과 '가장된 주장'을 구별하는 기준은 텍스트 또는 발화형식 그 자체 내부에는 존재하지 않으며, 행위주체의 '의도'가 유일한 표지라는 것이다. 그렇다면 독자는 과연 어떻게 그 '의도'를 알 수 있는가. 그 힌트는 오직 눈앞의 텍스트 또는 언어행위 자체 안에 존재할 것이다. 설령 작자의 머리를 해부해본다 하더라도 그 '의도'가 검출될 리 없다. 또한 작자가 이미 무덤 속에 들어가 있는 경우나 작자 미상의 경우는 어떻게 되는 것인가. 이에 대한 설의 의견을 들어보자.

텍스트를 픽션 작품으로 동정하는 텍스트상의 성질, 통어론적統語論的 내지는 의미론적 성질은 존재하지 않는다. 텍스트를 픽션 작품으로 만드는 것은 작자가 그것에 대해 취하는 발화 내 자세stance라고 할 수 있다. 그러한 자세는 작자가 그것을 쓰거나 다른 방법으로 구성할 때 지닌 복잡한 발화 내 의도의 문제인 것이다.[19]

어떤 텍스트가 허구인지 아닌지를 판별할 수 있는 형식상의 표지를 발견하기란 분명히 어려운 일이다. 그러나 그것을 작자의 '의도'로 환원시켜버린다면, 그것은 독자가 어떻게 작자의 '의도'를 직접적으로(텍스트상의 표지는 존재하지 않기 때문에) 알 수 있는가라는 또 하나의 보다 어려운 난문을 감싸안게 될 것이다. 역시 존 설의 견해는 행위주체와 발화주체의 분열이라는 허구의 기본조건을 무시했기 때문에 초래된 잘못된 의견이라고 생각된다.

세 번째로, 설의 분석에는 '가장된 주장'과 현실생활의 '거짓'을 구별하기 힘들다는 문제가 있다. 분명히 그는 이 양자 사이에는 명확한 구별이 있다고 주장하고 있으며, 그 이유를 다음과 같이 설명하고 있다.

픽션에 대한 독립적인 규약을 이해하지 못하는 사람은 픽션이 단순한 거짓이라고 생각할 것이다. 픽션을 거짓으로부터 구별하고 있는 것은 어떤 한 종류의 독립적인 규약의 존재이다. 바로 이 규약이 작자로 하여금 사람들을 속이려는 의도를 갖지 않았음에도 불구하고 거짓이라는 것을 알고 있는 언명을 만들게 하는 것이다.[20]

여기에서 말하는 '독립적인 규약'은 '수평적 규약'으로도 불린다. 존 설은 통상적인 언어행위에 적용되는 단어 또는 문장에 세계와의 관련을 부여하는 규칙, 즉 언어와 실재의 연결을 확립하는 규칙을 '수직적 규칙vertical rule'이라 부르고, 그에 비해 이러한 수직적 규칙을 통해 확립된 관계를 파괴하는 언어 외적이고 비의미론적 규약을 '수평적 규약horizontal convention'이라 부르고 있다.[21] 이 규약은 화자의 발화 내 행위에 세계와의 관련을 부여하는 수직적 규칙의 작용을 정지시키고, 화자가 실재와의 존재론적 서약 또는 언어 사용을 가능하게 해준다. 또는 독자가 텍스트를 픽션으로 읽을 때 발동되는 규약이라고 할 수도 있다.

설은 이 규약의 존재가 바로 거짓과 픽션을 구별하는 기준이라고 생각하고 있다. 그러나 이 규약에 따라 성립되는 구별은 어디까지나 언어행위를 수행하는 화자 측에서의 구별에 지나지 않는다. 즉 화자가 이 규약을 발동시키는 것을 통해서, 같은 거짓의 문장을 발화하는 경우에 '거짓말을 하다'라는 행위와 '픽션을 이야기하다'라는 행위를 구별해서 수행하게 되는 것이다. 그러므로 이 주장도 결국 '거짓'과 '픽션'의 구별은 이 규약의 발동 여부를 결정하는 화자의 '의도'로 환원되지 않을 수 없다. 만약 이것을 독자 측의 규약으로 해석한다고 해도, 독자가 미리 해당 텍스트를 '픽션'으로 동정하고 있지 않는 이상, 텍스트상에 확인 가능한 표지가 존재하지 않기 때문에 설령 이 규약을 알고 있더라도 그것을 독해에 맞춰 적절히 발동하는 것은 당연히 불가능하다. 그러므로 이 수평적 규약은 해당 텍스트가 '거짓'인지 '픽션'인지를 식별하는 기준으로 유효하게 작용할 수 없다. 화자 측의 기준이라고 한다면 그것은 독자가 접근할 수 없는 사적인 '의도'로 환원될 수밖에 없을 것이며, 독자 측의 기준이라고 한다면 그것은 앞에서 서술한 것처럼 논점선취論点先取의 허위[†]를 범하게 될 것이다. 이 규약이 '거짓'과 '픽션'의 구별이라는 혼동하기 쉬운 사례에서 구별의 기준으로 작용할 수 있다면, 당연히 어떤 텍스트가 픽션인지 아닌지를 결정하는 경우에서도 일반적인 기준으로 기능할 수 있을 것이다. 그런데 존 설은 앞에서 살펴본 것처럼 그러한 구별의 기준이 화자의 '의도' 이외에는 존재하지 않는다고 분명히 밝히고 있다.

　지금까지 우리는 설의 '가장된 주장'설이 지닌 문제점들을 지적해보았다. 그렇다면 '허구의 언술'의 신분에 대해서 우리는 어떤 해결을 기대할 수 있는가. 해결에 대해 논하기 위해서는 먼저 도마 위에 올려놓을 '허구의 언술'의 전형적인 예를 살펴보지 않으면 안 된다. 우리의 전략은 가장 원초적이라고 생각되는 '허구의 언설' 유형을 채택해 그 구조를 분석함으로써, 보다 세련된 형태는 그 유형으로부터 변용 또는 파생된 형태라고 정의하는 것이다. 따라서 기법적으로 세련의 첨단을 걷는 제임스 조이스나 마르셀 프루스트 이후의 20세기 소설을 전형적인 예로 삼을 수는 없다.

　'허구의 언술'의 가장 원시적인 형태로 제일 먼저 떠오르는 것은 옛날 이야기나 동화 같은 것이다. 그에 비해서 신화나 전설은 『고사기古事記』[‡]나 『일리아스』를 굳이 예로 들지 않더라도 현실의 역사기술과 미묘하게 겹쳐

[†] 논증을 필요로 하는 판단 또는 다음에 논증될 판단을 미리 전제 속에 채용함으로써 생기는 허위.
[‡] 나라시대에 쓰여진 일본 최고最古의 역사서로 신화, 전설 등이 포함되어 있다.

져 있으며, 그런 의미에서 완전한 허구라고는 할 수 없다. 여기서는 우선 야나기타 구니오가 옛날이야기에 대해 설명하는 부분을 인용하도록 하겠다.

> 우리가 이야기라고 부르는 것들 중에서 '옛날옛날 어느 마을에'라는 종류의 문구로 시작되며 이야기의 한 구절이 끝날 때마다 빠짐없이 '~라고 한다'는 표현을 동반함으로써 그것이 간접적으로 전해들은 이야기라는 것을 밝히는 것. 그리고 마지막으로 지금은 무의식적으로 사용하는 관용구를 이야기의 마지막에 사용함으로써 이야기의 끝을 분명하게 하는 것. 이러한 형식을 갖춘 것이 바로 일본에서는 옛날이야기, 서양 사람들은 민간설화라고 번역할 수 있는 단어로 부르고 있는 특수한 문예이다.[22]

여기에서 주의해야 할 것은 야나기타가 옛날이야기의 화법상 특징을 '간접적으로 전해들은 이야기'라는 형식에서 찾고 있다는 점이다. 설이 지적하는 허구의 언술이 지닌 가장 큰 특징은 화자가 그 언술의 진리성에 관여하지 않는 점, 즉 "그 진리성에 대해서 증거를 제공하는 것을 책임지지 않는다"[23]는 점일 것이다. 설은 그 근거를 화자의 '의도'와 '수평적 규약'에서 구하고 있지만, 야나기타는 '간접적으로 전해들은 이야기'라는 형식상의 특징에서 찾고 있다. '간접적으로 전해들은 이야기'라는 것은 바로 '전문보고' 또는 '인용'의 언어행위이다. 그리고 일반적으로 전문보고자에게는 그 내용의 진위에 대한 책임이 요구되지 않는다는 것은 잘 알려진 그대로이다. 야나기타가 말하는 것처럼, '옛날옛날'이라는 시작부분의 표현 그 자체가 "오래된 이야기이기 때문에 그 진위를 따지기 어렵다는, 책임을 피하기 위한 표현"[24]인 것이다. 이것은 또한 인용문(인용부호로 둘러싸인 문장)의 진위는 그것을 포함하는 문장 전체의 진리값에 영향을 미치지 않는다는 논리적 의미론의 원칙과도 일치한다.

이상의 내용에서 결론을 끌어낸다면, '허구의 언술'은 '전문보고' 내지
는 '인용'이라는 형식적 특징을 지닌 언어행위라는 것이다. 즉 홈즈 시리즈
전체를 코난 도일에 의한 와트슨 박사 언어행위의 '인용' 또는 '전문보고'
행위로 파악하는 것이다. 이렇게 생각하면 작자인 코난 도일이 홈즈 시리
즈에 대한 진리성의 거증책임舉證責任을 면책받는 이유가 쉽게 설명될 수
있다. 코난 도일은 와트슨 박사로부터 '간접적으로 전해들은 이야기'에 책
임을 질 필요가 없는 것이다. 이것은 또한 허구 언술의 또 하나의 중요한
특징, 앞에서 우리가 '행위주체(작자)'와 '발화주체(화자)'의 분열이라고 부
른 사태도 설득력 있게 설명해준다. 즉 '전문보고' 내지는 '인용'이라는 행
위에서, 일반적으로 보고주체와 보고내용의 오리지널 화자는 다른 사람이
기 때문이다. 그러므로 허구의 언술에서 '언어주체'와 '발화주체'의 자기
분열은 '전문' 또는 '인용'이라는 발화형식 그 자체로부터 기인한 것이라고
해야 할 것이다. 이와 같은 '분열'로 인해 비로소 보고내용은 행위주체의
책임범위에서 해방되고 동시에 현실세계가 강요하는 '진리청구truth-
claim'의 압력에서 멀어져 한 편의 '텍스트'로 자립하게 되는 것이다.

　　그러나 옛날이야기라면 몰라도 근대소설에서는 형식상의 특징으로
'전문'이 명시되어 있는 경우가 흔하지 않다. 오히려 명시하는 것을 피하
고 작자와 화자의 구별을 더욱 불분명하게 만들어 문학상의 효과를 기대
하는 수법이 일반적인지도 모른다. 그런 경우에는 시인 이리자와 야스오
가 그의 탁월한 시론에서 제안하고 있는 다음과 같은 절차를 재미 삼아 시
도해보는 것도 괜찮을 것이다.

　　작품 전체를 인용부호로 둘러싼다. (중략) 그 뒤에 이렇게 덧붙인다.
　　라고 ○○○○는 말했다.

이 ○○○○ 속에 작자의 이름을 넣는 것이다. 그렇게 한 뒤에 다시 한번 처음부터 읽어봐도 좋다.[25]

이런 절차를 통해 픽션에서 행위주체(작자)와 발화주체(화자)의 분열을 분명하게 확인할 수 있다(그리고 논픽션 작품의 경우에는 양자의 합치가 확인된다). 이렇게 아무리 기법적·형식적으로 복잡한 소설이라도 예외 없이 그것이 '허구의 언술'인 이상, 그 전형적인 예라고 할 수 있는 '옛날이야기' 구조의 종류가 갖는 특징을 부여할 수 있게 된다. 이렇게 말할 수 있는 것은, (i)언술내용의 진리성으로부터 작자의 책임면제와 (ii)행위주체와 발화주체의 분열이라는 두 가지 조건은 허구가 허구로서 성립하기 위한 최소한의 필수조건이기 때문이다(물론 이 경우의 이야기는 '허구의 언술'이 유의미한 '언어행위'로 성립하기 위한 조건으로 한정되어 있다).

그러나 허구의 언술을 이처럼 '전문보고'의 언어행위로 규정하더라도 역시 문제는 남아 있다. 그것은 말할 것도 없이 허구의 전문보고 외에도 '현실의' 전문보고가 존재하기 때문이다. 만약 이 둘을 구별할 수 있는 텍스트상의 표지를 발견할 수 없다면, 우리는 다시 설의 주장처럼 작자의 '의도'에서 그 근거를 찾지 않을 수 없을 것이다.

먼저 굳이 설명할 필요도 없는 당연한 내용이지만, '현실의' 전문보고의 경우는 '××씨에게 들은 이야기인데'나 '오늘 아침 프로에서 사회자가 이런 이야기를 했다'라는 형태를 취한다. 이렇게 보고내용의 '화자'가 실재하는 인물로 특정되어 있는 경우가 많으며, 그렇지 않은 경우라도 원칙적으로는 특정할 수 있다. 그에 비해 허구의 전문보고의 경우 와트슨 박사처럼 '화자'가 허구의 인물이거나, 또한 3인칭 소설처럼 화자가 명시되어 있지 않은 경우 화자를 특정지을 수 있는 수단은 텍스트 이외의 장소에는 존재하지 않는다. 다음으로 앞의 야나기타 구니오의 주장에서도 설명

하고 있는 것처럼, 허구 언술의 경우는 보고문의 '옛날옛날 어느 마을에' 같은 시작 문구, '~라고 한다'는 문장 말미의 표현, 나아가 '이것은 참으로 경사스러운 일이다' '~라고 전해져 내려온다' 같은 종결표현이 허구의 전문임을 나타내고 있다. 그 외에도 "나는 고양이로소이다" "옛날 어느 때에" "뮤즈들이여, 그 사람에 대해 이야기해주오" 등 시대를 거슬러 올라가면 올라갈수록 이러한 특징적인 어법의 예를 다수 찾을 수 있다. 일문학자 노구치 다케히코는 이러한 특징적인 수사법을 '허구기호'라고 부른다. 그는 "모든 소설언어는 어딘가에 그것이 허구라는 것을 나타내는 변별표식이 내재되어 있다"[26]라고 적고 있으며, 근대소설의 그 단적인 표현을 완료시제 표현인 'た(~였다)'의 사용에서 찾고 있다. 현재는 완료시제 표현이 'た'라는 하나의 형태로 통합되어 있다. 그러나 고어에서는 'たり' 'き' 'けり'와 같은 명확한 구별이 존재했으며, 특히 'けり'는 불확실한 과거나 이야기의 전승에 사용되었다고 한다. 물론 현대소설의 경우, 그 안에 명시적인 '허구기호'를 발견하는 것은 지극히 어려운 기술이다. 그러나 그것이 '현실의' 전문과 '허구의' 전문을 구별하는 표식의 부재를 의미하는 것은 아니며, 오히려 허구화법의 시대적 '변질'이라는 관점에서 논할 수 있는 성질의 것이다.

지금까지 살펴본 내용을 통해 우리는 설의 '가장된 주장'설에 대한 하나의 대안을 제시한 것이라고 믿는다. 설의 주장에서는 분명하지 않았던 '거짓'과 '픽션'의 구별이 우리가 제시한 구도 속에서는 틀림없이 손쉽게 이루어질 수 있기 때문이다. 어떤 의미에서도 거짓은 '전문보고'의 언어행위가 아니기 때문이다.

3 '허구' 속의 지시행위

'허구의 언술'을 둘러싼 철학적 문제들 중에서도 그 난해함이 정점에 위치하는 것은 우리가 어떻게 비존재자nonexistent에 대해 이야기할 수 있는가에 대한 문제이다. 많은 철학자들은 비존재자(예를 들어 '둥근 사각형'이나 '페가수스')를 현실세계에서 추방하고, 철학의 영역에서 비존재자의 지시라는 난문을 소거하기 위해 노력해왔다. 왜냐하면 그것은 '실재實在'의 근본에 관련된 문제이기 때문이다. 문맥적 정의에 따라 '현재의 프랑스 왕'과 같은 비존재자의 지시를 소거한 러셀의 '기술이론'은 그 대표적인 예이다. 리처드 로티는 이 문제를 "파르메니데스†의 두려움"이라고 부르며, 그것을 "서구의 철학전통을 규정하는 것"이라고까지 말하고 있다.[27]

조금 멀리 돌아가는 길이기는 하지만, 이 문제의 단서를 마련하기 위해 우선 언어의 기본적인 기능부터 확인해보자. 언어가 지닌 다양한 기능 중에서 우리의 인식과 관련된 의미로 가장 중요한 것은 다음 두 가지이다.[28]

(i) 언어의 초월론적 기능

(ii) 언어의 지향적 기능 또는 지향성

첫 번째의 초월론적 기능은 언어를 통해 대상에 의미를 부여하고 조정措定하는 작용을 말한다. 물론 이것은 언어를 통한 '무로부터의 창조'를 주장하는 것이 아니다. 우리가 환경세계 속에서 만나게 되는 여러 사물을 언어의 그물로 건져올려 분절화分節化하는 기능을 말하는 것이다. 그런 의미에서 후설이 말하는 초월론적 의식의 '구성'기능과 상응하는 것이라고 생각해도 좋을 것이다(물론 어디까지나 여기서 문제로 삼고 있는 것은 '의식'이 아니라 '언어'이다). 언어를 사용하는 주체의 입장에서 말한다면, 그것을 '상징화 능력'이라고도 바꿔 말할 수 있다.[29] 그러므로 여기에서 말하고 있는 '언어'는 단순히 분절화된 음성언어뿐만 아니라 몸짓이나 도상圖像을 포함해 꽤나 넓은 외연外延[‡]을 갖고 있다고 생각하지 않으면 안 된다. 이 단계에서 언어의 역할은 소여로서의 '환경세계Umwelt'로부터 '거리'를 확보하고, 그것을 인간에게 의미를 갖는 '세계Welt'로 구조화하는 것이다. 그러므로 언어를 습득하는 것은 동시에 분절화되고 구조화된 '세계'와의 근원적인 관계를 습득하는 것이라고 할 수 있다. 그 경우 언어의 주요 기능은 대상을 '분류'하고 '질서'를 부여해 '범주화'하는 작용으로, 우리는 그 작용에 의해 대상을 '유형적'으로 파악할 수 있게 되는 것이다. 그리스어의 '로고스'는 본래 사물을 '수집해서' 질서를 부여하는 작용을 뜻하는 단어였다. 그런 의미에서 『신약성서』 「요한복음서」의 첫머리에 놓여 있는 "태초에 말씀(로고스)이 있었다"라는 구절은 언어가 지닌 초월론적 기능의 근원성을 표현하고 있는 것으로도 해석할 수 있다.

두 번째의 지향적 기능은 언어가 언어 이외의 대상을 향해 초월하는 작용을 말한다. 즉 언어가 언제나 무언가에 대해 이야기하는 작용을 갖는 것으로, 바로 영어권 철학에서 'aboutness'라고 불리는 기능이다. 그 핵심 부분은 언어의 지시reference기능일 것이다. 이런 경우 '언어'는 주로 음성 또는 문자언어로 한정되고, 몸짓이나 도상은 보조수단으로 사용되는 것에 지나지

[†] 존재하는 것은 불생불멸 유일불가분의 실체이며 일체의 변화나 구별은 허구의 모습이라고 주장한 고대 그리스의 철학자.
[‡] 일정한 개념이 적용되는 사물의 전 범위.

않는다. 그 중에서도 중요한 역할을 하고 있는 것으로는 지표indexicals, 고유명사, 확정기술 등을 들 수 있다. 여기에서 우리는 언어의 지향적 기능은 언제나 앞에서 언급한 초월론적 기능을 전제로 하고 있다는 점에 주의하지 않으면 안 된다. 대상의 지시가 성공하기 위해서는, 대상은 사전에 유형적으로 분절되어 다른 것들로부터 분별된 개체로서 지각적으로 동정 가능하지 않으면 안 되기 때문이다.

언어 지향성의 상관영역으로서의 '세계'는 이러한 유형적 분절화의 양태에 속하며, 아래와 같은 세 가지 단계로 나뉜다.[30]

(i) 신체분리공간

(ii) 언어분리공간

(iii) 텍스트공간

처음의 '신체분리공간'은 앞에서 언급했던 '환경세계'와 거의 대응하는 개념이다. 즉 이것은 우리의 감각능력 및 신체적 운동능력에 속하며 주위의 환경세계가 일차적으로 분절화되는 레벨을 나타낸다. 그리고 대상의 분절화 정도는 생명의 유지 또는 생활의 필요라는 목적연관 속에 그 근거를 가지고 있다. 마루야마 게자부로의 말을 빌리자면, 이것은 바로 "자연 속에 즉자적卽自的으로 존재하는 물리적 구조가 아니라 일반적인 동물이 가지고 있는 삶의 기능에 따른 종 특유의 범주화이며, 신체의 출현과 함께 땅과 지도의 의미적인 분화를 나타내는 세계"[31]인 것이다. 즉 신체분리공간의 분절구조는 물리적 세계의 즉자적인 구조를 그대로 모방하는 것이 아니다. 그것은 어디까지나 삶의 목적연관 속에서 유해/무해, 유용/무용이라는 게슈탈트[†]적으로 의미가 부여된 분절화, 바꿔 말하면 신체적 지향성의 작용에 의해 '구성'된 구조인 것이다. 나아가 신체분리공간은 '신체'라는 절대적인 중심을 가지고 있으며, 주위의 사물은 그곳을 원점으로 상하, 좌우, 원근이라는 운동능력에 근거한 좌표축에 따라 위치가 부여되어 편성되어 있다. 그리고 신체분리공간에 있어 지시행위도 붙잡다, 던지다, 차다, 손가락질하다 등의 신체적 행위에 속한 개체화가 영향을 미치는 범위 내에서밖에는 이루어지지 않을 것이다. 그러므로 지시행위의 대상은 '지금 여기'에 지각적으로 눈앞에 존재하고 있는 대상에 한정될 수밖에 없다.

그에 비해 두 번째의 '언어분리공간'은 상징화 능력이나 언어 사용을 통해 새롭게 창출된 세계의 분절구조이다. 이 경우 언어분리공간은 신체분리공간의 분절구조를 그대로 단어만 바꿔줌으로써 성립되는 것은 아니다. 언어분리공간은 신체분리공간을 토대로 하고 있지만, 그것을 분절언어의 구조와 기능에 적용해서 근본적으로 재편성 또는 재분절화해서 성립된다. 다시 한번 마루야마의 표현을 빌리자면, 신체분리공간이 생활의 '필요besoin'에 지배된 각각의 생물종 특유의 분절화인 것에 비해, 언어분리공간은 '문화적 욕망désir'에 지배당한 각각의 생활세계에 특유의 분절화를 성립시키고 있는 것이다.[32]

신체분리공간에 있어 지시행위는 신체적 행위의 가능범위로 제약되어 있었다. 그러나 언어분리공간에서는 지시행위가 '지시대명사'를 사용한 발화를 통해 수행됨으로써 신체적 조건에 따른 한정에서 근본적으로 해방되었다. 나아가 신체의 방향정위方向定位의 구분방법에 근거한 '신체축'으로 전개되었던 신체분리공간은 '여기, 거기, 저기' '이것, 그것, 저것' '지금, 아까, 곧' '나, 너, 그'라는 지시대명사의 계열로 구성되는 '지시축'을 통해 전개되는 언어분리공간으로 재구조화되는 것이다. 지시행위는 그렇게 '지금, 여기'라는 시간적 제약에서 해방되는 것이다.

† 형태. 상태. 통일된 전체로서의 형상.

여기서 중요한 점은 언어적 커뮤니케이션이 언제나 타인의 이해를 얻기 위해서 이루어지는 행위이기 때문에 '지금, 여기, 나'라는 신체적 중심이 언어 사용의 경우에서는 '비중심화' 내지는 '탈중심화'된다는 사실이다. 대화를 하는 경우 지시대명사의 사용을 가능하게 만들려면 '내'가 대화의 상대방에게는 '너'가 되며, '여기'가 '거기', '이것'이 '저것'이 된다는 것을 알고 있지 않으면 안 된다. 그러나 화자와 청자의 역할은 호환적이므로, 대화를 하는 경우 '지금, 여기, 나'라는 중심이 다음 순간에는 '아까, 거기, 너'라는 비중심으로 전환되는 것을 항상 의식하고 있어야 한다. 그러므로 언어분리공간은 바로 대화의 진행에 따라 끊임없이 중심이 이동하는 비중심화된 공간, 또는 이야기하는 다수의 주체가 함께 힘을 합쳐 만들어내는 '복수 중심적' 또는 '간주관적' 공간이다.

언어분리공간이 지닌 또 하나의 특징은 신체분리공간에 존재했던 '지금, 여기'라는 제한이 제거됨으로써 지시행위의 상관영역이 시공간적으로 비약적으로 확대된다는 점이다. 분명히 지시대명사의 사용범위는 어느 정도 신체분리공간의 지시 대상영역과 겹치고 있을 것이다. 그러나 우리는 고유명사나 대상을 확정할 수 있는 기술記述의 용법 습득을 통해 지각적으로 눈앞에 존재하지 않는 대상, 즉 부재의 대상에 대해서도 지시행위를 수행할 수 있다. 즉 더 이상 존재하지 않는 과거의 역사적 사건이나 아직 존재하지 않는 미래의 상상 속 사건에 대해서도 이야기할 수 있는 것이다. 그런 의미에서 언어분리공간은 지각적 현재뿐만 아니라 시간축을 따라 상기적 과거나 상상적 미래의 영역까지 확장되어 있다고 말해야 할 것이다.

그렇다면 언어분리공간에 있어 '허구의 대상'을 향한 지시는 어떻게 가능한가. 물론 동일한 부재의 대상에 대해 이야기한다 해도, 과거나 미래의 사건에 대해 이야기하는 행위와 '허구의 언술' 사이에는 언뜻 보아도 확실한 차이가 존재한다. 우리는 뒤에서 '텍스트공간'의 개념을 수용해서 허구의 언술에 있어 지시의 문제를 논할 것이다. 그러나 그 단서로 지시에 관한 이론 중에서 1970년대 이후 활발하게 논의된 S. 크립키의 '지시의 인과설 causal theory of reference'에 대해 검토하고 넘어가는 것이 좋을 것 같다.

단어를 사용한다고 해도, 전혀 면식이 없는 타인이나 먼 옛날에 존재했던 역사상의 인물을 우리는 어떻게 지시할 수 있는가. 그것에 대한 유력한 이론으로 프레게나 러셀에서 유래된 '기술설記述說'을 들 수 있다. 잘 알려진 것처럼 크립키의 '인과설'은 바로 이 '기술설'에 대한 근본적인 비판으로 제출된 것이었다. 기술설에 의하면 우리가 '아리스토텔레스'라는 고유명사를 사용해 해당 인물을 지시할 수 있는 것은 그 고유명사에 대해 우리가 '기술적 지식'을 가지고 있기 때문이다. 즉 '그리스 철학자, 플라톤의 제자, 알렉산더 대왕의 가정교사, 『형이상학』의 저자…'라는 기술적 지식을 매개로, 우리는 '아리스토텔레스'라는 고유명사를 사용해서 그 지시대상을 일의적一義的으로 동정할 수 있다는 것이다. 크립키는 이러한 기술설이 안고 있는 문제점을 철저하게 파헤치면서, 고유명사는 기술적 내용의 도움을 빌리지 않고 직접적으로 대상을 지시하고 있다고 주장한다. 이렇게 고유명사와 지시대상의 직접적인 연결을 설명하는 것이 바로 이른바 '인과설'[33]이다. '아리스토텔레스'라는 이름은 그가 태어났을 때 부모나 친척이 붙여준 이름일 것이다. 그곳에는 이제 막 태어난 아기가 하나의 개체로 동정되고 '이 아이를 아리스토텔레스라고 부르자'라는 선언이 이루어졌을 것이다. 크립키는 이것을 "최초의 명명의식initial baptism"[34]이라고 부른다. 이 명명의식을 기점으로 '아리스토텔레스'라는 이름은 이어달리기처럼 점차 사람들 사이로 퍼져나가 최종적으로 현재의 우리에게까지 이어지고 있다. 이 커뮤니케이션의 역사적 연결이 이른바 '인과연쇄causal chain'인 것이다. 크립키는 바로 이 인과연쇄의 존재야말로 고유명사가 대상을 어떤 매개도 갖지 않고 직접적으로 지시할 수 있게 해주는 것이라고 주장한다. 즉 그 고유명사의 사용자가 그것에 대해 어떤 지식을 가지고 있는지와는 상관없이, 고유명사는 그러한 기술적 지식으로부터 독립적으로 인과연쇄의 존재의 뒷받침을 받아 직접적으로 해당 대상을 지시하는 것이다.

그러나 고유명사와 대상의 직접적인 연결을 보증할 뿐이라면, 인과연쇄라는 번거로운 절차는 전혀 필요 없을 것이다. 고유명사를 사용하는 주체의 '의식의 지향성'에서 근거를 찾으면 되기 때문이다. 그러므로 '인과설'의 본래 목적은 모든 심리적 작용에 근거하는 사고방식을 배제하고, 언어의 지향적 기능을 실재론적 또는 물리주의적으로 설명하는 데 있다고 생각해야 할 것이다. 로티의 표현을 빌리자면 " '인과설'에 요구되고 있는 것은 우리가 파르메니데스주의의 절망을 실현시킬 수 있는 최후의 정식화"[35]인 것이다.

그러나 우리는 지시행위의 실재론적이며 물리주의적 해석은 '인과설'을 요구하고 있을지 몰라도, 그 반대인 '인과설'을 채용하는 것이 반드시 지시의 물리주의적 해석으로 귀결되는 것은 아니라고 생각한다. 결국 '인과설'은 크립키가 받들고 있는 과학적 실재론이나 본질주의와는 상대적으로 독립되어 있다고 생각하는 것이다. '명명의식'에 있어 크립키는 직시에 의한 것인지, 기술(그것이 틀린 기술이라도 상관없다)에 의한 것인지에 관계없이 먼저 지시의 고정, 즉 대상의 동정이 이루어져야 한다고 요구한다. 그러나 대상의 동정은 어디까지나 '언어분리공간' 속에서 이루어지고 있기 때문에, 대상의 게슈탈트적인 '분절화'를 전제로 하지 않을 수 없다. 간주관적으로 공유된 대상의 분류적인 정서체계整序體系[36]를 계승해서 수용하지 않는 한, 콰인의 "가바가이gavagai"[†]의 예를 인용할 필요도 없이 '지시의 불가측성不可測性', 즉 대상 동정의 불확정성은 피할 수 없을 것이다.[37] 그러므로 앞에서도 언급한 것처럼, 언어의 지향적 기능(지시작용)은 언어의 초월론적 기능을 전제로 하지 않을 수 없는 것이다. 물론 크립키는 이러한 언어의 초월론적 기능, 즉 대상의 '분절구조'의 부자연성(분절화에 자연적인 또는 실재적인 근거가 존재하지 않는 것)을 인정하지 않고 그것을 철저히 배격할 것임에 틀림없다. 그러나 크립키의 의도와는 상반되게, 언어의 초월론적 기능 내지는 '관념적 구조conceptual scheme'의 존재를 승인하는 것과 지시의 '인과설' 채용은 딱히 모순되는 것이 아니다.

　그러므로 우리는 크립키의 '인과설'을 언어의 지향적 기능이 '의식의 지향성'에서 기인하는 것이 아니라 언어공동체 내부에서 생성되고 유지되는 커뮤니케이션의 연쇄에서 기인하는 것으로 파악하려는 시도로 받아들이고, 그것을 해석학적 방향으로 새롭게 해석하는 것이 가능하다고 생각한다. 즉 '인과연쇄'라는 것은 언어공동체의 역사를 관통하는 고유명사 사용의 '전통'인 것이다. 또한 '지시'는 의식 내부의 개인적이고 비밀스러운 사건이 아니라 역사적·사회적 문맥 안에서 일어나는 공공적인 사건인 것이다. 그런 의미에서 '인과설'이라는 명칭보다 K. 도넬란이 제창하는 '역사적 설명이론the historical explanation theory'[38] 또는 새먼이 제창하는 '지시의 문맥이론the contextual theory of reference'[39] 쪽이 주장의 본질과 좀더 일치하는 명칭이라고 생각된다.

　위와 같은 입장에서 지시의 문제를 논하는 데 있어, 우리는 물리주의적 해석을 보류시킨 '인과설'의 입장에 찬성하려고 한다. 앞에서 서술한 것처럼, 언어분리공간의 지시행위의 상관영역은 신체분리공간에 비해 비약

---

† 토끼가 뛰는 것을 보고 원주민이 '가바가이'라고 말했다고 해서 '가바가이'가 '토끼'라고 추측할 수는 없다는 주장. 원주민이 어떤 목적으로 그 단어를 사용했는지 알 수 없기 때문이다.

적으로 확대되었다. 즉 우리는 과거나 미래의 사건에 대해서도 이야기할 수 있게 되는 것이다. 예를 들어 소크라테스나 펠로폰네소스 전쟁과 같은 과거의 인물이나 사건에 대해 이야기할 때, 그들 고유명사는 역사적이고 사회적인 '인과연쇄'를 통해 해당 인물과 사건에 연결되어 있다. 즉 일정의 언어공동체 구성원은 그 고유명사의 사용을 보증하는 커뮤니케이션의 사슬을 공유하고 있으며, 그 연쇄를 역사적으로 거슬러 올라가면 최종적으로 '최초의 명명의식'에 도달하게 된다. 바꿔 말하자면, 그 사슬은 어딘가에서 언어공동체 구성원 누군가가 가지고 있는 지시대상에 대한 사전친숙 acquaintance과 연결되어 있으며, 그와 같은 인과연쇄의 존재에 대한 신뢰가 바로 더 이상 존재하지 않는 과거에 대한 언술에 일정한 리얼리티를 부여하고 있는 것이다. 과거의 인물이나 사건이라는 지각적으로 눈앞에 존재하지 않는 대상에 대해 이야기하는 행위는, 말하자면 커뮤니케이션의 사슬로 형성된 '공동체의 기억'을 통해 보증되고 있다고 말할 수 있다. 그것에 따른 언어분리공간은 지각적 현전現前이라는 조건에 속박되지 않는 역사적이고 지리적인 확장을 획득하는 것이다.

물론 미래의 언설에는 이러한 인과연쇄가 존재하지 않는다. 예를 들면 클린턴 대통령이 2년 뒤 선거에 대해 이야기하는 경우, 2년 뒤 클린턴과 현재 클린턴 사이에 커뮤니케이션의 사슬은 당연히 존재하지 않는다. 이런 경우 우리는 클린턴에 대해 지금까지 존재해온 인과연쇄를 2년 뒤 동일인물에게 외삽extrapolation해서 이야기하고 있는 것이다. 그러나 외삽된 인과연쇄는 현실에 존재하는 인과연쇄와 어떤 형태로든 연결되어 있지 않으면 안 된다. 그것에 의해 'I will come here tomorrow'라는 미래형 시제의 언명을 사용해서 '약속하다'라는 언어행위가 가능해지는 것으로, 그 발언에 일정의 '이행책임'이 발생하는 것이다. 그뿐만이 아니다. 현실의 인과연쇄가 전혀 존재하지 않는다면, '외삽'이라는 행위 자체가 성립할 수 없다. 구로다 와타루가 적고 있는 것처럼 "과거에 체험한 것, 또는 현재 체험하고 있는 것과 시공간적으로 연속되는 동일 대상으로서, 우리는 미래의 한 시점에 존재하는 대상을 지시하고 그 상태를 기술할 수 있다"[40]라고 할 수 있다. 이 사실이야말로 미래에 대한 언술에 어떤 종류의 리얼리티를 부여하고 있는 것으로, 바로 그것이 미래의 언술과 허구의 언술을 구분하고 있는 것이다. 허구의 언술의 경우에는 설령 미래사회를 서술하는 SF소설이라고 해도 미래형으로 이야기하지 않으며,[41] 허구의 언술에 있어 지시행위는 인과연쇄의 외삽이라는 행위는 아닌 것이다.

그렇다면 인과설의 입장에서는 '허구의 언술'에 있어 지시를 어떻게 설명하고 있는가. 그에 대해 한 가지 시사해주는 것은 크립키와 함께 '인과설'을 창도한 도넬란이 제기한 '차단block'이라는 개념이다. 예를 들어 어린아이가 '오늘밤 산타클로스가 찾아올 거야'라고 말하는 경우를 생각해보자. 이때 '산타클로스'라는 고유명사와 연결되는 인과연쇄는 실재의 대상까지 거슬러 올라갈 수 없으며, 부모가 자식에게 이야기해준 '이야기'에서 '차단'될 것이다. 즉 '차단'이라는 것은 "모든 지시대상의 동정을 막을 수 있는 사건"[42]인 것이다. 물론 이 경우, 우리가 실제로 지시대상 또는 '차단'에 도달할 때까지 인과연쇄를 거슬러 올라갈 수 있는지 여부는 문제가 되지 않는다. 도넬란이 제기하고 있는 것은 인식론적 조건이 아니라 허구의 주어를 포함하는 문장의 진리조건이기 때문이다. 그런 의미에서라면, 분명히 이것은 허구의 언술과 현실의 언술을 구별하는 하나의 명확한 기준으로 작용할 수 있다. 그러나 인과설이 러셀의 '확정기술'에 따른 해설을 전혀 인정하지 않기 때문에, 로티가 지적하는 다음과 같은 문제가 발생하는 것이다.

이 견해가 "고유명사는 기술적인 내용을 갖지 않는다"는 반反러셀적인 주장과 결합된다면, 도넬란의 견해는 결국 '산타클로스는 오늘밤 찾아오지 않을 거야'라는 문장은 명제를 표현할 수 없다고 말하는 것이 될 것이다. 만약 주어항主語項 안에 '기술적인 내용'이 존재하지 않는다면, 정식의 역사적 연결이 눈앞에 존재하지 않는 한, 어떤 명제도 표현될 수 없는 것이다.[43]

그리고 이것은 또한 인과설에게 다음과 같은 대가를 지불하게 했다.

우리는 'S를 통해 어떤 명제가 표현되어 있는지를 아는 것'을 'S에 대한 진리조건을 아는 것'에 동화시키는 것을 그만두지 않으면 안 된다.[44]

이 대가는 인과설을 유지하기 위해 지불해야 하는 대가로는 조금 지나친 감이 없지 않다.

이러한 문제를 피하는 한 가지 방법은 인과설의 물리주의적 해석을 배제하고 허구의 대상에 대해서도 어떤 의미에서 '지시'를 인정하는 것이다(물론 크립키나 도넬란에게는 이쪽이 보다 큰 대가일 것이다). 일반적으로 '허구의 언술'의 경우, 고유명사의 인과연쇄가 도달하게 되는 '차단'은 그 고유명사가 최초로 나타난 오리지널 텍스트이다(예를 들어 '히카루 겐지'의 경우『겐지 이야기』가 그것에 해당한다). 그것은 반대로 말하자면, '차단'으로 작용하는 텍스트를 기점으로 현재까지 이르는 인과연쇄가 실재한다는 것을 의미한다. 즉 하나의 텍스트는 그것을 기점으로 하는 새로운 인과연쇄를 창조해내는 기능을 가지고 있는 것으로, 이런 경우 '최초의 명명의식'에 해당하는 것은 해당 텍스트의 성립과 수용 그 자체인 것이다. 인과설의 요점은 인과연쇄의 존재가 대상을 향한 지시행위를 보증한다는 것이다. 그렇다면 '히카루 겐지'에 연결된 수백 년 된 인과연쇄가 실재한다면, 우리가 '히카루 겐지'의 이름을 사용해서 일종의 지시행위를 수행하고 있다는 표현은 전혀 이상한 것이 아니다. 단지 여기에서 '일종의'라는 제한을 하고 있는 것은, 우리는 실재하는 개체를 지시하고 있는 것이 아니라, 정확하게는 '히카루 겐지'라는 고유명사를 포함하는 텍스트를 지시하고 있다고 해야 하기 때문이다. 사실 우리는 '히카루 겐지가 몇 명의 여성을 사랑했는가' 또는 '홈즈는 베이커 가 몇 번지에 살고 있었는가'에 대해 텍스트의 문맥 속에서 유의미로 질문하고, 의논을 하고, 그 진위를 결정할 수 있다. 그러므로 이처럼 텍스트의 문맥에 따라 형성되는 지시의 상관영역을 '텍스트공간'이라 부르기로 한다. 물론 '히카루 겐지'나 '홈즈'는 언어분리공간 속에 실재하는 인물은 아니다. 그러나 우리는 해당 텍스트를 언급함으로써 그들을 텍스트공간 속의 존재자로서 유의미하게 지시하고, 그들의 체격이나 성격까지도 이야기할 수 있는 것이다.

이러한 주장은 존재자의 수를 불필요하게 증가시키는 마이농류의 존재론과 연결되는 것이라고 생각할지도 모른다. 그러나 우리는 이와 같은 종류의 지시행위를 허구의 대상에 한정하지 않고, 현재 자연과학의 문맥 속에서도 분명히 행하고 있다. 그것은 '이론적 대상theoretical entity'에 대한 지시이다.[45] 예를 들면 우리가 '쿼크quark'[†]나 '렙톤lepton'[‡]에 대해 이야기할 때, 우리는 동시에 소립자론의 체계를 언급하고 있는 것이다. 또한 '허수'와 '복소수'에 대해 이야기하는 것은 동시에 수학이론의 체계를 언급하는(물론 잠재적이긴 하지만) 것이다. 이들 이론적 대상을 하나의 존재자로 조정措定하고, 그들에 대한 지시를 가능하게 해주는 것은 그들을 포괄하는 '이론적 배경' 이외에는 생각할 수 없다. 이론적 배경이 결여된 '벌거벗은' 이론적 대상은 '육지가 없는 지도' '배경이 없는 전경'처럼 무의미한

[†] 양성자, 중성자와 같은 소립자를 구성하고 있다고 생각되는 기본적인 입자.
[‡] 경입자輕粒子. 전자, 중성미자, 미크론 중간자 따위와 같이 질량이 적은 소립자를 통틀어 이르는 말.

존재에 지나지 않기 때문이다.

한편으로 우리는 불완전한 물리학 지식밖에 가지고 있지 않아도, 아마추어 나름대로 '쿼크'나 '블랙홀'에 대해 유의미하게 이야기할 수 있다. 그것은 『겐지 이야기』의 원문을 통독한 적이 없어도, 예를 들어 애니메이션 영화를 보고 '히카루 겐지'의 행실에 대해 이야기할 수 있는 것과 같은 이치이다. 그것을 가능하게 해주는 것은, 최신의 물리학 텍스트로부터 제일선의 물리학자를 거쳐 신문의 과학 코너나 과학잡지를 읽는 우리에게까지 도달해 있는 인과연쇄의 존재이다. 물론 인과연쇄의 '간선幹線'은 해당 분야의 전문가들을 통해 유지되고 있다. 그러나 우리는 그곳으로부터 파생된 '지선支線'을 따라감으로써 이론적 대상을 향한 지시를 유의미하게 만들 수 있는 것이다. H. 퍼트넘을 모방해서 그것을 언어의 '사회적 분업'이라고 부를 수도 있다. 이론적 대상 속에는 그 실재가 아직 확인되지 않은 것들도 다수 존재하는 것은 잘 알려져 있다(예를 들면 '타키온tachyon' [†] '뉴트리노neutrino' [‡]나 '블랙홀'도 얼마 전까지는 그러한 대상이었다). 그럼에도 물리학자가 그렇게 하는 것처럼 우리는 그 대상에 대해 데이터를 제시하고 여러 성질을 논할 수 있다. 그럴 수 있는 한, 실재가 확인되지 않은 대상에 대해서도 우리는 일정 범위 내에서 문맥적 지시를 행하는 것이 가능한 것이다. 그러므로 인과연쇄의 존재는 반드시 고유명사의 지시대상의 실재를 보증하는 것이 아니라, 오히려 고유명사의 유의미한 사용을 보증하는 것이라고 말하지 않으면 안 된다.

그러나 '이론적 대상'을 향한 지시와 같은 방법, 즉 정합적整合的인 맥락을 갖는 텍스트[46]를 배경으로, 그것에 대한 잠재적인 언급을 포함하는

[†] 빛의 속도보다 빠른 속도를 가지는 가상의 원자 구성 입자.
[‡] 중성자가 양성자와 전자로 붕괴될 때 생기는 소립자.

형식으로 '허구의 대상'에 대한 지시가 가능하다고 해도 '허구의 대상'의 존재론적 신분에 대해서는 아직도 큰 문제가 남게 될 것이다. 예를 들어 '선'은 물리적 기술에 따라 구성된 대상이기는 하지만, 그것은 동시에 '안개상자 사진의 비적飛迹'[†]이라는 지각적 기술과 직접적으로 등치될 수 있는 것이 아니다. 그들 사이의 동일성은 어디까지나 이론적 서술 매개를 통해 보증되는 것이다. 그러므로 이론적 대상은 그 '존재'를 부분적으로 해당되는 이론적 배경에 맡기고 있다고 말하지 않으면 안 될 것이다. 이론적 배경이 그 대상을 검출하는 실험장치를 규정하고 있으므로, 이론이 결여된다면 우리는 그 대상을 동정하는 것조차 불가능해지기 때문이다. '칼로릭 caloric'[‡]이나 '플로지스톤phlogiston'[♯]은 18세기에는 분명히 지각적으로 기술할 수 있는 실재성을 가진 대상이었다. 당시의 화학이론이 '칼로릭'이나 '플로지스톤'과 연소에 대한 지각적 기술 사이의 동일성을 보증해주고 있었기 때문이다. 그러나 오늘날 이 둘은 '햄릿'과 마찬가지로 당시의 화학 텍스트 속에서만 권리를 주장할 수 있는 '허구의 존재'가 되어버렸다. 그것은 바로 '이론적 배경'이 변화했기 때문으로, 이론적 배경의 변화는 동시에 이론적 대상의 존재론적 신분의 변화로 귀결되는 것이다.

이야기를 허구의 대상으로 되돌리면, '제우스'라는 신화적 대상은 고대인에게는 천둥이나 번개를 통해 지각적으로 기술할 수 있는 대상이었다. 또한 우리에게 '여호와'가 『구약성서』라는 텍스트를 매개로 지시할 수

[†] 전기를 띤 입자가 윌슨의 안개상자 속을 지날 때, 그 통로의 분자가 이온화하여 핵으로 되어서 물방울이 생겨 보이는 줄의 궤도. 전기를 띠고 있는 여러 가지 소립자나 방사선의 관측에 이용한다.
[‡] 열을 일종의 물질로 생각한 개념.
[♯] 18세기 초에 연소현상을 설명하기 위해 제안한 물질. 물질이 타는 것은 그 물질에서 이것이 빠져나가는 현상이라고 주장했다.

있는 대상인 데 비해, 유대교도였던 크립키에게 '여호와'는 분명히 단순한 허구의 대상이 아니라 실재성을 지닌 대상이었을 것이다. 그러므로 '제우스'나 '여호와'라는 고유명사의 인과연쇄가 고대인의 '사전친숙'이나 '명명의식'과 연결되어 있는지, 그렇지 않으면 '차단'에 도달하게 되는 것인지의 문제는 우리가 해당 신화나 종교를 실재적 대상을 조정하는 '이론적 배경'으로 진지하게 받아들이는지 아닌지의 여부에 달려 있는 것으로, 아프리오리적으로 결정할 수 있는 성격의 문제가 아니다. 물론 그것을 인정한다고 해도, 우리는 문학 텍스트 안에 존재하는 셜록 홈즈와 같은 '허구의 인물'을 지각적으로 기술할 수 있다고는 도저히 생각할 수 없다. 만약 그렇다면 허구의 대상은 역시 '비존재'라고 말할 수 있을 것이다. 그러나 시공간적인 대상이 아니며 지각적 기술이 불가능하다는 점에서는, 이론적 대상의 하나인 '수학적 대상' 또한 비존재에 속한다고 할 수 있다. 그리고 우리가 '허수'의 존재나 '미분방정식의 해법'의 존재에 대해 이야기할 수 있다면, '허구의 대상' 또한 그것과 동등한 자격을 요구할 수 있을 것이다. 문학 텍스트에서 과학 텍스트까지를 포괄하는 의미에서 일반적인 이론적 배경을 '이야기'라고 부른다면, '무엇이 존재하는가'라는 질문에 대해 그것이 근거로 하는 '이야기'의 문맥을 무시하고는 대답할 수 없을 것이다. 이것은 잘 알려져 있듯이, 콰인이 '존재론적 서약commitment'이라는 이름으로 시사했던 사태이기도 하다.

그러나 우리는 허구의 대상이 '실재'한다고 단언할 수 있는 어떤 근거도 가지고 있지 않다. 우리를 둘러싼 '언어분리공간'은 지각적 경험과 연결됨으로써 강고強固한 '현실조직'[47]을 형성하고 있다. 또한 지시행위의 근본이 우리의 지각적 체험을 기반으로 하는 현실조직의 분절구조에 존재하는 것도 의심할 여지가 없다. 그러나 우리는 허구의 대상과 이론적 대상의 비교를 통해 지시를 물리주의적 해석으로부터 해방시킴으로써 현실조직과 상응하는 '허구조직＝텍스트공간'이라고 부를 수 있는 영역을 창조하는 '언어의 초월론적 기능'을 확보하려 했던 것이다. 즉 '이야기하는' 것을 실재라는 멍에로부터 해방시키고, '이야기하는' 것이 바로 '속이는' 것이기도 하다는 어원적 의식의 복권을 시도했던 것이다. 그것은 동시에 '허구의 대상'의 서식지를 '머릿속'에서 '머리의 외부'로, 즉 '텍스트공간'으로 해방하는 것으로 이어질 것이다. 분명히 '쿼크'나 '허수'와 같은 이론적 대상은 '머릿속'에만 존재하는 대상이 아니기 때문이다.

4 '허구'가 갖는 의의

마지막으로 현실조직과 허구조직 또는 언어분리공간과 텍스트공간의 관계를 논하고, 아울러 '허구의 언술'의 의의와 역할에 대해 고찰하는 것으로 이 장을 마무리짓도록 하겠다.

　앞에서 우리는 언어분리공간이 신체분리공간을 언어로 '재분절화'함으로써 성립된 세계라는 것에 대해 이야기했다. 이 '언어' 속에 이론적 언술이 포함되어 있는 것은 말할 필요도 없을 것이다. 그리고 '이론'은 언어분리공간 속에서 발생하는 여러 사건을 정합적으로 설명하기 위한 장치이다. 그런 의미에서 신화나 종교 또한 훌륭한 '이론'의 자격을 가지고 있다(그러므로 넓은 의미의 '이론'은 '이야기'로 바꿔 말할 수 있다). 그리고 하나의 '이론'을 수용하는 것은 곧 하나의 '사물을 보는 관점'을 획득하는 것 또는 하나의 '생활형식Lebensform'을 선택하는 것과 같다고 할 수 있다. 그러나 각 민족이 가지고 있는 신화나 종교를 예로 들지 않더라도, 현실조직의 정합적 설명을 위해 어떤 '이론'을 수용할지에 대해 아프리오리적으로 결정할 수 있는 일의적인 선택기준은 존재하지 않는다. 또한 과학철학에 있어 쿤이나 파이어아벤트의 논의를 문제삼을 것도 없이, 이러한 사정은 기본적으로 현대의 '과학이론'에도 적용할 수 있다. 그리고 설명장치로서 이론적 구조를 변경(쿤이 말하는 '패러다임의 전환')하는 것은 바로 '사물을 보는 관점' 또는 '생활형식'을 바꾸는 것으로(원한다면 '바오로의 회심'을 예로 들 수도 있다), 그것은 현실조직의 분절구조에서 게슈탈트의 변화를 초래하는 것이다. 예를 들어 우리 현대인은 기도나 악마를 쫓는 의식을 통해서가 아니라 약이나 수술로 질병을 치료하고 있다. 이것은 분명히 이론적 구조의 변경일 뿐만 아니라 생활형식의 근본적인 변화이다. 동시에 이론적 구조의 변경은 지금까지 현실조직의 성원이었던 것('비너스'나 '기동력impetus')을 허구조직으로 추방하고, 한편으로는 새로운 성원('게놈'이나 '카오스')을 현실조직으로 받아들이는 작용도 한다. 즉 어떤 이론적 구조를 수용하는 것은 하나의 '존재론적 서약'을 행하는 것과 다름없는 것이다. 또는 '이야기'와 존재론은 불가분의 관계에 있다고도 할 수 있을 것이다.

그러므로 현실조직과 허구조직 사이에는, 쥐새끼 한 마리도 빠져나갈 수 없는 엄격한 국경선이 존재하는 것은 아니다. 현실조직 안에도 어떤 종류의 역사상 인물(진무천황†이나, 로물루스와 레무스 형제‡)이나 미래의 사건처럼 허구조직과 경계를 접하고 있는 존재가 있는가 하면, '플로지스톤'처럼 과거 현실조직 속에서 화려한 활약을 펼쳤음에도 불구하고 지금은 허구조직에서 기구한 운명을 한탄하고 있는 존재, 또는 '빛의 입자'처럼 한 번은 허구조직으로 추방되었지만 모습을 바꾸어 '광자'로 다시 현실조직 속으로 돌아와 활약하는 존재도 있다. 또한 '수학적 대상'처럼 철학자의 변덕에 따라서 때로는 현실조직, 때로는 허구조직으로 분류되는 것도 있다. 그러므로 두 조직의 경계는 사람들이 생각하는 만큼 분명하지 않다. 그 경계는 지배적 이론의 정권교체가 일어날 때마다 어느 정도의 자유로운 왕래가 가능하다. 물론 이것이 '경계'가 존재하지 않는 것을 의미하진 않는다. 현실의 대상과 허구의 대상은 말하자면 동일 평면상에서

† 일본 역사서에 등장하는 초대 천황으로, 신화적 성격이 강하다.
‡ 이리에게 양육됐다고 전해지는 쌍둥이 형제. 형 로물루스는 로마를 건설한 국왕이다.

'별거'를 하고 있는 것이다.

그러나 문학적 텍스트를 통해 창조된 '허구의 대상'은 허구조직에서 영원히 정착하도록 강요받고 있으며, 결코 현실조직으로 이주를 허가받지는 못할 것이다. 그러므로 오스틴은 '허구의 언술'을 '기생적' 또는 '퇴화적'인 언어 사용이라고 낮게 평가했던 것이다. 분명히 이론적 텍스트가 언제나 지각적 기술과의 동일성을 요구함으로써 현실조직과의 밀접한 관련을 확보할 수 있는 것에 비해, 문학적 텍스트는 그러한 계기를 지니고 있지 않다. 그러나 반대로 현실조직에서 '진리 요구'의 압력에서 벗어나 책임을 면제받음으로써 문학적 텍스트는 이론적 텍스트가 갖지 못하는 '언어적 자유'를 획득한 것이다.

그러므로 '허구의 언술'은 일상언어의 단순한 이차원적 또는 파생적인 용법이 아니라, 그 자체로서 독립적인 의의와 가치를 지니는 언어의 창조적인 사용이라고 해석해야 할 것이다. 앞에서 우리는 신체분리공간과 언어분리공간의 관계를 언어에 따른 '재분절화'라는 관점에서 서술했다. 그것과 비교한다면 텍스트공간은 언어의 일상적인 사용을 통해 분절화된 언어분리공간을 '허구의 언술'로 새롭게 '재분절화'함으로써 성립한다고 할 수 있다. 그리고 앞에서 신화적 또는 종교적 언술이 하나의 '사물을 보는 관점'을 개시하는 이론장치라고 이야기했는데, 그것과 같은 의미에서 '재분절화'는 하나의 새로운 '이야기를 보는 관점'을 제시해주는 것이라고 할 수 있다. 예를 들어 사이교西行†가 꽃을 주제로 노래한 수많은 훌륭한 와카和歌‡는 우리에게 벚꽃을 바라보는 새로운 '관점'을 가르쳐준다고 생각할 수 있다.

† 12세기의 시인으로, 여러 곳을 기행하며 시를 남겼다.
‡ 고대부터 이어져 내려오는 일본 고유의 시가형태.

허구의 언술은 현실조직의 강제력('진리'에 대한 종속을 강요하는 압력)으로부터 '차단'됨과 동시에 기존 언어규범의 제약으로부터도 벗어난다. 그것은 제도화되고 경직화된 언어 코드로부터 일탈하는 자유를 가지고 있으며(예를 들면 제임스 조이스의 『피네간의 경야』를 보라), 언어 사용의 새로운 가능성을 시사해줌으로써 일상적인 언어 사용에 매몰되어 타성화된 언어행위를 영위하고 있는 우리를 각성시켜주는 힘을 지닌 것이다. 신체분리공간에서 언어분리공간으로의 이행에서 언어가 새로운 의미생성을 향한 원동력이었던 것처럼, 이야기가 지니고 있는 근원적인 초월론적 기능으로 인해 우리는 언어분리공간에서 텍스트공간으로의 전이에 새롭게 눈을 뜨게 되는 것이다. 메를로 퐁티의 말을 빌리면, 일상언어가 기득旣得 의미작용의 조합을 통해 성립되는 "이야기된 언어parole parlée"인 것에 비해, 허구의 언술은 "의미지향이 발생상태에서 발견할 수 있는 언어"[48], 즉 "이야기하는 언어parole parlant"라고 할 수 있다. 그러므로 허구의 언술이야말로 의미생성의 현장에 존재했던 언어의 원초적인 광채를 상상력으로 되찾으려고 하는 훌륭한 창조적인 언어행위인 것이다. 그리고 인간은 '언어를 이야기하는語る[kataru] 동물'이자 '허구를 속이는騙る[kataru] 동물'이기 때문에, 우리는 어쩔 수 없이 '거짓과 진실 사이'의 위태로운 경계에서 삶을 영위하는 존재이며, 인간적 진실은 바로 그 경계 위에 개시되는 것이다.

제5장

이야기와 과학 사이

"레오나르도 다 빈치가 청아하고 신비스러운 얼굴 창조에 전념했던 것처럼,
스스로 과학의 낙원이라고 칭했던 역학 力學을
천부적인 재능으로 심화해가는 모습이 나에게는 보인다."

— 폴 발레리, 『레오나르도 다 빈치의 방법서설』

1 두 개의 문화

'과학'과 '문학'과 '철학'이라는 세 가지 지적 장르 사이에는 이미 붕괴된 베를린 장벽에 견줄 만한 눈에 보이지 않는 벽이 놓여 있는 것처럼 느껴진다. 이 벽을 구성하고 있는 것은 콘크리트나 철재구조물이 아니라 경멸과 적의, 그리고 상대에 대한 이해부족이 뒤섞인 복합감정(콤플렉스)이다. 일찍이 영국의 작가 C. P. 스노는 물리학으로 대표되는 과학적 지식과, 문학과 철학으로 대표되는 인문학적 지식을 '두 개의 문화'라고 부르면서 양자를 가로막고 있는 '벽'의 두께를 다음과 같이 탄식했다.

나는 모든 서구사회 사람들의 지적 생활은 점점 두 개의 극단적인 그룹으로 나누어지고 있다고 생각한다. (중략) 문학적 지식인을 한쪽 극으로 한다면 반대편 극에는 과학자, 그 중에서도 대표적인 인물로 물리학자가 있을 것이다. 그리고 이들 두 극 사이에는 상대에 대한 이해부족, 때로는 적의와 혐오의 골이 자리잡고 있다. 그런데 더욱 심각한 문제는 서로를 이해하려고 하지 않는다는 점이다. 그들은 모두 상대방에 대한 기묘하고 뒤틀린 이미지를 가지고 있다. (중략) 비非과학자들은 과학자가 인간의 조건을 깨닫지 못하는 천박한 낙천주의자라는 뿌리깊은 인상을 가지고 있다. 한편 과학자들의 신념에 의하면 문학적 지식인들은 앞을 내다보는 지혜가 부족하며 자신들의 동포에게 무관심하고 고차원적 의미에서는 반지성적인, 예술과 사상을 실존철학의 계기契機로 한정하려는 존재이다. 어느

정도 독설의 재능을 지닌 사람이라면 이 같은 험담은 얼마든지 만들어낼 수 있을 것이다.[1]

이러한 적의와 이해부족의 시선은 심지어 인문학적 지식의 내부에서도 벽을 하나 더 만들어내어 '문학'과 '철학'의 사이도 갈라놓고 있다. 잘 알려진 것처럼 플라톤은 철인왕哲人王이 통치하는 그의 이상국가에서 작가와 시인을 추방할 것을 요구했다. 그 이유는 다름이 아니라 "그들은 영혼의 열등한 부분을 눈뜨게 하고 육성해서 그것을 강력하게 만들고 결국에는 이지적인 부분을 없애버리기 때문"(『국가』 제10권)이다. 반대로 문학자의 입장에서 말하자면, 철학자들은 과학자도 문학자도 될 수 없는 어중간한 존재로 지루한 공리공론을 떠들어대면서 세상을 현혹시키는 상아탑의 화석이라고 할 수 있을 것이다. 그런 이유로 셰익스피어는 『햄릿』에서 주인공에게 "호레이쇼, 이 하늘과 땅 사이에는 철학 같은 생각지도 못했던 일들이 존재한다오"(『햄릿』 제1막)라고 말하게 했으며, 체호프는 아르카지나에게 "아아, 지루함이라면 이 친애하는 시골의 지루함에 비길 것은 없어요. 덥고 조용하고 모두 아무것도 안 하고 그저 철학만 논하고 있지요"(『갈매기』 제2막)라는 대사를 내뱉게 했다.

그러나 과학/문학/철학 사이에 그어진 경계선이 처음부터 오늘날과 같이 엄밀한 것이 아니었다는 것은 루크레티우스의 『만물의 본성에 대하여』나 F. 베이컨의 『뉴아틀란티스』 또는 레오나르도 다 빈치의 『수기』를 읽어보면 자연히 납득할 수 있다. 유명한 데카르트나 파스칼, 라이프니츠는 철학자이면서 동시에 과학자였다. 금세기에 들어와서도 가스통 바슐라르[†]나 데라타 도라히코[‡]는 그 경계선을 쉽게 넘나들었다.

과연 무엇이 불확실했던 경계선을 이렇게 견고한 '벽'으로 변화시켰는가. 이러한 변화는 말할 것도 없이 17세기 '과학혁명'으로 이루어진 근대

과학의 눈부신 발전과 그 성과에 의한 것이다. 근대과학의 '방법적 제패'를 통해 과학은 철학에서 분리 독립했고, 과학적 지식과 인문학적 교양 사이에는 '수학적 언어'라는 넘기 힘든 장벽이 세워졌다. 그리고 그 둘 사이를 가로막는 수식의 벽은 단순히 지적 장르의 차이를 강조하는 것뿐만 아니라 '지식의 피라미드형 계층구조'를 고정시키는 차별의 상징으로도 기능해온 것이다.

그런데 아이작 뉴턴의 대표적인 저서가 『자연철학의 수학적 원리』이며, '과학자scientist'라는 단어가 1840년대에 만들어졌다는 사실에서도 알 수 있는 것처럼, 자연과학(그 중에서도 물리학)을 정점으로 하는 지식의 피라미드형 계층구조가 성립된 것은 19세기 중반의 '과학의 제도화'를 통해서였다. 기껏해야 150년 정도의 역사를 지니고 있는 것이다. 물론 그 성립과정에는 20세기 현대물리학의 비약적인 발전과 그에 따른 기술의 진보라는 뒷받침이 있었다. 그러나 굳이 말하자면 인위적으로 쌓아올린 '벽'을 마치 영원불변의 위계구조로 만든 것은 바로 19세기 말 창궐했던 '과학주의'라는 이데올로기였다.

이번 장의 과제는 과학적 지식과 인문학적 지식 사이에 놓인 이 '벽'에 구멍을 뚫고 그 사이를 통행 가능하게 만드는 것이다. 물론 그것이 과학/문학/철학 사이에 아무런 차이가 없음을 의미하는 것은 아니다. 각 장르 사이에 자연스럽게 발생한 '차이'는 있을 수 있지만, 그것이 지식의 타 영역을 '차별'하는 근거가 될 수는 없다는 것을 분명히 하고자 하는 것이다. 이들 세 장르는 각자 고유의 권리를 가지면서 전체적으로 우리의 '신

---

† 프랑스의 과학철학자. 구조주의의 선구자이며 시론詩論·이미지론으로도 유명하다.
‡ 지구물리학과 기상학 등을 연구한 일본의 물리학자. 동시에 나쓰메 소세키에게 사사받은 수필가이기도 하다.

념체계belief-system'를 형성한다. 그러나 그들 사이에 존재하는 차이는 유무를 따지지 않는 '실체적 차이'가 아니라 신념체계 내부의 '기능적 차이'에 불과하다. 우리는 그 차이를 '수직적 피라미드형 계층구조'가 아닌 '수평적 분업'으로 새롭게 파악하려는 것이다.

그 작업은 지금까지 과학적 지식에 부여되어온 '특권성'을 부정하거나, 적어도 그것을 무독화無毒化하는 작업이 될 것이다. 또한 그것은 '만학萬學의 여왕'으로 지식의 영역에 군림해온 철학의 특권성도 부정하게 될 것이다. 그렇다면 먼저 과학과 문학의 영역을 분리하는 경계선이 분명하지 않다는 점을 확인해보기로 하자.

2 과학과 문학 사이 — '존재론'의 벽

과학과 문학 사이에는 철학자들을 통해 지금까지 수많은 경계선이 만들어졌다. 이른바 객관적/주관적, 진리/허위, 실재/허구, 정확/불확실, 자의적 字義的/음유적과 같은 구별이다. 그러나 독립된 하나의 문장을 예로 들어 그것이 과학적 언명言明[†]인지, 아니면 문학적 언명인지를 논하는 것은 대부분 무의미하다. 다음과 같은 두 개의 문장을 예로 들어 생각해보자.

(1) 달은 지구와 같은 존재로 스스로 빛을 발산하지 않는다. 그리고 금성 역시 스스로 빛을 발산하지 않으며 지구와 마찬가지로 태양 주위를 돌고 있다.(브레히트, 『갈릴레오의 생애』)

(2) 한 사건의 발생 '시각'은 그 사건이 발생한 장소에 얌전히 놓인 시계의 바늘이 사건 발생 순간에 가리키는 수치이다.(아인슈타인, 『운동물체의 전기역학』)

(1)은 희곡의 대사이다. 그런데 이것을 천문학 저서의 인용이라고 해도 아무도 의심하지 않을 것이다. 또한 (2)는 특수상대성이론을 확립했다는 설명이 필요 없을 정도로 유명한 논문의 일부분이지만, 셜록 홈즈가 와트슨 박사에게 탐정의 기본을 가르치는 말이라고 생각해도 이상하지 않을

[†] 참이나 거짓의 값이 확정될 수 있는 논제. 사고활동의 출발점이 되는 최소 단위로, 어떤 주장이 들어 있고 평서문으로 표현된다.

것이다. 이처럼 어떤 언명이 과학적인가 문학적인가를 판정하기 위해서는 독립된 하나의 언명을 분석하는 것만으로는 부족하다. 그 언명을 둘러싼 문맥context을 고려하지 않으면 안 된다. 즉 고찰의 단위를 개개의 언명에서 '언명의 체계'로 확장하지 않으면 안 되는 것이다.

그 방향으로 한 발을 내딛는다면, 우리는 콰인이 「경험주의의 두 도그마」에서 제기한 지식의 '전체론'의 문제 속으로 발을 들여놓게 될 것이다. 콰인은 수학이나 논리학 같은 형식과학의 지식과, 물리학이나 화학 같은 경험과학의 지식 사이에 그들을 결정적으로 분리할 수 있는 명확한 경계선은 존재하지 않는다고 말한다. 즉 전통적인 '분석적/총합적'이라는 이분법(콰인에게 이 이분법은 실질적으로 아프리오리/아포스테리오리의 구별과 중복된다)은 기능을 지니지 않는 무의미한 구분방법으로, 폐기되어야 하는 것이다. 이것이 바로 이른바 '연속주의gradualism'의 명제이다.

형식과학과 경험과학 사이의 경계선이 소멸되어버린다면, 동일한 통합적 지식에 속하는 자연과학/사회과학/인문과학을 구별하는 선을 긋기도 불가능해진다는 것은 어찌보면 자명한 귀결이다. 방법과 대상의 차이는 '언명'에서 가치의 차이를 발생시키지 않기 때문이다(만약 발생된다고 한다면 자연과학 내부에서도 수많은 경계선이 존재할 것이다). 그러므로 콰인은 「경험주의의 두 도그마」의 유명한 한 소절에서 다음과 같이 적고 있다.

지리나 역사 같은 극히 일반적인 항목으로부터 원자물리학이나 나아가 순수수학과 논리학에 속하는 가장 심원한 법칙에 이르기까지, 우리의 이른바 지식과 신념의 총체는 테두리를 따라서만 경험과 접촉하는 인공의 구축물man-made fabric이다. 즉 과학 전체는 경험을 그 경계조건으로 갖는 힘의 영역a field of force이라고 할 수 있다.[2]

과학 전체는 자연/사회/인문의 여러 장르의 과학을 전부 포괄해 하나의 '지식 네트워크'를 형성하고 있다. 이것이 콰인의 전체론적 과학관이다. 이와 같은 전체론의 구도는 나아가 과학과 철학의 경계선을 없애는 방향으로 진행된다.

철학적 지식이 어떤 특징을 갖는지에 대해서는 옛날부터 많은 논의가 진행되어왔는데, 그것은 경험을 통해 검증되거나 반증되지 않는 아프리오리적 지식이어야 한다는 것이 전통적 혹은 일반적인 이해사항일 것이다. 그러나 '분석적/총합적'의 이분법, 나아가 '아프리오리/아포스테리오리'의 구별이 철폐된다면 철학과 과학의 구별은 사라질 것이다. 모든 지식의 '궁극적인 기초설정'을 목표로 하는 '제1철학'의 이념은 그 특권성을 잃을 것이며, 인식론은 언어학습의 발생론적 연구와 지각의 신경학적 연구로 귀착될 것이다. 이것이 바로 콰인이 말하는 '자연화된 인식론'의 명제이다.

이 명제의 타당성을 검토하는 작업은 뒤로 미루고, 여기에서는 지식의 네트워크 범위를 더욱 확장해 '문학'도 그 영역 안에 포함함으로써 과학과 문학 사이에 놓인 견고한 벽에 작은 구멍을 뚫어보기로 하겠다. 이미 앞에서 언급한 것처럼, 언명의 단위로 살펴보는 이상, 과학적 언명과 문학적 언명을 구별하는 명확한 기준은 존재하지 않는다. 그러므로 비교해야 하는 것은 과학이론의 체계와 문학 텍스트의 체계이다. 이 경우에 가장 자주 비교되는 것은 실재/허상, 그리고 진리/허위와 같은 이항대립이다. 과학은 실재에 대한 진리를 논하고 문학은 허구의 존재에 대한 허위를 논한다. 즉 전자장에 대해 논하는 것과 히카루 겐지에 대해 논하는 것 사이에는 뛰어넘을 수 없는 벽이 존재한다. 우리는 그것을 '존재론의 벽'과 '의미론의 벽'으로 분리해낼 수 있다.

먼저 설명하고 싶은 것은 '존재론의 벽'이다. 콰인의 전체론적 견지는 우리가 '존재론의 벽'을 고찰하는 데서도 하나의 힌트를 제시해준다. 무엇을 실재로 인정하고, 무엇을 허구로 판단하는지는 우리가 어떤 존재론을 채용하는지에 달려 있다. 그것은 '신'의 실재를 둘러싼 유신론자와 무신론자의 대립을 예로 들 필요도 없이 명확하다. 또한 과학적 지식을 현실세계의 진정한 기술로 인정했다고 가정하더라도, 현상주의자와 물리주의자 사이에는 물리적 대상의 존재에 대한 의견차가 존재할 것이다. 그렇다면 이러한 차이는 어디서 유래하는가. 콰인에 의하면 "존재론적인 차이는 개념도식conceptual scheme에서 기본적인 차이를 포함한다".[3] 또한 "한 사람의 존재론은 그 사람에게 가장 흔한 사건을 포함해 모든 경험을 해석하는 개념도식의 기초"[4]이다. 그러므로 실재와 허구 사이의 경계선은 어떠한 개념도식을 경험해석의 틀로 채용하는가에 따라 유동적인 것으로, 아프리오리적으로 고정된 것이 아니라고 할 수 있다.

존재론과 개념도식이 분리될 수 없는 밀접한 관계라는 것은 오히려 자연과학 영역에서 가시적으로 확인할 수 있다. 뉴턴의 역학이나 연소이론의 틀 안에서는 의심의 여지가 없는 물리적 실재였던 '에테르ether'[†] '플로지스톤' '칼로릭'과 같은 대상들이 현대물리학에서는 단순한 '허구'로 여겨지고 있다는 것은 잘 알려진 사실이다. 또한 19세기 말 뜨거웠던 원자론atomistic과 에너지 일원론energetic 사이의 논쟁은 분명히 어떤 것을 물리적 존재로 인정할지에 대한 존재론적인 대립이었다. 기하광학에서는 그 실재성이 부정되었던 '빛의 입자'가 오늘날의 양자역학에서 '광자光子'로 부활해 확실한 물리적 실재로 인정받고 있는 것도 좋은 예이다. 한마디로 물리적 대상의 '존재론'은 반드시 이론적인 틀을 전제로 하며 그 이론과 불가분의 관계이다. 그러므로 모든 관념도식으로부터 독립해 '실재'나 '허구'를 논하는 것은 그물도 없이 맨손으로 물고기를 잡으려는 것과 마찬가지이다.

이렇게 말하면 과학적 실재론의 입장에서 곧바로 다음과 같은 반론이 제기될 것이다. 설령 실재론의 반대 입장에 서더라도 과학에 있어 이론적 틀의 교체를 인정한다면, 물리적 자연은 교체를 촉진하는 '변칙사상變則事象'의 모체이므로 이론적 틀에서 독립된 존재로 인정할 수밖에 없다는 반론이다. 그러나 일단 '변칙사상'은 이론적 틀 없이는 출현할 수 없다는 논점을 제외하더라도, 이론을 통한 물리적 대상의 글자 그대로의 '창조'를 주장하는 논자가 아닌 이상, 아무리 실재론에 반대하는 사람이라도 복수의 이론이 공통적으로 관련되는 영역으로서, 이론적인 틀에서 독립된 물리적 자연의 존재를 인정하지 않을 수 없다. 하지만 그렇게 이론적인 틀에서 독립되어 내용을 가지지 않는 물리적 자연은 '물자체'나 '선험적 대상 X'‡와 같은 공허한 개념으로 '무엇이 존재하는가' 라는 물음에 대한 답이 될 수 없다. 결국 그와 같은 반론은 철학적 의미가 결여되어 헛도는 바퀴에 지나지 않으며, 존재론에 관한 주장으로 인정받기 어렵다.

　　오히려 제대로 된 과학적 실재론자라면 위에서 말하는 물리적 자연은 구조를 갖지 않는 '물자체' 같은 것이 아니며, 아직 알려지지는 않았지만 명확한 물리적 구조를 아프리오리적으로 가지고 있을 것이라고 주장할 것이다. 이 경우 '아직 알려지지 않은'은 '언젠가 발견할 수 있다' 는 의미를 포함한다. 그러나 '과학적으로 알고 있다' 는 것은 '이론을 구성한다' 는 것 이상을 의미하지는 않는다. 그렇다면 우리는 '이론을 구성하기' 이전의 자연의 '아프리오리적인 구조'에 대해서는 과학적으로 논할 수 없으며, 그 구조는 어디까지나 '이론'을 통해 나타나는 아포스테리오리적인 지식을 통

† 전자기 마당의 매체로 가상된 매질媒質. 마이컬슨의 실험으로 그 모순이 발견되었으며, 아인슈타인의 상대성이론으로 그 실재를 논의할 필요가 없어졌다.
‡ X는 우리가 그것에 관해 전혀 알 수 없는 '어떤 것'을 의미한다.

해서만 논할 수 있을 것이다. 이 경우의 '아프리오리'는 '아직 알려지지 않은'의 동의어에 지나지 않으며 언제나 뒤늦은 지혜로 따라오는 것일 뿐이다. '아프리오리'를 '모든 이론으로부터 독립한'이라는 의미로 이해한 시점에서 이미 잘못된 것이다.

물리학적 존재론이 다루는 것은 처음부터 '소입자' '에너지' '전자장'과 같은 구체적인 물리적 대상 또는 물리학적 '자연종natural kind'으로, '아프리오리적인 물리구조' 같이 실체가 없는 추상적인 것이 아니다. 무엇이 존재하는지에 대한 질문에는 물리학적 '자연종'의 실재/비실재 여부를 대답해야 하는 것이다. 과학적 실재론이 아직 알려지지 않은 '아프리오리적인 물리구조'의 존재만 내세울 뿐이라면, 그것은 어떤 구체적인 실재에도 속하지 않는 '공허한 실재론'에 지나지 않는다. 그리고 만약 에테르나 플로지스톤의 존재를 절대적으로 부정하고 소입자나 전자장의 실재성을 무조건적으로 인정한다면, 그것은 이론적인 틀의 변화를 따라 '실재'의 경계선이 이동하는 것, 즉 존재론이 개념도식에 의존하는 것을 적극적으로 인정하는 결과가 될 것이다.

우리는 '무엇이 존재하는가'라는 질문을, 특정 과학논리 또는 개념틀에 대한 언급이 결여되어 있는 상황에서는 대답할 수 없는 무의미한 인식론적 질문이라고 생각한다. 그러므로 '무엇이 존재하는가'라는 질문은 '어떻게 존재를 알 수 있는가'라는 질문과 종이의 양면 같은 관계에 있다고 할 수 있다. 즉 존재론과 인식론은 불가분의 관계이다.

이상의 내용을 정리하면, 우리는 '과학'과 '문학' 사이에서 하나의 통로를 발견할 수 있다. 단지 그것은 이론적인 틀과 개념도식의 외연을 '문학적인 텍스트'까지 확장함으로써 얻게 되는 것이다. 그리고 우리의 신념체계를 언명의 네트워크로 가정하는 이상, 그러한 확장을 방해할 이유는 아무엇도 없을 것이다. "세상의 모든 행복한 가정은 서로 비슷한 이유로 행복하지만, 불행한 가정은 제각기 서로 다른 이유로 불행하다"(톨스토이,『안나 카레니나』)라는 언명을 예로 들면, 이 언명은 어떤 경우에는 소설의 일부이지만 어떤 경우에는 가족사회학적인 기술이 될 수 있다. 어느 쪽이 되는지는 문맥에 달린 것으로, 그 언명이 네트워크 내부에서 차지하는 '위치가位置價'에 따라 결정된다.

문학적 텍스트 또한 우리 신념체계의 일부를 구성하며 개념도식의 역할을 수행하고 있다. 그렇다면『겐지 이야기』라는 이론적인 틀 안에서 '히카루 겐지'의 존재에 대해 이야기하고, 제목으로 인해 오해의 소지가 있는 '미나모토노 요시쓰네'의 비존재에 대해 이야기하는 것은 전혀 문제가 되지 않을 것이다. 물론 '미나모토노 요시쓰네'는 '역사서술'의 틀 안에서는 얼마든지 유의미적으로 이야기될 수 있는 존재이며, 그 경우에는 당연히 '히카루 겐지'가 존재하지 않는 인물로 배제될 것이다. 이것은 존재론이 개념도식과 불가분의 관계라는 점을 생각하면 당연한 귀결이다.

이런 입장에 선다면 히카루 겐지, 미나모토노 요시쓰네, 소분자, 전자장, 실수實數, 허수虛數 등은 모두 '문화적 조정물措定物'(콰인)로 분류되어, 존재론적으로는 동일한 가치를 지니게 된다. 그러므로 '과학'과 '신화'와 '이야기' 사이의 경계선은 불명확해지고 사라져버릴 수밖에 없다. 콰인의 '전체론'과 '연속주의'의 명제가 도달한 지점은 이렇게 경계가 사라지는 지점이었던 것이다.

물리적 대상은 간단한 매개물로서 경험적으로 말로 나타내는 정의에 의해서가 아니라, 인식론적으로는 호메로스의 신들에 비유되는 단순한 환원 불가능한 조정물로 개념적으로 상황 속으로 반입되는 것이다. 나는 비전문적인 물리학자로서, 물리적인 대상은 믿어도 호메로스의 신들은 믿지 않는다. 그리고 만약 그렇지 않다면 과학적으로 오류를 범하고 있다고 생각한다. 그러나 인식론적 입장에서는 물리적인 대상과 신들은 정도의 차이는 있지만 한 종류로 분류된다(differ only in degree and not in kind). 모든 존재자存在者가 문화적 조정물cultural posit로서 우리의 개념에 참여하는 것이다. 물리적 대상의 신화는 일반적인 신화보다 훌륭하다. 그것은 경험의 흐름 속에서 다루기 쉬운 구조를 만들기 위한 장치로서 다른 신화들보다 효과가 있다고 알려져 있다.[5]

한편 이와 같은 주장은 실재와 허구의 엄연한 구별을 없애버리고 존재자의 인플레이션을 불러일으키는 것이며, 또한 콰인 철학의 본질적인 원칙이라고 할 수 있는 '오캄의 면도날'[†] 정신에 위배되는 것이라는 반문이 제기될지도 모른다. 그러나 콰인의 주장은 마이농의 '순수대상'이나 T. 파슨스의 '불완전대상'처럼 존재자의 '종류'를 터무니없이 증가시키는 것이 아님에 주목할 필요가 있다. 그의 주장이 의미하는 것은 어디까지나 '정도의 차이'로 '종류의 차이'가 아니기 때문이다.

물론 '소립자'와 '히카루 겐지' 사이에는 명확한 종류의 차이가 존재한다. 전자는 실험장치를 통해 경험적으로 그 존재를 검출할 수 있는 데 반해 후자는 불가능하지 않은가라고 말하는 사람은 소립자 같은 물리적 대상과 실수나 허수 같은 수학적 대상 사이에도 엄연히 종류의 차이가 존재하는 것을 인정해야 한다. 군群과 환環 같은 수학적 대상은 사이클로트론[‡]이나 전자오실로그래프[#]를 이용해 경험적으로 검출될 수 있는 종류의 것이 아니다. 히카루 겐지가 『겐지 이야기』를 떠나서는 존재할 수도 없는 대상인 것과 마찬가지로 실수나 허수는 수학론의 틀을, 군과 환은 대수학의 틀을 떠나서는 존재할 수 없기 때문이다. 덧붙여 설명하자면, 현대의 물리학자가 안개상자의 비적을 통해 소립자의 존재를 경험적으로 확인하는 것처럼, 고대 그리스인들은 천둥이나 잔잔한 바다라는 현상을 통해 제우스의 분노와 넵투누스의 평정을 경험적으로 확인할 수 있었을 것이다.

지구상의 존재자 중에는 책상이나 의자처럼 눈에 보이고 손으로 만질 수 있는 대상이 있는가 하면, 적도나 자오선처럼 눈에 보이지 않고 손으로 만질 수 없는 대상도 있다. 이것은 전혀 이상한 일이 아니다. 만약 '실재'를 눈으로 볼 수 있고 손으로 만질 수 있는 책상과 의자 같은 대상에 한정한다면, 쿼크나 자외선의 색에 대해 이야기하는 것은 무슨 수단을 사용해도 불가능하기 때문이다. 그러므로 경험적으로 검출할 수 있는지 아닌지는 대상의 존재자격이나 '종류'의 차이를 주장하는 근거가 될 수 없다. 굳이 말하자면 존재하는 것은 존재자의 '종류'의 차이가 아니라 존재자를 '인지하는 방법'의 차이이다. 존재자를 경험적으로 검출 가능한 물리적 대상으로 한정하고자 하는 엄격한 물리주의자라고 하더라도 '강체 rigid body' ‡‡나 '이상기체理想氣體' †‡‡에 대해서까지 실험적 검출을 요구하지는 않을 것이다.

물론 강체나 이상기체는 단순한 '허구'가 아니다. 그러나 '에테르'의 허구성과 '이상기체'의 실재성 사이에 아프리오리적인 경계선이 존재하는 것은 아니다. 그 경계선은 앞에서 인용한 콰인의 말을 빌리자면 "경험의

---

† 같은 현상을 설명하는 두 개의 주장이 있다면, 간단한 쪽을 선택하라는 뜻. 흔히 경제성의 원리라고도 한다.

‡ 원자를 인공 파괴하는 이온가속장치.

♯ 전자기의 힘으로 진동파의 모양을 적는 장치.

‡‡ 힘을 가해도 모양과 부피가 변하지 않는 가상의 물체.

†‡‡ 보일-샤를의 법칙이 완전하게 적용된다고 여겨지는 가상의 기체. 고온·저압 아래에서 분자 사이의 상호작용이 전혀 없는 상태를 가리킨다.

흐름 속에서 다루기 쉬운 구조를 만들기" 위한 유효성의 여부라는 실리적 Pragmatic인 기준에 의해 결정되는 것이다. 그러므로 '에테르'가 다시 물리적 대상으로 복권될 수 있는 상황을 우리는 아프리오리적으로 부정할 수 없다. '빛의 입자'가 겪은 기묘한 운명이 그 좋은 예이다.

물리학을 '물리적 대상의 신화'라고 부르는 데에는 분명히 적지 않은 저항이 있을 것이다. 제우스나 넵투누스라는 신들이 리얼리티를 갖는 것은 그리스 신화라는 지역적인 '이야기' 내부에서만 가능하기 때문이다. 그렇게 생각한다면 강체와 이상기체는 뉴턴의 역학이라는 '이야기' 내부에서만 리얼리티를 가진다고 말할 수 있다. 둘 사이에 존재하는 것은 우리의 경험을 해석하는 개념도식의 차이이며, 또한 무엇을 실재로 인정하고 어떤 실재에 의거해 생활을 조직하고 현실에 대처할 것인지에 대한 '존재론적 서약commitment'의 차이이다. 그 관점에 서는 한, 과학과 종교의 서약은 동일한 가치를 지닐 것이다. 현대과학의 견지에서 제우스의 존재에 관여하는 것을 비웃는 사람은 있어도, 그리스도교가 '신'의 존재에 관여하는 것을 비웃는 사람은 아마 없을 것이다.

과학, 종교, 문학을 불문하고 존재론적 서약을 유지시키는 개념도식과 이론적 틀을 '이야기'라고 한다면, 현대물리학 또한 틀림없는 하나의 이야기이다. 그리고 그것은 '유용성'과 '확실성'을 갖춘 극도로 강력한 이야기이다. '유용성'과 '확실성'을 최고의 가치로 여기는 경험의 해석도식은 근대서구에서 창조된 생활형식으로, 우리 또한 '근대인'으로서 그와 같은 생활형식을 선택한 것이며 지금도 끊임없이 선택해가고 있는 것이다.

3 문학과 과학 사이 ─ '의미론'의 벽

앞에서 우리는 '과학'과 '문학' 사이에 가로놓인 경계선을 '존재론'적 관점에서, 특히 과학의 측면에서 유동화流動化를 시도했다. 지금부터는 '의미론'의 관점, 그 중에서도 '지시reference'와 '진리'의 개념을 중심으로 문학의 측면에서도 그 경계선을 유동화할 수 있는지에 대해 살펴보도록 하겠다.

햄릿과 히카루 겐지 같은 허구의 존재에 대해 이야기할 때, 철학적으로 가장 큰 논점이 되어온 것은 '지시'를 둘러싼 문제였다. 즉 카이사르나 로마 제국에 대해 이야기할 경우에는 그들 고유명사에 관련된 외연적인 대상이 존재하는 데 반해, 산시로†나 기리기리국‡에 대해 이야기할 경우에는 그와 같은 지시대상의 존재 여부를 적어도 경험적으로는 확인할 수 없다. 이와 같은 명확한 대비야말로 진실과 허구 혹은 과학과 문학을 구분하는 확실한 경계선으로 여겨져왔다.

현재 고유명사의 지시에 관한 이론으로는 프레게와 러셀이 제기하고 존 설을 통해 계승된 '기술설記述說'과, 크립키와 퍼트넘이 전개한 '인과설因果說'이 대립하고 있다. 그런데 양자 모두 허구의 고유명사에 대한 지시 관계를 인정하지 않는다는 점에서는 입장을 같이하고 있는 것처럼 보인다. 우리는 그와 반대로, 지시의 이론을 '현재와의 대응'이나 '실재적 대상

---

† 1908년 발표된 나쓰메 소세키의 소설 『산시로』의 주인공.
‡ 이노우에 히사시의 소설 『기리기리 사람들』에 등장하는 가공의 나라.

과의 연결'이라는 실재론적 제약에서 분리시킨다면 라스콜리니코프[†]의 경우에도 나폴레옹의 경우와 마찬가지로 얼마든지 의미를 가지는 지시관계가 성립한다고 생각한다.

기술설의 입장에서 본다면, 고유명사는 '기술의 집합'에 지나지 않는다. 즉 '셰익스피어'는 『햄릿』이나 『오셀로』의 저자'로 동정된다. 또한 이 주장은 허구의 존재를 차별하는 장치로 상당히 유효하게 작용한다. 어떤 기술 속의 인물이나 사물이 현실세계에 존재하지 않는다면, 그것은 허구의 존재이며 지시관계는 성립하지 않기 때문이다.

그러나 기술설에는 몇 가지 난점이 존재한다. 러셀의 분석에 의하면 비존재자에 관한 언명은 위장된 존재언명이기 때문에, 모두 '거짓'으로 판단되지 않으면 안 된다. 따라서 '현재의 프랑스 왕은 대머리다'라는 문장은 틀림없는 거짓이다. 이와 같은 맥락에서 '햄릿은 덴마크 왕자다'라는 문장 또한 거짓이 되지 않으면 안 된다. 그러나 이 문장이 거짓이라는 해석은 우리의 직관적 이해와 확실히 어긋나는 것이다. 만약 거짓이 아니라고 한다면, 러셀의 입장에서는 이 문장은 "셰익스피어의 희곡은 '햄릿은 덴마크 왕자다'라는 문장을 포함하고 있다"라는 진정한 초언명超言明으로밖에 이해될 수 없다. 그러나 이것은 어떻게 보아도 부자연스러운 해석이다.

또한 햄릿이 '기술의 집합'으로 설명될 수 있는 인물이 아니라는 것은 우리가 햄릿에 대해 사실이 아닌 조건문을 이야기할 수 있다는 점을 보더라도 분명하다. T. G. 파벨이 지적하는 것처럼, 우리는 "햄릿이 오필리아와 결혼했다면 그들은 오래오래 행복하게 살았을 것이다"라는 문장을 유의미하게 논할 수 있다.[6] 그러나 기술설에 의하면 오필리아와 결혼한 햄릿은 이미 햄릿이 아니다. 그것은 햄릿의 기술적 정의에 반하기 때문이다. (참고로, 파벨에 의하면 18세기의 관객들은 『리어왕』의 코델리아의 죽음을 납득하지 못했

고, 그녀가 살아남아 에드가와 결혼하는 수정 버전의 상연을 더 좋아했다고 한다.)[7]

　나아가 실재 인물인 경우에도 문제점은 발생한다. 셰익스피어를 『햄릿』과 『오셀로』의 저자'라는 기술로 동정하고, 두 희곡의 작자가 실은 프랜시스 베이컨이었다는 사실이 최근의 문학연구에 의해 밝혀졌다고 가정해보자. 그러나 그 경우에도 '셰익스피어는 베이컨이다'라는 기술이 사실이될 수는 없다. 비록 앞의 두 희곡을 쓰지 않았더라도, 셰익스피어는 역시 1564년 스트랫퍼드에서 태어난 한 인물로 계속해서 자기동일성을 유지하기 때문이다.[8]

　한편 '인과설'의 입장에서라면 위와 같은 난점을 회피할 수 있다. 고유명사에는 '기술의 집합'과는 독립적으로, 모든 가능세계可能世界를 통해서 동일한 대상을 직접적으로 지시하는 기능을 갖는 '고정지시자rigid designator'라는 성격이 부여되어 있기 때문이다. 고유명사가 기술의 도움을 빌리지 않고 직접적으로 대상을 지시할 수 있는 것은 지시대상을 고정하는 '최초의 명명의식initial baptism'에서 발생하는 이름 전달의 '인과연쇄causal chain' 작용에 따른 것이다. 파벨은 인과설의 두 가지 측면을 구별하면서 전자의 고정지시자로서의 기능을 '구조적 측면', 후자의 명명의식과 인과연쇄의 기능을 '역사적 측면'이라고 불렀다.[9]

　그렇다면 인과설의 구도 속에서 허구의 고유명사는 어떤 취급을 받는가. 예를 들면, 도넬란은 '산타클로스'가 허구의 단어임을 '차단block'이라는 개념을 도입해 설명하고 있다. 차단이라는 것은 "모든 지시대상의 동정을 막을 수 있는 사건"[10]이다. 나는 '산타클로스'라는 이름을 어머니로부터 이어받았고, 어머니는 앞서 할머니로부터 이어받았다고 해보자. 그렇게 커

† 도스토예프스키의 소설 『죄와 벌』에 등장하는 남자 주인공.

뮤니케이션의 인과연쇄를 거슬러 올라가다 보면 그 연결고리는 어떤 전설 속에서 차단되고, 결국 최초의 명명의식까지는 도달하지 못할 것이다. 또한 그 연결고리가 실재 인물까지 도달하는 경우는 절대로 일어나지 않을 것이다. 이처럼 차단 유무에 따라 실재하는 단어와 허구의 단어는 명확하게 구분된다는 것이다.

그러나 로티가 지적하는 것처럼 "도넬란의 견해는 '고유명사는 기술적인 내용을 갖지 않는다'라는 반러셀적인 주장과 결합됐을 때, 결국 '산타클로스는 오늘밤 오지 않겠지'라는 문장은 명제를 표현할 수 없다고 말하는 것이 된다"[11]라고 할 수 있다. 이것은 허구의 이름을 배제하기 위해서 지불하기에는 너무나도 큰 대가일 것이다.

그에 대해 파벨은 인과설을 옹호하면서, 도넬란의 문제점은 단지 인과설의 '역사적 측면'에만 해당되는 것으로 "'코델리아'의 사용은 구조적인 면에서 '아리스토텔레스'나 '소크라테스'의 사용과 구별되지 않는다"라고 말한다. 또한 "구조적 측면만 생각한다면, 논픽션의 고유명사와 픽션의 고유명사 사이에 검출 가능한 차이는 존재하지 않는다"라고 주장한다.[12] 허구명사도 고정지시자의 기능을 가질 수 있는 것은 앞에서 설명한 것처럼 햄릿에 대해 사실과 다른 조건문을 이야기할 수 있다는 점에서도 확실히 알 수 있다. 게다가 인과설의 '구조적 측면'은 실재와의 역사적인 연결을 강조하는 '역사적 측면'을 반드시 포함하고 있는 것도 아니다. 그러므로 도넬란의 '차단'이라는 개념은 무용지물이라고 할 수 있다.

나는 파벨의 견해에 기본적으로 동의한다. 그러나 그가 인과설에서 '역사적 측면'을 떼어내고 허구명사를 '구조적 측면'에만 연관시킨 것에는 문제가 있다고 생각한다. 인과설의 핵심은 오히려 지시의 작용을 언어공동체의 커뮤니케이션 연쇄의 근원으로 삼는 '역사적 측면'에 있다고 생각하기 때문이다. 파벨의 오해는 대상과의 '사전친숙acquaintance'이나 '직시ostention'가 최초 명명의식에서 불가결의 조건이라고 생각한 것이다. 그러나 명명의식의 역할은 전적으로 '지시를 고정함fix the reference'에 있을 뿐이다. 또한 대상을 하나의 뜻으로 특정지을 수 있다면 그 수단이 반드시 사전친숙이나 직시일 필요는 없다. 경우에 따라서는 '기술'이어도 상관없는 것이다.

그러한 예를 하나 들어보자. 천문학자 르베리에는 천왕성의 궤도에 섭동攝動[†]을 일으키는 원인은 아직 발견되지 않은 미지의 혹성에서 오는 인력이라고 생각하고, 그 원인이 되는 혹성을 '해왕성'이라고 명명했다. 실제로 해왕성이 발견된 것은 얼마 뒤의 일로, 르베리에가 명명했던 당시에는 그 별에 대해 사전친숙을 획득하는 것도, 직시를 행하는 것도 당연히 불가능했다. 그럼에도 당시의 천문학자들은 해왕성의 존재와 성질에 대해 유의미한 논의를 전개할 수 있었다. 이 경우, 지시를 고정하는 역할을 수행하고 있는 것은 사전친숙이나 직시가 아니라 오히려 뉴턴의 역학에 기초한 천문학 이론, 즉 기술의 집합이라고 할 수 있다. 지시가 고정되기만 한다면 우리는 그것을 기점으로 대상의 존재/비존재에 상관없이 인과연쇄의 실에 의지해 해당 고유명사를 유의미하게 사용할 수 있는 것이다.

르베리에는 나아가 수성의 근일점 이동현상[‡]을 설명하기 위해 같은 방법으로 다른 혹성의 존재를 가정하고 그것을 '발칸'이라고 명명했다. 그러나 발칸으로 명명된 혹성의 존재는 결국 확인되지 않았다. 아인슈타인의 일반상대성이론이 제기되고 나서 '발칸'은 단지 허구명사로 판명되었다. 그러나 '발칸'이 허구명사라는 것은 도넬란이 말하는 인과연쇄의 '차

[†] 일반적으로 역학계에서, 주요한 힘의 작용에 의한 운동이 부차적인 힘의 영향으로 인하여 교란되어 일어나는 운동.

[‡] 수성의 타원궤도가 닫히지 않아 근일점이 100년마다 각 크기 43초씩 이동하는 현상.

단'을 통해 밝혀진 것이 아니다. 일반상대성이론이라는 새로운 이론적 틀이 그 존재를 부정하고 쓸모없는 것으로 만든 것이다. 그러므로 대상의 존재/비존재는 어디까지나 이론적 틀에 따라 결정되는 것으로, 그것과 어떤 고유명사를 유의미하게 사용할 수 있는지 없는지는 다른 종류의 이야기이다. 참고로, 르베리에의 '발칸' 도입은 뉴턴의 역학 틀 안에서는 합리적이고 타당한 가설이었다.

　미시물리학 영역에서도 유카와 히데키가 행한 '중간자meson'[†]의 명명과 그 존재의 예언은 이론을 통한 지시고정의 좋은 예이다. '중성미자neutrino'[‡]나 '쿼크'와 같은 미시물리학이 취급하는 대상에 대해서는 사전친숙이나 직시에 의한 지시고정을 기대하기가 처음부터 불가능하다. 그러한 대상에 대해서는 논리적인 틀을 통한 지시고정이 필수불가결한 수단인 것이다. (이것은 '허수'와 같은 수학적 대상의 지시를 생각해보면 더욱 분명해진다.)

　이상의 내용을 통해 '햄릿'과 같은 문학적인 허구명사에 인과설을 확장하여 적용할 수 있다는 것이 분명해졌을 것이다. 문학적인 허구명사의 경우, 이론적 틀의 역할을 수행하는 것은 당연히 문학적 텍스트이다. '햄릿'은 셰익스피어가 쓴 희곡 『햄릿』을 통해 지시고정된다. 그러므로 우리는 희곡 『햄릿』으로부터 이어지는 인과연쇄의 실을 통해 햄릿의 성격이나 사실이 아닌 상황에 대해 유의미한 문장을 이야기할 수 있는 것이다. 문학적 텍스트에서 분리된 허구명사는 인과연쇄의 실이 끊어진 연처럼 허공을 떠도는 단순한 음성에 지나지 않으며, 그것을 유의미하게 사용하는 것은 불가능하다. 콰인이 말하는 것처럼 "지시는 좌표계 위에서 상대적으로 이루어지지 않는다면

[†] 전자보다 무겁고 양성자보다 가벼운 질량을 가진 소립자.
[‡] 중성자가 양성자와 전자로 붕괴될 때 생기는 소립자. 전하를 가지고 있지 않고 질량이 극히 작다.

무의미"[13]한 것이다. 이것은 자연과학이 취급하고 있는 이론적인 대상 theoretical entity에서도 동일하게 적용된다.

문학적 텍스트를 좌표계로 삼아 허구명사에 대한 지시가 가능하다고 한다면, 러셀처럼 허구명사를 포함한 문장을 '거짓'이라는 한 가지 의미로 분석할 필요가 없어질 것이다. '햄릿은 우유부단한 남자다'라는 언명은 셰 익스피어가 쓴 『햄릿』이라는 좌표계 안에서 평가되는 한 진실이라고 할 수 있다. 또는 적어도 셰익스피어를 연구하는 학자들이 현실에서 실제로 하 고 있는 것처럼 그 언명의 진위에 대해 진지한 논증을 되풀이하며 진지한 논쟁을 할 수 있다. 그러한 점에서는 과학연구와 문학연구 사이에 명확한 경계선이 존재하지 않는다. 단지 콰인의 전체론의 용어법을 따르자면, 언 명의 진리값 재배분과 신념체계의 재조정이 과학연구의 경우에는 '경험의 경계조건'이라는 '외부압력'을 통해 촉진되는 데 비해, 문학연구의 경우에 는 '텍스트공간의 정합성'이라는 '내부압력'에 따라 촉진된다는 차이가 있 을 뿐이다. (부연하자면, 과학과 문학을 연속적인 것으로 생각하는 이상, 우리는 '진리'를 '진리와의 대응'이 아닌 듀이로부터 유래된 '보증된 주장가능성warranted assertability'으로 이해하는 것이다. 본래 '실재'나 '존재'라는 개념은 이론적 틀을 벗어나서는 공허한 개념으로, 모든 문맥으로부터 독립한 무색투명한 규정은 있을 수 없기 때문이다. 근본적으로 고차방정식 해법의 존재와 네스호 괴물의 존재를 동일한 이론적 틀 속에서 논할 수 없는 것은 명백하다. 아리스토텔레스의 주장처 럼 '우리는 다양한 방법으로 존재를 논하고 있다'라고 할 수 있다.)

4 철학적 언명의 위치값

마지막으로 '과학'과 '문학'에 비교했을 때 '철학'의 언명이 우리의 신념체계 속에서 어떤 위치를 차지하고 있는지에 대해서, 지금까지의 고찰에 입각해 간단한 약도를 그리는 것으로 마무리짓도록 하겠다.

이미 앞에서 언급한 것처럼, 우리가 콰인의 '지식의 전체론'의 구도를 적극적으로 받아들인다면 분석적/종합적 또는 아프리오리/아포스테리오리와 같은 전통적인 이항대립의 도식은 무효화될 것이며, 그들 사이의 경계선은 사라지고 둘은 연속적인 개념이 될 것이다. 그러므로 철학과 과학 사이에도 명확한 국경은 존재하지 않게 된다. 그렇다면 모든 지식의 '궁극적인 기초 확립'을 사명으로 하는 기초학문인 철학, 또는 경험과학의 타당 근거를 남김없이 밝히는 '만학의 여왕'으로서의 철학이라는 특권적 이념은 지금 당장이라도 효력을 잃어버리게 될 것이다. 콰인의 말을 빌려 표현하자면, 지식의 전체론은 "자연과학에 우선하는 제1철학이라는 목표의 포기"[14]로 귀결될 것이다.

그렇다면 철학과 과학 사이의 벽이 사라진다면, 철학적 언명도 과학적 언명처럼 '경험'을 통해 논박될 수 있는 것인가. 그에 대한 답은 50퍼센트의 예스yes와 50퍼센트의 노no이다. 전체론적인 입장에서는 이미 '듀엠-콰인의 명제'에서 밝히고 있는 것처럼, 과학적 언명이라고 해도 경험적 사실에 따라 직접적 또는 개별적으로 논박되는 일은 있을 수 없다. 진리값의 재배분은 언제나 신념체계 전체의 '재조정'이라는 관점에서 이루어지기 때문이다. 이 점을 인정한다면 철학적 언명 또한 우리 신념체계의 중요한 일부를 구성하고 있는 이상, 얼마든지 경험적 과학의 성과를 통해 수정되고 재조정될 가능성이 있다. 단지 경험과의 관계는 직접적인 것이 아니라 어디까지나 체계 전체의 네트워크라는 여러 겹의 매개를 거치는 지극히 간접적인 것이 될 것이다.

사실 상대성이론과 양자역학의 전개는 오늘날 '시간' '공간' '인과성' 등의 기본 범주에 중대한 변경을 초래했다. 그러므로 카시러는 『아인슈타인의 상대성이론』을, 베르그송은 『지속과 동시성』을 집필해서 각자 자신의 철학을 걸고 대응할 수밖에 없었던 것이다. 잘 알려진 게슈탈트 심리학과 현상학의 상호교류, 그리고 수학상의 '직관주의'의 영향을 빼고는 논할 수 없는 더밋의 '반反실재론'도 예로 들 수 있다. 철학적 언명도 경험과학으로부터 '외부압력'을 피할 수 없었던 것이다.

그렇지만 앞에서도 말한 것처럼, 철학과 과학 사이에 명확한 경계선이 존재하지 않는 것이 둘 사이에 아무런 차이가 없음을 의미하지는 않는다. 철학적 언명과 과학적 언명이 신념체계 내부에서 차지하는 '위치값'에 따라 그들 사이에는 본질적인 '기능적 차이'가 존재하기 때문이다. 그러나 우리는 그것이 '실체적 차이'가 아니라는 점에 주의해야 한다. 그러므로 우리는 콰인의 '전체론' 구도는 받아들일 수 있어도, 철학을 경험과학의 일부로 환원시키려는 것처럼 보이는 콰인의 '자연화된 인식론' 명제에는 동조할 수 없다. 그것은 철학과 과학 사이의 '기능적 차이'를 없애버리기 때문이다.

철학적 언명을 과학적 언명과 구별하기 위해 가장 흔히 사용되는 방법은 '경험'에 '초월론적'이라는 특징을 부여하는 것이다. '초월론적'이라는 개념이 '경험가능성의 조건'의 해명을 의미할 뿐이라면, 우리는 그것을 적극적으로 받아들일 준비가 되어 있다. 그러나 칸트가 주장하는 것처럼, '초월론적'이라는 개념에 '아프리오리적인 한도 내에서'라는 한정이 포함된다면 그것을 인정할 수 없다. 아프리오리/아포스테리오리 사이의 경계선이 사라지고 '모든 언명도 수정을 피할 수 없게 된'[15] 이상, 모든 언명은 넓은 의미에서 '아포스테리오리'적이라고 생각하지 않을 수 없기 때문이다.[16]

그러나 그것은 모든 언명을 경험과학의 언명으로 환원해버리는 것은 아니다. 우리는 아포스테리오리적인 언명이라도 그것이 체계 내부에서 특이한 '위치값'을 갖는다면 '아프리오리적 기능'을 수행할 수 있다고 믿는다. 즉 칸트적으로 표현하자면, '아프리오리적 (기능을 갖는) 총합언명'의 존재를 어떤 의미에서 인정하는 것이다. 단, 그것은 언명의 '종류'의 차이가 아니라, 어디까지나 신념체계 내부에서의 '기능'의 차이라는 점에 유의해야만 한다. 아래의 비트겐슈타인 논문의 일부분은 그러한 언명의 특질을 분명히 보여주고 있다.

> 우리가 세우는 경험명제가 모두 같은 지위를 갖지 않는다는 것은 다음의 예에서 분명히 알 수 있다. 우리는 경험명제로서가 아니라 기술의 규범으로서 그 하나를 정립할 수 있는 것이다.[17]

> 이렇게 생각해봐도 좋을 것이다. 경험명제의 형태를 갖춘 몇 개의 명제가 응고되어 고체화되지 않고 흘러가는 경험명제를 위한 유도관이 되는 것이다. 이 관계는 경우에 따라 변화되는 것으로, 유동적인 명제가 응결되거나 혹은 반대로 굳어져 있던 명제가 흐르기 시작하기도 한다.[18]

여기서 말하는 '기술의 규범'의 기능을 가지는 경험명제야말로 우리가 추구하던 '아프리오리적 (기능을 갖는) 총합언명', 즉 철학적 언명이라고 할 수 있다. 그것은 기술의 규범으로서 역할을 수행함으로써 '경험의 가능성의 조건'과 연관된다. 그런 의미에서 '초월론적' 인식의 가치를 갖는다고 할 수 있다. 즉 어떤 종류의 경험명제는 다른 경험명제를 '구성'하는 초월론적 기능을 지닐 수 있다. 물론 '기술의 규범'과 '경험적 기술' 사이의 구별은 고정적이지 않고 유동적인 것으로, 비트겐슈타인이 말한 것처럼 상호전환도 가능하다. 그러므로 아프리오리/아포스테리오리 사이에 절대적 경계는 존재하지 않으며, 철학적 언명이 가질 수 있는 것은 이른바 '역사적 아프리오리'라고도 부를 수 있는 특별한 위치값이다. 그 결과 과학과 철학은 연결되어 있으면서도 상대적으로 각자의 자립성을 유지할 수 있는 것이다.

여기서 '과학/문학/철학'이라는 명제에 대한 우리의 답변을 정리하고 넘어가도록 하자. 과학/문학/철학을 각각의 언명체계로 보는 한, 이들 지적 장르 사이에 명확한 경계선은 존재하지 않는다. 존재하는 것은 언명의 '종류'를 구분하는 실체적인 차이가 아니라 신념체계 내부의 위치값에 따라 발생한 기능적 차이뿐이다. 즉 '진실'과 '거짓'을 구분하는 국경은 고정적이지 않으며, 경우에 따라 얼마든지 그 사이를 왕래할 수 있는 것이다. 그러나 생각해보면, 이것은 지극히 당연한 일이다. 우리의 지적 활동이 창조력과 상상력을 통해 이루어지고 있는 이상, 과학/문학/철학은 모두 인간의 지적 활동의 정수로, 틀림없이 '사실과 허구의 중간'에 위치하고 있는 것이기 때문이다.

'거짓'과 '진실' 사이에 있는 양의적兩義的인 공간을 '이야기'라고 부른다면, '이야기'는 문학에서뿐만 아니라 과학에서도 불가결의 요소이다. 그렇다면 그러한 '이야기'의 생성과 구조를 분석하는 것이야말로 철학이 맡은 사명일 것이다. 과학과 문학과 철학은 '이야기'라는 반투명한 벽으로 구분되어 있으면서 동시에 '이야기'라는 공통의 대지에 발을 딛고 서 있다. 그러므로 그들은 근원적으로 연결되어 있는 것이다.

제 3 부

제6장

시간은 흐르지 않고 퇴적된다

— 역 사 의 식 의 적 시 성 에 대 해 —

"저 위 하늘에서는 새가 날고 있을지도 모른다.
그 새는 하늘 어느 한 위치에 있다가
다음 순간 다른 곳으로 이동해 있는 것이 아니다.
하늘을 날고 있는 것이다."

— 요시다 겐이치, 『시간』

1 지각적 현재와 상기적 과거

굳이 『호조키万丈記』[†]의 첫 부분을 떠올리지 않아도 "시간의 흐름에 몸을 맡기고"나 "흘러가는 강물처럼"과 같은 대중가요 가사에서 알 수 있는 것처럼, '흐름'이라는 표현은 끊임없이 흘러가고 있으며 다시 되돌릴 수 없는 인생에 대한 비유로 우리 의식 속에 뿌리깊이 자리잡고 있다. 또한 후설의 시간론의 키워드가 '정지하면서 흘러가는 현재'인 것처럼, 흐름의 비유는 철학적 사고에서도 불가결의 개념장치로 작용하고 있다. 일상적 경험에서 철학적 사색에 이르기까지, 우리의 의식을 지배하는 그 영향력은 너무나 강력하기에 우리는 '시간의 흐름'이나 '역사의 흐름' 같은 표현 없이는 시간과 역사에 대해 논할 수 없을 정도이다.

그런데 시간은 정말 흘러가고 있는가. 물론 역사가 시작된 이후로 시간의 흐름을 보거나 들은 사람은 아무도 없다. 시간은 오른쪽에서 왼쪽으로 이동하고 있지도, 요란한 소리를 내며 움직이고 있지도 않기 때문이다. 모래시계의 모래알은 분명히 흐르는 것처럼 움직인다. 그러나 그것은 물체의 기준운동으로 시간을 계측하는 것일 뿐, 그 움직임이 시간의 흐름 자체를 나타내고 있는 것은 아니다. 물론 우리는 강물이 흘러가는 모습을 볼 수 있고, 냇물이 흘러가는 소리를 들을 수 있다. 그러나 그 순간 우리가 보

[†]13세기에 가모노 조메이가 쓴 수필집으로, "흘러가는 강물은 멈추지 않고, 게다가 그 강물은 이미 처음의 그 강물이 아니다"라는 문구로 시작된다.

고 있는 것은 물 또는 수면에 뜬 꽃잎의 이동이며, 귀에 들리는 것은 끊임 없이 이어지는 졸졸거리는 소리일 뿐이다. 즉 물과 꽃잎과 소리가 흐르고 있는 것일 뿐 시간 자체가 흐르고 있는 것은 아니다. 그러나 꽃잎이 강물과 함께 상류에서 하류로 흘러내려올 때까지는 일정 시간이 경과된다. 그러 므로 눈에 보이지 않는 시간의 경과를 시각적으로 구상화하기 위해 우리 는 시간의 경과를 눈에 보이는 물이나 꽃잎의 '흐름'에 비유하는 것이다.

그것은 물체의 위치이동으로 시간의 경과를 표현한다는 점에서 '운동 학적 비유'라고 부를 수 있다. 이러한 운동학적 비유는 일상적인 경험에 적 합한 지극히 상식적인 것으로, 일상생활을 영위하는 데는 전혀 문제가 되 지 않는다. 문제가 되기는커녕 인생을 여행과 같은 위치이동에 비유하는 것처럼 운동학적 비유는 우리가 실제로 느끼는 감각과 일치하고 있다. 운 동학적 비유가 방해물이 되는 것은 이 비유의 영역이 시간의 철학적 분석 까지 무제한적으로 확장되는 경우이다.

시간의 경과를 물체의 위치이동에 비유해 표현할 수 있는 것은 시간의 '전후관계'이다. 예를 들어 공이 한 줄의 수직선 위에서 등속운동을 하고 있는 장면을 상상해보자. 이 경우, 공의 위치이동을 나타내는 수직선 위의 좌표는 그대로 시간의 경과를 나타낼 것이다. 공간위치의 전후관계가 시 간위치의 전후관계와 정확하게 대응하고 있기 때문이다. 이와 같은 논리 를 근거로 전후관계만이 문제시되는 가역적인 운동학적 시간이 성립된다. 열역학 제2법칙†을 고려하지 않는 한, 운동학적 시간은 '방향'을 가지지 않 는다. 물체의 위치이동을 지배하는 역학법칙은 모든 시간에 대해 대칭적 이기 때문이다. 그러나 우리는 너무나 간단히 전후관계를 과거-현재-미

† 닫힌계에서 총 엔트로피(무질서도)의 변화는 항상 증가하거나 일정하며 절대로 감소하지 않는다.

래라는 '방향'을 갖는 불가역적 '시간양상'으로 조작해버리는 실수를 범한다. 공이 위치하는 지점이 현재, 그보다 뒤쪽이 과거, 그리고 앞쪽이 미래라고 가정해버리는 것이다. 일반적으로 '흐름'이 불가역적이라고 생각하는 것은, 흐름이라는 공간적 표상(전후관계)에 무의식적으로 '시간양상'을 대입시켜 생각하기 때문이다.

이렇게 시간양상(A계열)과 전후관계(B계열)라는 두 가지 시간계열을 부주의하게 혼동해서 사용한 결과, '맥타가트의 패러독스'를 비롯한 많은 아포리아가 생겨난 것은 잘 알려져 있다. '흐름'이라는 표상 또한 이 두 가지 시간계열이 혼합된 결과이다. 그러나 물체의 위치이동에 있어 얼마든지 세밀하게 그 물체의 위치를 지정할 수 있는 것처럼, '이전, 이후'라는 시간적 전후관계에서도 얼마든지 세밀하게 시간을 지정할 수 있다. 시간적 전후관계에 '과거-현재-미래'라는 시간적 양상이 대입될 때, '현재'는 물체가 위치하는 한 점으로 수축되어버린다. 그리고 한 줄의 수직선 중앙에 '현재'라는 점이 찍히고 그 이전(왼쪽)으로 '과거'가, 그 이후(오른쪽)로 '미래'가 확장되어나가는 우리에게 익숙한 시간좌표가 성립되는 것이다.

물론 물리학에서는 어느 한순간의 물체 위치와 운동량만 알고 있다면, 그 물체의 미래 운동상태를 예언하고 과거 운동상태도 알아낼 수 있다. 그러므로 현재는 미분가능한 '점'이어도 아무 문제가 없다. 그러나 이 시간좌표 위에서는 역사를 기술할 수 없다. '점적点的 현재'에서는 제아무리 카이사르라고 해도 루비콘 강을 건널 수 없기 때문이다. 역사적이라고 부를 수 있는 사건과 행위가 성립하기 위해서는, 현재는 반드시 그것을 가능하게 해줄 수 있는 일정의 '폭'을 가져야 한다. 이처럼 역사적 시간을 성립시켜주는 현재 '폭'은 물체의 위치이동에서는 도출되지 않는다. '흐름'과 같은 운동학적 비유는 물리학에서 분명히 유용할지 모른다. 그러나 그것은 '시간'과 '역사'를 이어주고 있는 섬세한 실들을 끊어버린다.

현재가 '점'으로 끝나지 않고 일정의 '폭'을 가지고 있다는 점에 대해 좀 더 치밀한 논의를 전개한 것이 바로 유명한 '다시당김'[†]과 '미리당김'[‡]을 기반으로 하는 후설의 시간론이다. 후설은 먼저 지각적 현재의 의식인 '원인상 原印象 Urimpression'으로부터 출발한다. 원인상은 '모든 의식과 존재의 원천'으로 "지금이라는 단어가 가장 엄밀한 의미로 파악될 경우, 이 단어가 의미하는 것"이다.[1] 물론 '지금 현재' 부여된 원인상은 곧바로 '지금 막' 부여되었던 인상으로 이행된다. 그러나 후설이 멜로디를 예로 들어 적절하게 지적하고 있는 것처럼, 우리는 '지금 현재'에서조차 개개의 순간적인 물리음을 듣고 있는 것이 아니다. 멜로디를 체계를 갖춘 하나의 멜로디로 파악하기 위해서는 '지금 현재' 들리고 있는 소리와 함께 '지금 막' 들렸던 소리, 그리고 '지금 곧' 들려올 소리를 동시에 의식 속에 붙잡아두고 있어야 한다. 이렇게 '지금 막' 지나버린 소리를 현재 의식 속에 붙잡아두는 작용을 '다시당김'이라고 부른다. 그에 대응해 '지금 곧' 들려올 소리를 준비하고 기다리고 있는 현재 의식작용을 '미리당김'이라고 부른다. 이러한 지각적 현재는 '다시당김-원인상-미리당김' 계열의 총합으로 구성되어 있다.

용어 자체에 '과거'와 '미래'라는 시간양상이 포함되어 있기 때문에 논점이 흐려졌을지도 모르겠다.[††] 그러나 다시당김과 미리당김의 원어는 "Retention"과 "Protention"으로, 명시적으로 과거와 미래를 지목하고 있지 않다. 그러므로 정확하게는 '다시'와 '미리'라는 번역이 적합하다. 후설 자신이 '지각된 과거'라는 모순된 표현을 사용할 수밖에 없었던 것처럼, 다

[†] Retention. '과거지향'으로 번역되기도 한다.
[‡] Protention. '미래지향'으로 번역되기도 한다.
[††] 저자는 Retention을 과거파지過去把持, Protention을 미래예지未來豫持로 번역하고 있다.

시당김의 작용에는 '기억'의 요소가 포함되어 있지 않으며 그것은 어디까지나 지각적 현재에 속하는 것이다. 바꿔 말하면 지각적 현재는 다시당김과 미리당김의 작용을 통해 '이미 존재하지 않는 것'과 '아직 존재하지 않는 것'을 동시에 포섭하고 있다. 이와 같은 내용은 '지금 현재'가 점적인 순간이 아니라 일정한 '폭과 두께'를 갖고 있다는 점을 시사한다. 지속성을 갖지 않는 점적인 순간에는 아무 소리도 들리지 않기 때문이다. 이런 점에서 후설이 물체의 운동이라는 시각적인 예가 아닌 멜로디의 연속적인 발생이라는 청각적인 예를 선택한 것은 대단한 의미를 갖는다. 물체의 운동에서 '현재'는 점 또는 순간일 수밖에 없지만 소리의 지속은 현재의 '폭'을 실감할 수 있게 해주기 때문이다. 그러나 한편으로 멜로디의 사례는 우리를 쉽게 '흐름'의 비유로 유혹하며 이 점은 후설 또한 예외가 아니었다.

> 그러나 소리에 대한 지금의 의식이, 원인상이 다시당김으로 이행된다고 하더라도 이 다시당김 자체가 또 하나의 지금이며 현재적으로 현존하는 것이다. (중략) 각각의 지금이 다시당김의 다시당김으로 변이하며 그 변이는 멈추지 않는다. 그 결과 다시당김의 끝없는 연속체가 생겨난다. 이 연속체에서 뒤에 위치하는 각 시점은 그 이전의 각 시점에 대한 다시당김이다. 그러므로 모든 다시당김은 그 하나하나가 이미 연속체이다. 소리가 나기 시작하고 '그것'이 끊임없이 울려퍼진다. 소리의 지금은 소리의 기재既在로 변이되고, **인상적** 의식은 멈추지 않고 흘러가면서 차례차례 새로운 **다시당김** 의식으로 이행된다. 흐름을 따라, 흐름에 동행하는 것을 통해 우리는 기점(=원인상)에 귀속하는 일련의 단절되지 않은 다시당김을 소유한다. (굵은 글씨는 원문 인용)[2]

후설은 다시당김이 어디까지나 '지금'에 속하며 현재 의식 속에 현존하는 것임을 인정하고 있다. 또한 다른 한편으로는 다시당김 자체가 흘러가버리고 흐름을 따라 일련의 다시당김의 연속적 계열(다시당김의 다시당김)이 형성된다고 주장한다. 그러나 다시당김이 폭을 가진 지각적 현재의 구성 계기契機인 이상 흘러가버린 다시당김은 이미 다시당김이라고 부를 수 없다. 그 점에 대해 후설은 "흐름을 따라, 흐름에 동행하는 것으로"라는 어구를 삽입해 '흐름'의 비유에 호소함으로써 다시당김의 '연속적 변용'을 정당화하려 하고 있다.

후설은 현재화 작용인 다시당김을 '제1차 상기', 그와 대응하는 개념으로 준현재화 작용인 재상기를 '제2차 상기'라고 부르면서 둘을 구별하고 있다. 이 구별은 전혀 틀린 것이 아니다. 그러나 이들을 똑같이 '상기'로 받아들임으로써 둘의 '종류의 차이'는 '정도의 차이'로 축소된다. 한편 미리당김은 지각이기 때문에, 제2차 상기는 제1차 상기로 인해 습득된 지각의 '재생적 변용'이라고 정의할 수 있다. 또한 다시당김은 상기의 한 종류이므로, 과거는 제2차 상기가 아닌 제1차 상기 안에서 구성된다. 즉 **"모든 '근원'을 내장하고 근본적으로 구성하는** 작용을 지각이라고 부른다면, **제1차 상기는 지각**이라고 볼 수 있다. 왜냐하면 **우리는 제1차 상기 속에서만 과거의 것들을 보기** 때문으로, 과거는 그 안에서만 구성되기"[3](굵은 글씨는 원문 인용) 때문이다. 이 문장에는 '현재중심주의'라고도 부를 수 있는 후설의 자세가 명확하게 나타나 있다.[4] 즉 지각적 현재는 절대적인 명증성을 지니며, 모든 것들은 지각적 현재 의식 속에서 구성된다는 기본전제이다. 지각에서 상기로 연속적 변용을 가능하게 해주는 '흐름'의 비유야말로 지각이면서 상기인 다시당김의 양의성을 뒷받침해주고 있는 논리인 것이다.

그러나 다시당김의 의식 속에서 파악되는 대상은 후설 자신이 '지각'이라고 분명히 밝힌 것처럼, 과거의 것이 아니라 어디까지나 지각적 현재에 속해 있는 것이다. 이것은 청각적 대상이 아닌 시각적 대상을 예로 들어보면 분명해진다. 텔레비전 송신탑을 밑에서부터 천천히 올려다볼 경우, 시선의 이동을 따라 소리의 지속과 같은 다시당김의 의식이 작용할 것이다. 그러나 시선이 윗부분에 도달한 순간 아랫부분의 텔레비전 송신탑이 과거의 것이 되었다고는 어느 누구도 생각하지 않을 것이다. 아랫부분을 현재 지각되고 있는 텔레비전 송신탑의 일부로 의식하기 때문이다. 텔레비전 송신탑이 과거의 것으로 의식되는 것은 시선을 텔레비전 송신탑에서 다른 대상으로 옮겼을 때이다. 그때는 다시당김의 연속성은 단절되고 조금 전 보고 있던 텔레비전 송신탑이 새롭게 상기(제2차 상기)되기 때문이다.

　　같은 예를 청각적 대상에서도 생각해볼 수 있다. 교향곡 제1악장을 듣고 있을 때 다시당김의 의식은 분명히 연속되고 있다. 이미 지나가버린 멜로디가 과거의 소리가 되는 것이 아니라 제1악장의 일부로 의식되는 것이다. 지나가버린 멜로디가 과거의 것으로 의식되는 것은 제1악장이 끝나고 제2악장이 시작되고 나서이다. 제1악장 내내 지속되고 있던 다시당김의 의식이 일단 단절되었기 때문에, 제1악장은 이미 상기(제2차 상기)의 대상이 되어 있는 것이다. 여기에서 우리가 알 수 있는 것은 '흐름'으로서의 다시당김의 연속성이 아니라 오히려 개별적인 사건들 사이의 비연속적인 지속적 발생이다. 어떤 사건이 끝나고 다음 사건이 시작될 때, 우리는 이미 끝난 사건을 과거의 것으로 의식한다. 여기서 작용하고 있는 것은 제1차 상기(다시당김)가 아니라 오히려 제2차 상기(재상기) 쪽이다. 그러므로 '제1차'와 '제2차' 상기라는 구별은 둘을 '흐름'의 연속성 안으로 회수하고 지각과 상기의 비연속성에 주의를 기울이려 하지 않는 것뿐으로, 일종의 판단착오라고 할 수 있다. '다시당김'은 상기의 일종이 아니라 '폭'이 있는 지각적 현재의 불가결의 구성 계기이며, 과거는 미래의 상기(제2차 상기)로 인해 처음으로 출현하기 때문이다.

2 비연속의 연속

과거와 현재라는 우리 시간의식의 기반을 구성하고 있는 것은 지각적 현재와 상기적 과거의 대비이다. 과거와 현재의 차이를 가장 강렬하게 의식하는 경우가 '되돌릴 수 없다'처럼 후회하는 마음이라는 점을 생각하면 확실히 알 수 있을 것이다. "이미 엎질러진 물"이라는 속담처럼 이미 발생해버린 과거 사건을 현재에 재현하는 것은 불가능하다. 물론 단절은 사물의 한 면에 지나지 않는다. 현재와 과거는 하나의 시간계열에 속해 있기 때문이다. 물을 엎질렀다는 과거 사건은 당연히 엎질러진 물을 걸레로 닦는다는 현재 진행 중인 사건으로 이어진다. 현재 사건의 원인이며 이유이기도 한 것이다. 여기에서 알 수 있는 것은 연속적으로 일어나는 사건의 비연속성과 연속성의 '모순의 통일'로, 말하자면 '비연속의 연속'의 의식이다.[5] 그것은 '흐름'이라기보다는 '사건의 연쇄'라는 표상에 가깝다. '흐름'의 비유는 분명히 시간의식의 연속성을 강조하는 데에는 적합하지만 비연속성을 그 안에 포함시키기에는 부적합하다. 흐름의 비유는 시간의 '전후관계'의 연속성 모델은 될 수 있지만 '시간양상'의 비연속성 모델은 될 수 없는 것이다. 역사적 시간이 생성되기 위해서는 이 두 가지 측면이 통일적으로 취급되지 않으면 안 된다.

후설의 다시당김의 연속성을 기반으로 한 시간구성의 이론이 체험적 과거의 연속성을 효과적으로 설명해주고 있는 것은 분명하다. 그러나 다시당김의 연속성은 체험하지 못한 역사적 과거에까지 적용되지는 않는다. 역사적 과거에는 제2차 상기조차 이루어질 수 없기 때문이다. 그러므로 후설은 저서『위기』에서 자신의 역사철학을 구상하면서 내적인 시간의식의 분석과는 전혀 다른 '이성의 목적론'이라는 접근방법을 취할 수밖에 없었다. 그러나 우리는 역사적 과거가 체험적 과거와 밀접하게 연결되어 있음을 의심하지 않는다. 그런 의미에서 역사적 시간은 체험적 과거와 역사적 과거를 동시에 가능하게 해주는 것이어야 한다.

이러한 내용은 역사적 시간을 특징짓는 데 중요한 단서를 제시해준다. 즉 '흐름'의 비유와 결별하고 체험적 과거와 역사적 과거를 함께 '사건의 연쇄'로 파악하는 것이다. 사건의 연쇄는 사건event, 사물thing과 같은 시원적始原的 개념의 하나로 그것을 명시적으로 정의하기는 어렵지만, '시작–과정–끝'이라는 시간적 구분을 통해 개체화할 수 있는 존재자로 생각할 수 있다(사건을 사물처럼 개체화할 수 있는 존재자로 취급하는 것에 대해서는 D. 데이비드슨이 상세하게 분석했지만, 여기에서는 언급하지 않겠다).[6] 사건을 기준으로 시간양상을 생각해보면, 진행 중인 사건의 지속이 바로 '현재'이다. 현재의 '폭'은 해당 사건의 지속시간에 상응하는 것으로, 하나의 사건이 종료되었을 때 우리는 그것을 과거의 사건으로 상기하게 되는 것이다. 독서를 하는 도중에 독서라는 사건을 상기하는 것은 당연히 불가능하다. 독서를 끝내고 목욕을 할 때 비로소 독서는 과거 사건으로 상기된다. 그러므로 현재와 과거의 대비는 사건의 지속적인 발생과 교대를 통해 이루어진다고 할 수 있다.[7] 물론 독서 도중이라도, 이미 다 읽은 페이지를 상기하는 것은 가능하다. 그러나 그것은 단순히 사건을 세분화하는 데 지나지 않는다. 아직 읽지 않은 페이지를 상기하는 것은 불가능하다. 한 페이지를 다 읽고 다음 페이지로 이동했을 때 그 페이지는 비로소 상기 가능한 과거의 페이지가 된다. 그러므로 시간의 폭은 우리가 쏟는 관심 정도에 따라 자유자재의 신축성을 가진다고 할 수 있다. 그러나 아무리 세분화할 수 있다고 하더라도 시간의 폭은 '점'으로까지 수축되지는 않는다. 사건을 사건으로 동정同定할 수 있기 위해서는 처음과 끝이라는 시간적인 지속의 '폭'이 필요하기 때문이다.

개체적 존재자인 이상 각각의 사건은 당연히 독립적으로 동정 가능하며 그런 의미에서 비연속적이다. 그러나 다른 한편으로 개개의 사건끼리는 서로 인과적 혹은 지향적 관계로 연결되어 있으며, 그런 의미에서 연속적이라고도 할 수 있다. 체험적 과거에 따르면 교향곡 제1악장을 들은 것은 제2악장을 듣고 있는 것의 전제이다. 또한 물을 엎지른 것은 걸레로 물을 닦고 있는 것의 원인이 된다. 사건의 연쇄는 이처럼 '비연속성'과 '연속성'의 총합, 즉 '비연속의 연속' 위에서 성립된다. 그러므로 이전의 사건은 그 이후의 사건 출현으로 '흘러가버리는' 것이 아니다. 말하자면 후자는 전자 위에 '퇴적되는' 것이다.

'퇴적되는' 시간의 이미지를 시각적 비유를 통해 설명해보자.[8] 그것은 한 장 한 장 각각 다른 모양이 그려져 있는 투명한 유리판이 높게 쌓여 있는 이미지이다. 각각의 모양을 각각의 사건에, 쌓여져 있는 유리판의 두께를 시간적 거리에 대입해 생각해볼 수 있다. 우리는 이 중층적重層的 유리판을 위에서 내려다보고 있는 것이다. 물론 가장 선명하게 보이는 것은 가장 위에 있는 유리판에 그려진 모양으로, 그것이 지각적 현재의 사건에 해당한다. 현재 '폭'은 그 유리판을 주시하고 있는 지속시간의 폭에 상응한다. 그러나 밑에 깔린 유리판의 모양은 직접적으로 지각할 수 없으며, 투명한 유리판의 두께(시간적 거리)를 사이에 두고서만 지각할 수 있다. 이것이 상기된 사건에 해당한다. 상기라는 것은 유리판이라는 기억의 필터를 통해 사물을 보는 것이다. 그러므로 가장 위에 있는 유리판(지각적 현재)을 상기하는 것은 불가능하다. 하지만 그 위에 새로운 유리판이 한 장 쌓이게 된다면(지각적 현재에 새로운 사건이 발생한다면) 방금 전 유리판은 과거 사건이 되어 상기의 대상이 된다. 물론 유리판의 두께가 일정 한도를 넘게 되면 하층부의 모양은 희미해지고 결국에는 보이지 않게 될 것이다. 이것이 '망각'이다. 또한 강렬한 색채로 그려져 있기 때문에 보지 않으려고(망각하려고) 해도 어쩔 수 없이 눈에 들어오는 하층부의 모양도 있을 것이다. 때로는 위에 덮인 유리판에 있는 모양의 방해를 받아 보이지 않던 모양이 시선의 방향이나 빛의 각도에 따라 선명하게 모습을 드러내는 경우도 있을 것이다. 이러한 경우에 우리는 망각하고 있었던 사건을 '문득 떠올리게' 된다.

이것은 우리의 일상경험과도 일치한다. 오늘 하루를 되짚어볼 때 "아침 7시에 알람시계의 벨소리와 동시에 일어나 이를 닦고 세수를 하고, 토스트와 계란 프라이로 아침식사를 하고 식후에 커피를 마시고 현관을 나섰다"처럼 우리는 비연속적인 사건의 연쇄라는 형태로 하루를 상기한다. 그러므로 단지 30초만 있으면 하루 전체를 상기할 수 있는 것이다. 물론 사건의 단위는 얼마든지 세분화할 수 있지만 점의 위치이동에 의해 표상되는 '흐름'이 되는 것은 불가능하다. 만약 하루가 연속적인 '흐름'이라면 그 흐름을 거슬러 올라가 상기하기 위해서는 하루를 전부 소비해야 할 것이다. 상기라는 것은 지각된 사건을 떠올리는 것이지만, 그것은 지각된 사건과 동일한 지속시간을 필요로 하는 것은 아니다. 예를 들어 지난밤의 콘서트를 상기하는 데 두 시간이 필요한 사람은 없을 것이다. 상기는 연속적인 비디오 영상이 아니라 비연속적인 사건의 스냅사진이다.

단지 이 비연속성은 앞에서 설명한 것처럼 연속성과 반대되는 개념은 아니다. 이전의 사건은 이후의 사건의 전제가 되며, 후자는 전자 위에 '퇴적되어' 있기 때문이다. 아침에 일어나지 않고는 당연히 이를 닦는 것도, 커피를 마시고 현관을 나서는 것도 불가능하다. 그뿐만이 아니다. 토스트와 계란은 어제 마트에서 구입한 것이며, 현관을 나선 것은 1주일 전에 약속한 회의에 참석하기 위해서였다. 이렇게 현재의 사건은 과거의 사건 위에 퇴적되어 있다. 과거라는 발판을 잃은 현재는 무無와도 같은 것이다. 그런 의미에서 현재의 사건에는 방대한 과거가 전제되어 있으며, 무수한 인과적 혹은 지향적 관계를 포함하고 있다. 또는 과거의 사건은 지각적 현재의 하층부에 활성화 가능한 형태로 '침전'되어 있다고도 표현할 수 있다. 그러나 그 연속성은 '흐름'의 연속성이 아니라 '축적'의 연속성이다. 오히려 '비연속의 연속'이라 불러야 할 것이다.

이미 상기의 영역을 벗어나버린 역사적 과거에도 같은 논리를 적용할 수 있다. 아니, 역사적 과거야말로 비연속의 연속이라는 특징을 지닌 '사건의 연쇄' 그 자체라고 할 수 있다. 역사기술의 기초단위가 '몽골 침략'이나 '프랑스 혁명'과 같은 시간적 지속을 갖는 사건임은 말할 필요도 없다. 물론 역사적 과거에는 정치·사회적 사건뿐만 아니라 '반다이산 분화'나 '마드리드 지진'과 같은 자연적 사건도 포함된다. 나아가 '공룡의 전멸'이라는 인류 출현 이전의 사건에도 적용될 수 있다. 그러나 어떤 경우라도 사건에서 분리된 사람이나 사물만으로 구성된 역사는 상상할 수 없다. 그 사람이 어떠한 행위를 했으며, 그 사물이 어떠한 작용을 했는가라는 사건의 구조와 관계야말로 역사가들의 관심사인 것이다.

한 장의 일본사 연표를 펼쳐보자. 그곳에는 일차원의 시간축이 가로로 뻗어나가 있다. 각각의 점에는 고대에서 현재에 이르는 연대가 배분되어 있으며, 그 아래에 '다이카 개혁'이나 '가마쿠라 막부 성립'과 같은 각각의 사건이 기록되어 있다. 그러나 이 사건들은 '점적 과거'에 발생한 것이 아니다. 사건의 발생에는 '시작'과 '끝'을 갖는 일정한 시간의 폭이 필요하다. 메이지유신이 언제 시작되어 언제 끝났는지에 대해 지금도 역사학자들 사이에서 논쟁이 계속되고 있는 것도 그 때문이다. 그러므로 개개의 사건은 시작과 끝에 따라 구분되는 비연속적인 개체성을 가지고 있다. 그러나 개개의 사건은 결코 단독적으로 완결되지 않는다. 다이카 개혁이 율령국가 성립의 기반이 되고 가마쿠라 막부의 성립이 무가정권의 문을 열었던 것처럼, 이전에 발생한 사건은 이후의 사건이 발생할 수 있는 '토대'를 형성하고 있는 것이다. 또는 이전의 사건이 '대지'가 되고 이후의 사건이 그 '대지' 위에 '그림'으로 나타난다고도 표현할 수 있다. 각각의 사건은 성립과 동시에 시간축 위를 흘러가버리는 것이 아니라 복합적인 층을 만들면서 퇴적되고 있는 것이다.

이러한 역사적 시간을 시각화하기 위해서는, 일본사 연표 위의 각 점에 해당 사건을 표시한 유리판을 세로로 박아넣고, 고대가 밑으로 오게 해서 바닥 위에 놓으면 된다. 이때 맨 위에 오는 것은 '현재'를 나타내는 공백의 유리판이다. 그곳에는 진행 중인 사건이 미완성의 모양으로 그려지고 있는 중일 것이다. 쌓여진 유리판을 위에서 들여다보면, 중년 이상의 사람이라면 쇼와†시대 근처까지 모양을 볼 수 있을 것이다. 이것이 상기 가능한 체험적 과거에 해당한다. 그보다 밑에 있는 층의 그림은 유리판의 두께로 인해 차단되어 보이지 않을 것이다. 이것이 상기 불가능한 역사적 과거에 속하는 사건이다. 보이지 않는 역사적 과거를 보기 위해 역사학자나 고고학자가 사용하는 방법이 여러 증거에 근거하는 '합리적 재구성'이다.

† 1926년부터 1989년까지 사용되었던 일본의 연호.

체험하지 못한 역사적 과거를 상기하는 것은 분명히 불가능하다. 그러나 우리는 고문서, 고지도, 유적, 화석, 회화, 사진과 같은 언어 또는 비언어적인 사료 속에서 과거 사건의 흔적을 지각할 수 있다. 물론 사료에서 과거 그 자체를 지각할 수 있는 것은 아니다. 화석을 발굴한 곳에서 2억 년 전 공룡의 울음소리가 들려오진 않기 때문이다. 역사적 과거를 기술하기 위해서는 먼저 사료의 진위가 확인되어야 하며, 나아가 유물의 연대측정이 이루어져야 한다. 이러한 과정이 끝난 뒤에 역사학자는 현재 지각할 수 있는 여러 증거와 흔적에 모순되지 않는지(통시적 정합성通時的 整合性), 또는 이미 알려져 있는 과거 동시대의 사건들과 어긋나지 않는지(공시적 정합성共時的 整合性)를 기준 삼아 합리적으로 이해할 수 있는 역사적 과거를 '구성'한다.

이렇게 구성된 역사적 과거는 지각된 것도 상기된 것도 아닌 이상 '사고된' 것이라고밖에는 볼 수 없다. 우리는 그 세 가지 방법 이외에는 대상을 '아는' 수단을 지니고 있지 않기 때문이다(상상하는 것은 대상을 '아는' 것이 아니다). 물론 역사적 과거는 픽션이 아니며, 우리는 그것에 대해 유의미하게 진위를 물을 수 있다. 사고의 산물에 대해서도 진위를 물을 수 있다는 것은 수학의 정리를 예로 들지 않아도 명백하다. 또한 사고의 산물이라는 점이 그 실재성을 부정하지도 않는다. 전자電子와 양자陽子는 지각 불가능한 이론적 구성체이지만, 그 실재성은 물리학 이론과 실험적 증거를 통해 보증된다. 이처럼 역사적 과거도 통시적 정합성과 공시적 정합성을 갖는 한 그 실재성은 역사기술과 사료를 통해 보증된다.

이러한 역사적 과거의 '구성'을 가능하게 해주는 것이 바로 퇴적된 역사적 시간이다. 과거는 흘러가는 것이 아니라 하층에 침전되어 있기 때문에 우리는 사료나 유물을 단서로 과거를 재활성화할 수 있다. 또한 역사가들의 근본원리라고 할 수 있는 통시적 정합성은 퇴적된 시간의 지층 사이의 정합성이다. 그러므로 역사적 시간은 '흘러간다'라는 운동학적 비유가 아니라 '퇴적된다'라는 지질학적 비유에 따라 파악되어야 한다. 역사적 시간은 균질적으로 흐르는 물리학적 시간이 아니며, 다시당김의 연속성에 기초하는 현상학적 시간도 아니다. 오히려 중층적으로 퇴적되어 지평의 융합을 초래하는 '해석학적 시간'이라고 불러야 할 것이다.

3 8분 30초 전의 태양

그러나 이 지질학적 비유의 앞을 가로막는 하나의 아포리아가 존재한다. '8분 30초 전의 태양'이라는 패러독스이다. 이 패러독스는 과거의 태양을 직접 지각할 수 있다고 주장함으로써 지각적 현재와 상기적 과거의 근본적인 구별을 뒤흔든다. 게다가 앞에서 '유리판의 비유'로 설명한 지질학적 시간의 가능성도 부정하고 있다. 그러므로 여기서 이 패러독스에 대해 논하고 넘어가도록 하겠다.

태양에서 오는 빛은 유한한 광속도로 인해 지구상에 있는 우리가 지각할 때까지 8분 30초의 시간이 걸리는 것으로 알려져 있다. 그렇다면 지금 현재 우리가 보고 있는 태양은 8분 30초 전의 태양인 것이다. 지금 태양의 실제 위치는 지각되고 있는 태양의 서쪽으로 약 2도 어긋나 있으며 지금은 눈으로 볼 수 없다. 지금 현재의 태양을 지각하기 위해서는 8분 30초를 더 기다려야 하는 것이다. 그렇다면 우리는 현재 '과거의 태양을 보고 있다'는 것이 된다. 이것은 말할 필요도 없이 "과거는 지나가버리고 현재에 재현되지 않으며 단지 상기될 뿐이다"라는 기본전제에 어긋나는 것으로, '과거'가 '지금 현재'에 노출되어 있다는 패러독스이다.

'8분 30초 전의 태양' 패러독스를 회피하는 가장 일반적인 방법은 '실체'와 '상'을 분리하는 것이다. '실체'인 태양은 서쪽으로 약 2도 어긋난 위치에 존재하고 있다. 그러므로 지금 현재 지각되고 있는 태양은 지금 보고 있는 위치에는 더 이상 존재하지 않는 태양, 즉 과거 태양의 '상'에 지나지 않는다는 주장이다. 이것은 상기를 둘러싼 상식적인 이해와 동일한 논리이다. 어제 사건을 상기할 때 사건 자체는 종료되어 이미 존재하지 않기 때문에 지금 현재 상기하고 있는 것은 그 사건의 '상(기억상)'에 지나지 않는다는 해석인 것이다.

이렇게 '실체-상'의 이원론 도입으로 '과거 그 자체를 지각하는' 모순은 피할 수 있다. 그러나 금방 알아차리겠지만 이와 같은 '상' 해석은 태양뿐만 아니라 주변의 모든 사물에까지 적용된다. 시각은 대상과의 사이에 거리를 필요로 하는 원격지각이며, 또한 빛을 전달매체로 삼고 있다. 그렇기 때문에 저 멀리 보이는 나무나 건물에서부터 주변에 보이는 책상과 책꽂이까지, 설령 나노초(10억 분의 1초)라는 짧은 시간이라고 하더라도 광차light-time가 존재한다. 원한다면 그러한 광차에 빛의 자극이 망막에서 시신경으로 전달되어 신경펄스로 전환되고 대뇌의 시각중추로 전달되는, 극히 짧은 시간을 추가해서 생각할 수도 있다. 하지만 결론적으로 나무도 책상도 실체에서 반사된 빛이 시각적인 풍경으로 지각될 때까지 짧기는 하지만 시간이 필요하다는 것이다. 그런 점에서 정도의 차이는 있지만 모두 8분 30초 전의 태양과 다르지 않다. 그러므로 우리의 눈에 비치는 삼라만상은 모두 '실체'가 아닌 '상'이 되어버리고 만다. 게다가 이 광차는 아무리 줄여도 제로가 될 수 없다. 그러므로 우리는 영원히 '실체'를 지각할 수 없으며, 그 복사물인 '상'의 감옥에 갇힌 채 벗어날 수 없다는 결론에 도달하게 된다.

이러한 '상' 해석이 갖는 문제점을 해소하기 위해 오모리 소조는 '상' 해석을 '실물' 해석으로 대치했다. 즉 "과거의 사건을 지금 현재 상기하고 있다"는 내용에 전혀 모순점이 없는 것처럼, "과거의 사건이 지금 현재에 시각이라는 양식으로 체험된다는 것에도 전혀 모순이 없다"라고 상정하는 것이다.[9] 이것은 앞의 패러독스 자체를 명확한 사실로 인정하는 것이다. 오모리의 논지는 모두가 알고 있는 사실이지만 실은 복잡한 것으로, 과정을 생략하고 결론만 말하면 다음과 같다.

현재 '과거가 보인다'라는 시각배열이 내가 제안하는 '실물' 해석이다. 과거 사건이 그대로 **직접적으로** 보인다는 것이기 때문이다. 물론 그것은 과거가 전부 보인다는 이야기는 아니다. 태양이라면 8분 30초, 달이라면 1초라는 짧은 광차의 거리에 비례해서 멀거나 가까운 과거가 **지금 현재** 보인다는 것이다. 그리고 당연히 지금 보이고 있는 태양과 달의 위치는 각각 8분 30초와 1초 전 태양과 달이 **있었던** 과거의 위치인 것이다.(굵은 글씨는 원문 인용)[10]

이와 같이 직접적으로 과거를 보는 경험을 오모리는 '과거투시'라고 부른다. 예를 들면 멀리 저편에 보이는 산의 모습을 나는 투명한 공기층을 통해 보고 있다. 그러므로 내 시선상에 안개가 낀다면 산의 모습은 희미하게 보일 것이며, 불투명한 구름이 낀다면 산은 보이지 않을 것이다. 또한 선글라스를 쓰면 다른 색으로 보일 것이며, 눈을 감으면 아무것도 보이지 않을 것이다. 이것이 바로 우리의 공간적인 시각체험의 근본을 제약하고 있는 '투시구조'이다. 오모리는 이 공간적인 투시구조를 시간적인 투시구조로 확장하려 한다. 그러한 시도를 통해 공간적으로 떨어진 대상을 지각할 수 있는 것처럼 시간적으로 떨어진 대상(과거 사물과 사건)도 직접적으로 지각할 수 있다고 주장하는 것이다.

그리고 '실물' 해석은 또한 **시간적 전망**이다. 공간적인 깊이는 또한 시간적인 깊이이기도 하다. 광차 한 시간의 지점에서 한 시간 전에 폭발이 일어났다. 빛이 폭발원으로부터 내 눈에 도달하기까지 빛의 여정 도중, 광차 30분 지점에서 30분 전에 일순간에 우주안개가 발생했다. 그리고 나는 지금 우주안개를 '통해' 폭발의 섬광을 보고 있다. 나는 30분 전의 과거(우주안개)를 '통해' 한 시간 전의 과거(폭발)를 보고 있는 것이다. 이 '전망의 시선'은 한 방향의 역사를 직시하고 있기 때문에 '역사투시선'이라 불러도 무방하다. 또한 시각적 풍경 전체에 대해 말하자면, 그것은 시공적으로 무한에 가까운 4차원 세계의 풍경인 것이다. 우리는 평상시에 4차원을 **보고 있는** 것이다.(굵은 글씨는 원문 인용)[11]

분명히 '상' 해석을 철저히 배제하려는 오모리의 주장에는 그 나름대로의 설득력이 있다. 그러나 이 '실물' 해석에 의하면 밤하늘에 빛나는 별을 바라볼 때 우리는 각각 다른 과거의 별을 보고 있는 것이 된다. 그것을 천문학적 사실로 인정한다고 하더라도, 다음에는 멀리 있는 나무에서 가까이에 있는 책상까지 거리적으로 떨어진 대상은 모두 과거의 나무들이며 과거의 책상이라고 해석해야 할 것이다. 결국 우리는 현재의 사물을 하나도 볼 수 없는 것이다(현재의 사물로서 자격이 있는 것은 거리가 제로인 눈꺼풀의 뒷면밖에 없을 것이다). 이것이 '상' 해석이 빠진 것과 동일한 아포리아라는 것은 명확하다. '상' 해석이 영원히 실체에 접근할 수 없는 것처럼, '실물' 해석은 현재의 사물에 손가락 하나 댈 수 없다. 그런 이유에서 '실물' 해석의 종착점은 상의 지옥인 '과거의 지옥'이 될 것이다.

나카지마 요시미치는 오모리의 '과거투시'를 "이것은 '지금'이라는 개념을 물리학적인 극소적 현재 Δt에 한없이 근접시킨데다 빛이 발생하는 (반사하는) 시점을 '지금'이라고 간주해서 모든 현상을 논하려는 무모한 도전이다"[12]라고 비판하면서 가능성 있는 대안을 제시하고 있다. 나카지마의 논점은 '지금'이 폭을 지니고 있으며, 그 폭은 주어지는 관심에 따라 자유자재의 신축성을 지닌다는 것이다. 이것은 뛰어난 통찰이다. 그러나 그는 너무 성급하게 아래와 같은 결론을 내놓았다.

> 매순간의 관심에 따라 적당한 폭을 갖는 '지금'이 '지금'의 전부로, 이것과 다른 곳에 '진정한 지금'은 없다.
> 그러므로 아무리 멀리 있는 항성이라도 "지금 보인다"고 말해도 전혀 틀린 것이 아니다. 그것은 "지금은 21세기입니다"라는 표현에서 '지금'이 100년을 포함하고 있어도 전혀 틀린 표현이 아닌 것과 마찬가지이다.
> '지금'의 폭이라는 것은 표현에 따라 얼마든지 수축 가능한 것이다. 내가 밤하늘에서 멀리 100만 광년(이것은 공간적 거리이다) 떨어진 S를 볼 때, 나는 100만 년 전이라는 '과거투시'를 하고 있는 것이 아니다. 단지 100만 년 동안이라는 '지금'을 현재 마주하고 있는 것일 뿐이다.[13]

나카지마의 이와 같은 주장의 전반부는 어디까지나 타당하다. 그러나 "100만 년 동안이라는 '지금'"이라는 표현을 정당화하는 것은 '지금'의 인플레이션이라고 생각한다. 예를 들어 "2억 년 전 공룡화석이 '지금' 발굴되었다"라고 한다면, 2억 년 동안이라는 '현재'가 출현하게 된다는 것인가. 이 경우 '지금'은 '발굴되다'라는 동사를 수식하는 부사라는 점에 주의하지 않으면 안 된다. 그러므로 발굴작업이 완료되면 그것은 이미 '지금'이 아니다. '지금 보인다'는 경우의 '지금'도 마찬가지로 부사이다. 따라서 별이 '보이고 있는' 상태가 구름과 눈꺼풀로 인해 방해를 받는다면 '지금' 또한 그곳에서 일단 종결된다.

이와 같이 '지금'은 기본적으로 지각동사나 행동동사를 수식하는 부사이다. 그러므로 수식의 대상이 되는 지각이나 행위가 완료되면 '지금' 또한 그곳에서 하나의 구분점을 맞이한다. 물론 그 '지금'의 폭은 나카지마가 말하는 것처럼 자유자재의 신축성을 지녀도 상관없다. '지금 전화 중'이라면 몇 분간, '지금 회의 중'이라면 몇 시간, 나아가 '지금 집필 중'이라면 몇 달이라는 시간이 걸리는 경우도 있을 것이다. 그렇다면 부사로서의 '지금'의 폭은 '관심에 따라 변하고' 있는 것이 아니라 지각이나 행위의 지속시간에 달려 있는 것이다. 분명히 멀리 있는 혹성을 보고 있는 경우 '지금 보고 있다'라고 말하는 것에는 아무 문제도 없다. 그러나 이 경우 '지금'은 '보고 있다'는 지각상태의 지속에 정확하게 대응하고 있는 것이지, '100만 년 동안'이라는 보이는 대상의 지속에 대응하고 있는 것은 아니다.

이에 비해 "지금은 21세기입니다"라고 말할 경우 '지금'은 21세기를 수식하는 부사가 아니다. 수식하려고 해도 '21세기'는 지각동사도 행위동사도 아니기 때문이다. 이 경우 '지금'은 이 문장의 화자가 존재하고 있는 특정 시간대를 나타낸다. 결국 이 경우 '지금'은 '21세기'와 같이 일정한 시간대를 지시하는 명사인 것이다. 물론 그 시간대는 점적인 현재가 아니라 폭을 가진 현재이며, 자유자재의 신축성을 가져도 상관없다. 그러나 100년이라는 시간의 폭을 넘는 것은 불가능하다. "지금은 21세기입니다"라는 문장은 화자가 존재하는 특정 시간대가 21세기라는 보다 긴 시간대에 속하고 있다는 것을 표현하고 있기 때문이다. 이것은 "지금은 여름방학입니다"라는 문장에서도 마찬가지이다. 이 문장에서 서술되어 있는 것은 '지금=여름방학'이라는 것뿐만이 아니라 '지금∈여름방학'이다. 이와 같이 "지금 별이 보인다"와 "지금은 21세기입니다"는 문법형식도 논리형식도 전혀 다른 문장이다. 그러므로 양자를 동등하게 비교해 논하는 것은 불가능하다. 나카지마의 '지금'을 둘러싼 논의는 분명히 설득력이 있지만, '지금'의 부사적 용법과 명사적 용법을 혼동하고 있다는 점에서 오모리의 '과거투시'와 마찬가지로 무리한 주장이라고 하지 않을 수 없다.

4 이야기글과 묘사의 중첩

그럼 "8분 30초 전의 태양을 지금 보고 있다"라는 패러독스는 어떻게 생각해야 하는가. 적어도 오모리처럼 '과거를 보는' 것이 가능하다는 한마디로 정리해버릴 수는 없다. 오모리의 주장대로라면, 과거투시는 태양뿐만 아니라 삼라만상으로 전염되어 결국 '현재를 보는' 것이 불가능해지기 때문이다. 나카지마처럼 '지금'의 시간 폭을 8분 30초 전까지 확대하는 것도 선택할 수 있는 하나의 방법이기는 하다. 그러나 이 경우 '지금'은 '보고 있다'라는 지각동사를 수식하는 부사이기 때문에 목적어인 '8분 30초 전의 태양'까지를 수식하기에는 문법적으로 무리가 있다. 패러독스가 발생하는 이유는 '지금'과 '8분 30초 전'을 같은 경기장 위에 세우려고 하기 때문이다. 그렇다면 모순을 해소하는 가장 근본적인 방법은 '지금'과 '8분 30초 전'을 분리해서 각각의 경기장을 마련해주는 것이다.

시각이 아닌 청각을 예로 들어 생각해보자. 갈릴레오가 낙체현상을 관측할 때 경사면을 이용해 중력을 완화시켰던 것처럼 광속이 아닌 음속으로 생각해보는 것이다. 소리가 공기 중으로 전파되기 위해서는, 짧은 시간이긴 하지만 일정 시간이 소요된다는 사실은 메아리 같은 자연현상을 통해서 고대부터 사람들에게 알려져 있었을 것이다. 그러므로 우리는 "몇 초 전에 발생한 소리를 지금 듣고 있다"라는 표현에는 별다른 위화감을 느끼지 않는다. 그러나 같은 현상에 대해 "과거의 소리를 지금 듣고 있다"라고는 표현하지 않는다. 캐치볼을 하는데 0.5초 전에 상대방의 손을 떠난 "과거의 공을 지금 잡았다"라고 말하지 않는 것과 같은 이치이다. 야구 글러브에 도달하지 않은 공을 잡는 것이 불가능한 것처럼, 고막에 도달하지 않은 소리를 듣는 것은 누구에게도 불가능한 일이다. 지금 들리고 있는 것은 고막을 진동시키고 있는 현재의 소리이지, 음원에서 출발한 과거의 소리가 아니다. '지금 들렸다'나 '지금 잡았다'에 있어 '지금'은 발신(공)원의 시간위치가 아닌 수신(공)자의 지각상태나 행위상태를 수식하고 있기 때문이다.

그렇다면 청각에서만 성립하는 세계를 생각해보자. 예를 들어 수백 미터 앞의 음원에서 2초 전에 소리 A가 발생하고, 그로부터 1초 뒤에 수십 미터 앞의 음원에서 소리 B가 발생했다고 하자. 물론 물리학적인 시간축 위에서는 소리 A가 먼저 발생하고 그 뒤에 소리 B가 발생했다. 그러나 청각밖에 가지고 있지 않은 인간에게는 소리 B가 먼저 들리고 그 뒤에 소리 A가 들릴 것이다. 이 감각적 전후관계는 바꿀 수 없다. 아마도 소리를 들은 사람은 지각적 순서를 역사적 순서라고 믿으며 의심하지 않을 것이다. 귀에 들려온 순서가 그대로 시간적 전후관계가 되며 좀더 먼저 들린 소리가 좀더 과거에 속하는 것이다. 적어도 청각적 세계에 한해서는 오모리의 '역사적 투시선'의 논리가 성립하지 않는다. 귀에 들려오는 순서는 음원의 역사적 순서와 관계없기 때문이다.

지각적 순서와 역사적 순서의 불일치가 분명해지는 것은 청각정보에 추가적으로 시각정보가 부여될 때이다. 수백 미터 앞 산사에서 스님이 종을 치는 모습이 보이고 그로부터 몇 초가 지나 종소리가 들려왔을 때, 우리는 "몇 초 전에 발생한 종소리가 지금 들렸다"라고 말하면서 그 시간차의 이유를 생각하게 될 것이다. 혹은 번개가 보이고 몇 초 뒤에 천둥소리가 들리는 경우도 마찬가지이다. 그러나 이런 경우 아무도 과거의 종소리나 과거의 천둥소리가 들렸다고 하지 않는다. 몇 초 전에 일어난 것은 시각적 사건으로, 청각적 사건은 아니기 때문이다. 그러므로 "몇 초 전에 발생한 종소리가 지금 들렸다"나 "몇 초 전 번개와 동시에 발생한 천둥소리가 지금 들렸다"라는 문장은 하나의 지각적 사건을 설명하는 문장이 아니다. 이들은 시각적 사건과 청각적 사건이라는 두 개의 사건을 언급하면서 둘의 관계를 서술하고 있는 '이야기글narrative sentence'인 것이다.

단토에 의하면 이야기글은 "두 개의 시간적으로 떨어진 별개의 사건 E_1 및 E_2를 지시하고 지시된 것들 중에서 앞선 사건을 기술하는"[14] 문장을 말한다. 예를 들면 "카이사르가 루비콘 강을 건넌 사실은 이후 로마 제국의 번영을 불러왔다"나 "아리스토텔레스의 운동론은 훗날 갈릴레오의 피사의 사탑 실험을 통해 반증되었다"와 같은 문장을 생각하면 된다. 이것은 역사서술에서 볼 수 있는 전형적인 문장형식이다. 물론 카이사르의 루비콘 강 도하는 로마 제국의 번영을 목적으로 이루어진 것은 아니었으며, 아리스토텔레스에게 갈릴레오의 반증실험은 전혀 생각지 못한 일이었을 것이다. 그러므로 이야기글은 언제나 '사후적' 혹은 '회고적'인 성격을 띠고 있으며, 선행하는 사건은 뒤에 이어지는 사건과의 관계에서 새로운 의미를 부여하고 있다. 시간적으로 떨어진 두 개의 사건은 독립된 사건이지만 그들 사이에는 식물이 땅속줄기를 뻗고 있는 것처럼 의미의 네트워크가 퍼져 있다. 로마사 연구자나 과학사 연구자는 퇴적된 시간의 지층에 뻗어 있는 땅속줄기를 발굴함으로써 두 사건 사이의 관계를 밝히고 '역사적 설명'을 부여한다.

이를 근거로 "몇 초 전에 발생한 종소리가 지금 들렸다"나 "몇 초 전 번개와 동시에 발생한 천둥소리가 지금 들렸다"와 같은 이야기글에 대해 생각해보자. 그들은 모두 '과거의 시각적 사건'과 '현재의 청각적 사건'이라는, 시간적으로 떨어진 두 개의 사건을 지시하고 있다. 보다 초기의 시각적 사건을 '지금 들렸다'라는 청각적 사건으로 기술하고 있는 것이다. 이때 두 사건의 연관성을 밝히는 것은 '역사적 설명'이 아닌 '과학적 설명'이다. 즉 여기서는 광속과 음속의 속도차와, 공기 중의 전파 등을 포함한 물리학 이론의 네트워크가 의미의 네트워크 역할을 하고 있다. 따라서 지금 들리고 있는 것은 '현재의 소리'로, 절대 '과거의 소리'가 아니다. '과거의 소리'라는 것은 시각적 사건에 근거해 물리적으로 구성된 소리이다. 즉 들으려 해도 들을 수 없는 소리이다.

이와 같은 논리를 대입하면 "8분 30초 전의 태양이 지금 보인다"는 문장 역시 이야기글로 해석할 수 있다. 이 문장이 "8분 30초 전에 태양에서 빛이 발생되었다"와 "그 빛이 지금 보인다"라는 시간적으로 떨어진 두 개의 사건을 언급하고 있는 것은 분명하기 때문이다. 그러나 이 경우는 시각적 사건과 청각적 사건이라는 명확한 구분 없이, 두 사건 모두 시각적 사건에 속하기 때문에 사태를 정확히 파악하기 어려운 것이다. 그러므로 우리는 이것을 두 개의 사건이 아니라 하나의 사건이라고 오해하기 쉽다. 그리고 그 혼동이 "과거의 태양을 지금 보고 있다"라는 모순된 표현으로 우리를 유혹하는 것이다.

그러나 조금 깊이 생각해보면 분명히 알 수 있듯이 "8분 30초 전에 태양에서 빛이 발생했다"라는 사건은 어떤 의미에서도 시각적 사건이 아니다. 누구 한 사람 그것을 지각한 사람이 없기 때문이다. 그럼에도 우리는 그 사실을 알고 있다. 그것은 시각을 통해서가 아니라 물리학 이론에 따른 것이다. 우리는 태양이 스스로 핵반응을 일으키며 연소하고 있는 항성이라는 사실, 태양과 지구의 거리, 광속도 등의 지식으로부터 태양에서 발생한 빛이 지상에 도달할 때까지 8분 30초가 걸린다는 것을 간단히 계산할 수 있다. 즉 "8분 30초 전에 태양에서 빛이 발생했다"라는 사건은 시각적 사건이 아니라 물리적으로 구성된 '물리적 사건'이다. 물론 '8분 30초 전의 태양'이 물리적 구성체theoretical entity라는 것은 태양이 실재하지 않는다는 의미도, 픽션이라는 의미도 아니다. 아무리 우수한 물리학자라도 쿼크나 렙톤의 실재를 시각적으로 본 사람은 없다. 그러나 누구도 그 실재를 부정하지 않는 것과 같은 이치이다.

그러므로 "8분 30초 전의 태양이 지금 보인다"라는 문장은 "8분 30초 전에 태양에서 빛이 발생했다"라는 이론적 사실과 "그 빛이 지금 보인다"라는 시각적 사건을 연관짓는 이야기글이다. 8분 30초라는 두 개의 사건 사이의 시간을 메우는 것은 바로 번개의 불빛과 천둥소리의 시차와 마찬가지로, 물리학 이론으로 뒷받침된 '과학적 설명'이다. 그러므로 지금 보고 있는 것은 '현재의 태양'으로, '과거의 태양'이 아니다. 이것은 '보다'와 '듣다' 같은 지각동사의 문법에 속하는 사항일 것이다. 그에 대한 이해가 있기 때문에 "과거의 태양이 지금 보인다"라는 문법이 역설적으로 느껴지는 것이다.

단적으로 말하자면 8분 30초 전 과거의 태양은 보이는 것이 아니라 이론적으로 '사고되고' 있는 것이다. 오모리의 표현을 빌리면 8분 30초 전 과거의 태양은 지금 보이고 있는 태양 위에 이론적으로 '덧그려'지고 있다고 할 수 있다. 지각언어로 묘사된 사건과 이론언어로 묘사된 사건의 '중첩'이다. 일반적인 '중첩'이라면 눈앞에 보이는 책상 위에 소분자의 집합을 그리는 것처럼 둘은 시간적으로도 공간적으로도 미세한 차이 없이 겹쳐져 있을 것이다. 그러나 태양의 경우는 광차가 존재하기 때문에 시간적으로도 공간적으로도 둘 사이에 틈이 생기게 된다. 그 틈을 '지금 현재' 하나의 사건 안에서 해소하려고 할 때, 보일 리가 없는 과거가 보인다는 모순이 발생하는 것은 당연한 일이다. 거듭 확인하자면, 이 경우 우리는 시간적으로 떨어져 있는 두 개의 사건을 '이야기글'을 통해 중첩시키고 있는 것이다. 이렇게 생각하면 어떤 모순도 찾을 수 없다. 그런 의미에서 이야기글은 '역사적 중첩'의 장치이다.

5 역사적 과거와 '죽은 자의 목소리'

'8분 30초 전의 태양'은 분명히 과거의 사건이다. 그러나 우리는 그것을 8분 30초 전에 마신 맥주의 시원함처럼 상기할 수는 없다. 지각한 체험이 아닌 것을 상기하는 것은 불가능하기 때문이다. 지각적 현재에도 상기적 과거에도 속하지 않는 이상, 8분 30초 전 과거의 태양은 바로 '사고된' 이론적 사건이다. 그것은 지각도 상기도 불가능한 역사적 과거가 '사고된' 것이라는 점과 동일하다. 그런 점에서는 역사적 과거 또한 넓은 의미의 '이론적 사건'이다.

이것은 황당무계한 주장이 아니다. 예를 들어 "오늘 화촉을 밝히는 신랑신부의 첫 만남은 약 5년 전 다나바타 마쓰리七夕祭였습니다"라는 중매자의 결혼피로연 축사를 생각해보자. 이것은 "오늘 신랑신부는 화촉을 밝혔다"라는 지각적 현재의 사건과 "두 사람의 첫 만남은 5년 전의 다나바타 마쓰리였다"라는 상기적 과거의 사건을 연결시키는 이야기글이다. 사건의 동정에는 지각과 상기가 각각 관여하고 있으며, 시간적 거리는 아무런 문제도 되지 않는다. 혹시 의심이 생긴다면 동석한 친구들의 증언을 구하는 것도 가능할 것이다.

그에 비해 "지금 발굴한 화석은 2억 년 전의 공룡이다"라는 이야기글은 어떠한가. 이것은 "2억 년 전 이 근처에 공룡이 살고 있었다"라는 역사적 과거의 사건과 "그 화석이 지금 발굴되었다"라는 현재의 사건을 연결하는 이야기글이다. 후자는 지각적 현재의 사건이기 때문에 문제가 없다고 하더라도, 전자는 좀더 깊이 생각해봐야 한다. 공룡은 현생인류의 출현이전에 전멸해버렸기 때문에 지각한 인간도 상기할 수 있는 인간도 없기 때문이다. 지각도 상기도 불가능한 대상에 대해서는 이론적으로 '사고하는' 방법밖에 없다. 실제로 화석을 발굴하게 되면 우리는 먼저 그것이 필트다운 사건†처럼 날조된 것이 아닌지를 확인할 것이다. 그리고 나서 형태와 색, 매장되어 있던 지층으로부터 그것이 공룡화석이라는 것을 추정한다. 나아가 동위원소연대측정법에 따른 연대측정을 통해 2억 년 전이라는 연대의 확인작업을 행할 것이다. 결국 고생물학과 물리학 등의 과학적 지식을 총동원해서 과거의 사건을 동정하는 것이다. 이것은 물리학자가 윌슨의 안개상자나 글레이저의 기포상자에 나타나는 대전입자의 궤적을 통해서 붕괴라는 양자역학적 사건을 동정하는 것과 동일하다. 이들 사건의 동정에는 이론적 지식이 불가피하게 관여된다. 그런 의미에서 이들을 '이론적 사건'이라고 부르는 데는 아무 문제가 없을 것이다. 그러므로 앞의 이야기글은 2억 년이라는 시간적 거리를 갖는 두 개의 사건, 즉 역사적 과거에 속하는 이론적 사건과 지각적인 현재의 사건을 연결하고 있는 것이다.

이와 같은 내용은 체험적 과거와 역사적 과거의 관계까지 확대시켜서 생각할 수 있다. 예를 들어 "내가 가업인 양조업을 이은 것은 증조부의 유언을 따른 것이다"라는 문장은 "가업인 양조업을 이었다"라는 상기 가능한 체험적 과거에 속하는 사건과, 내가 태어나기 전에 돌아가신 '증조부의 유언'이라는 상기 불가능한 역사적 과거에 속하는 사건을 연결하는 이야

---

† 20세기 초 영국 필트다운에서 발견된 두개골 및 아래턱뼈 조각이 처음에는 50만 년 전의 화석인류라고 감정되었으나, 결국 영국의 아마추어 지질학자 찰스 도슨이 명성을 얻기 위해 위조한 사실이 밝혀져 과학 사상 최대의 사기사건으로 기록되었다.

기글이다. 유언은 증조부의 임종 때 조부모에게 구두로 전해졌다고 가정해보자. 나는 그 장면을 똑똑히 떠올릴 수 있다. 하지만 그 장면이 아무리 선명하더라도, 그것은 상기가 아닌 상상일 것이다. 지각할 수 없었던 것을 상기할 수는 없기 때문이다. 물론 증조부의 유언을 내가 알 수 있었던 것은 조부모에게서 부모에게 전해진 전언의 연쇄를 통해서이다. 나는 그 전언과 주위의 상황을 증거 혹은 흔적으로 삼아서, 증조부의 유언이라는 역사적 과거에 속하는 사건을 '구성'한 것이다. 물론 전언에 지각에 준하는 자격을 부여하는 것도 가능하기는 하다. 그러나 오늘날 법정에서는 '전문傳聞'에는 증거능력이 없으며 그 신빙성이 엄격히 검토되고 있기 때문에, 전언은 오히려 역사사료에 준하는 취급을 받아야 할 것이다. 따라서 이것은 2억 년 전 공룡의 경우와 절차적으로는 아무런 차이가 없다. 이것이 일부러 좋지 않은 어감의 '구성'이라는 단어를 사용한 이유이다. 그런 의미에서 증조부의 유언이 아무리 내 진로를 결정한 중대한 사건이더라도, 그것은 지각도 상기도 불가능한 '사고된' 사건으로 넓은 의미의 '이론적 사건'에 속하는 것이다.

그러므로 체험적 과거와 역사적 과거의 단절을 연결하는 것은 바로 이야기글이다. 이야기글은 기본적으로는 역사적 과거에 속하는 두 개의 사건을 연결하는 역사기술의 문장형식이다. 그러나 그것은 동시에 지각적 현재, 상기적 과거, 역사적 과거를 모두 상호적으로 연결하는 것으로, 그들 사이의 간격을 메우고 통일적인 역사적 시간을 만들어내는 역할을 한다. 말하자면 역사적 시간은 여러 겹으로 접혀서 이야기글 속에 들어가 있다고 할 수 있다. 이러한 이야기글의 네트워크가 '중첩되는' 중층적인 시간을 형성하고 있는 것이다. 따라서 지질학적 비유를 통해 설명되는 역사적 시간은 '해석학적 시간'인 동시에 '이야기론적 시간'이다.

마지막으로, 이와 같은 이야기론의 구성에 제기될 수 있는 하나의 비판에 미리 답해두고자 한다. 우에무라 쓰네이치로는 시간론에서 "최근에 만들어졌으며 현재 그 작자가 살아 있는 것은, 비유적인 의미는 별개로 하더라도, 본래 역사라고 부를 수 없다"라고 말하고 이어서 다음과 같이 적고 있다.

이런 의미에서 '역사'는 결국 '죽은 자의 목소리'이다. '죽은 자의 목소리'는 우리에게 있어서 동시대의 살아 있는 자의 목소리에 뒤지지 않는 중요성과 풍요로움을 가지고 있다. '죽은 자의 목소리'가 **인과적**으로 우리에게까지 전해지는 것이 역사의 기본이며, 그 목소리에 귀를 기울일 때 우리는 청자이며 수동적이다. 우리가 목소리를 높여 '이야기하려'고 한다면 그것은 과거를 마주하는 기본적인 태도가 아니다.(굵은 글씨는 원문 인용)[15]

이 전반부에 대해서는 전혀 이론이 없다. 오히려 역사가 당사자나 목격자나 증인의 죽음을 통해 비로소 역사가 된다는 논점은 '역사의 이야기론'이 주장하는 내용과 같다고 볼 수도 있다.[16] 그런 의미에서 상기 가능한 체험적 과거는 아직 역사가 아니다. 그러나 우리가 맨손으로 직접 역사적 과거로 침전된 '죽은 자의 목소리'를 건져올려 들을 수 있는 것은 아니다. '죽은 자의 목소리'가 인과적으로 우리에게 전달되기 위해서는, 오소레산恐山† 무녀가 죽은 자의 '말을 전하는 의식'을 행하는 것처럼, 과거의 죽은 자들과 현재의 우리를 이어주는 매개자, 즉 '화자話者'가 필요하다.

'죽은 자의 목소리'가 상기 불가능한 역사적 과거에 속해 있기 때문에, 우리는 현재 입수 가능한 증거나 흔적에서 그 소리를 이론적으로 구성해

---

† 아오모리현의 칼데라호인 우소리호를 둘러싸고 있는 8개 산의 총칭. 일본 3대 영산 중 하나로, 매년 7월 무녀의 신탁이 이루어진다.

야만 한다. 그러므로 역사는 오래 전 헤로도토스 시대부터 뛰어난 '화자'를 요구해온 것이다. 그것이 바로 역사가의 역할이다. 그리고 화자가 신이 아닌 육체를 지닌 인간이기 때문에 '죽은 자의 목소리'는 화자의 해석이라는 필터를 통해 우리에게 전달된다. 게다가 그 필터는 투명한 매질이 아니라 굴절과 색수차色收差를 갖는 한정된 시야의 원근법적 렌즈이다. 따라서 죽은 자의 목소리가 우리에게 전달될 때까지는 목소리 그 자체의 취사선택은 물론 오해와 곡해, 왜곡과 과장과 왜소화라는 '해석학적 변형'의 가능성이 끊임없이 따라다닌다. '죽은 자의 목소리'를 듣기 위해서 청자는 그러한 가능성에 대해 언제나 비판적인 시선을 유지해야만 한다. 수용미술학이 '작자'와 함께 '독자'의 역할을 부각시킨 것처럼, 이야기론은 '화자'와 함께 '청자'의 역할을 역사이해에 있어 불가결의 계기로 생각한다.

그러므로 청자는 단순히 수동적인 존재여서는 안 된다. 분명히 역사는 생생한 '죽은 자의 목소리'로 가득 차 있다. 그러나 그 죽은 자의 목소리의 '생생함'조차도 앉아서 귀를 기울이는 것만으로 들을 수 있는 것이 아니다. 청자의 능동적인 관여 없이는 들을 수 없는 것이다. 따라서 '과거를 마주하는 기본적인 태도'는, 지각도 상기도 불가능한 '죽은 자의 목소리'의 흔적을 발굴하고 구성하는 화자의 목소리에 끊임없이 귀를 기울이며, 청자가 능동적으로 화자의 목소리를 재구성하는 비판적 대화의 과정에 있다고 할 수 있다. 물론 역사는 '큰 목소리'로 이야기할 만한 것이 아니다. 그러나 '작은 목소리'로라도 이야기하지 않는다면 '죽은 자의 목소리'는 우리에게까지 전달되지 않고 망각의 바다 밑으로 사라져버릴 것이다. 역사적 과거에 매몰된 죽은 자의 목소리를 발굴해서 그것을 지각적 현재로 전달하는 '정신의 릴레이' [17]를 가능하게 해주는 것이야말로 화자와 청자의 비판적 공동작업이라고도 할 수 있는 '이야기행위'이다. 그리스어 '히스토리아historia'의 어원이 능동적인 '탐구'의 작업이었던 것처럼, 역사는 과거 지층에 침전되어 이제는 들리지 않게 된 '죽은 자의 목소리'를 듣기 위해 그것을 능동적으로 탐구하며 재활성화시키려고 하는 끊임없는 신고辛苦인 것이다.

* 덧붙이는 글

이 장의 제3·4절에서 논한 '8분 30초 전의 태양'을 둘러싼 패러독스는 치바 대학 문학부에서 개최한 〈철학간담회〉(1999년 2월 12일)에서 이즈미 치에의 질문을 통해 촉발된 것이다. "'과거가 지각 가능하다'면 지각과 상기의 확실한 구분에 의거하는 '이야기론'의 기본전제가 무너지는 것은 아닌가"라는 이즈미의 지적은, 내가 아는 한 '이야기론'의 아킬레스건을 건드리는 거의 유일한 논리적 비판이었다. 이 장의 제3·4절은 그 질문에 대한 대답인 셈이다.

제7장

이야기행위를 통한 세계 제작

"대귀족의 아가씨는 사람 이야기를 의심하는 법을 배우지 않았다.
게다가 반드시 믿어야 한다고 정해져 있는 가타리베의 이야기이다.
노래의 세세한 부분까지 진실로 생각하며 듣고 있다."
"이미 세상 사람들은 너무나 똑똑해졌다.
이야기꾼의 이야기 같은 것에 진심으로 귀를 기울일 리가 없었다."

— 오리구치 노부오, 『사자의 서』

시작하면서

'이야기narrative'라는 개념은 논픽션과 픽션의 양극에 걸쳐 있으며 다양한 진폭을 가진 상당히 다의적인 단어이다. 그러므로 사람들이 개개의 이야기 그릇에 담으려 하는 의미의 내용은 '논리'와 '윤리'처럼 상이하다. 게가 자신의 크기에 맞춰 모래밭에 구멍을 파는 것처럼, 사람은 자신의 이해에 맞춰 이야기의 개념을 자유자재로 신축시킨다. 그것은 심지어 프로크루스 테스의 침대†에도 누울 수 있을 정도의 신축성이다.

　이해를 더욱 어렵게 하는 것은 '이야기론narratology'의 문맥에 있어서 조차 공통적인 이해가 성립되었다고 보기 힘들다는 점이다. 이야기의 개념은 일부에서는 '실체개념'으로, 다른 한편에서는 '기능개념'으로 사용되고 있다. 즉 이야기는 처음부터 '이야기된 것, 이야기that which is narrated, a story'의 측면과, '이야기하는 행위 또는 실적the act or practice of narrating'의 측면이라는 야누스적 성격을 가지고 있는 것이다.¹ 훔볼트의 말을 빌리면 '에르곤'과 '에네르게이아'의 차이라고 할 수 있다. 나는 나만의 개인적인 용어법이지만 전자의 명사적·정태적 실체개념을 '이야기物語'로, 후자의 동사적·동태적 기능개념을 '이야기物語り'로 구별해서 표기하고 있다. 나 자신의 '이야기론'이 의거하고 있는 것은 후자의 기능개념(혹은 행위개념)으

†지나가는 나그네를 집에 초대한다고 데려와 쇠침대에 눕히고 침대 길이보다 짧으면 다리를 잡아 늘리고, 길면 잘라버린 그리스 신화의 노상강도.

로서의 '이야기'이며 '이야기행위'이다.

그러나 때때로 기능개념의 이야기는 실체개념의 이야기(예를 들어 '국민의 이야기')와 혼동되곤 한다. 그러므로 이야기론은 불필요한 오해와 곡해를 불러일으키고 허무한 논의가 반복되는 것이다.[2] 그런 점 때문에 이야기가 기능개념임과 동시에 '방법개념'이기도 하다는 점을 강조해두고 싶다. 즉 '이야기'는 우리의 경험을 시간적으로 분절화하는 언어행위이면서 그 존재의 구조를 해명하는 분석장치이기도 한 것이다. 그런 점에서 '이야기'는 비트겐슈타인의 '언어게임' 개념에 비유할 수 있다. 구로다 와타루가 지적한 것처럼, 언어게임은 사실개념이면서 동시에 방법개념이라는 이중성을 가진다. 게다가 "언어게임의 사실은 탐구의 방법을 전제로 한다".[3] 그에 비하면 '명사적 개념의 이야기'는 '동사적 개념의 이야기(행위)'를 전제로 한다고 할 수 있다.

그러므로 사실(실체)개념의 '명사적 개념의 이야기'의 경우에는 그 내용에 대해서 '진위' '선악' 또는 '논픽션과 픽션'과 같은 이분법적인 가치평가가 가능하다. 그러나 방법개념의 '동사적 개념의 이야기'에 대해서도 이러한 카테고리를 적용하는 것은 단순한 범주 적용의 실수에 지나지 않는다. '동사적 개념의 이야기'에 있어서 말할 수 있는 것은 다른 방법개념과 대비했을 경우의 '우열'뿐이다. 그리고 방법의 우열은 개별영역의 성과에 따라 평가되어야 한다. 현실의 이야기론은 사회구조(구축)주의와도 어느 정도 연대를 유지하면서 문학이론과 역사철학을 비롯해 임상심리학, 사회학, 간호학, 의학, 교육학 등의 여러 영역에서 인간과학의 방법론 내지는 문화의 기초이론으로 다양하게 전개되고 있다. 방법으로서의 이야기론은 공허한 논리적인 재단을 통해서가 아니라, 이와 같은 현장에서의 구체적인 시행 속에서 비로소 그 진가를 물을 수 있을 것이다.

1 이야기론의 계보

먼저 이야기론이 우리의 지적 공간 속에 등장하고 발전해온 경위부터 살펴보자. 역사학자인 리차드 T. 반은 문학이론가 프랭크 커모드의 "역사철학은 소설을 가르치는 사람들의 일처럼 생각된다"라는 말을 인용하면서, "커모드의 견해는 1950년 당시에는 엉뚱하다고 받아들여졌을 것이다. 1968년에도 그것은 아직 전위적이었다. 1975년까지 커모드와 같은 의견이 제기하는 여러 문제들은 영어권의 역사철학을 둘러싼 논쟁의 최전선을 향해 나아가고 있었다"라고 적고 있다. 역사철학의 문맥 속에서 이야기론이 일정한 지위를 차지하게 된 것은 1960년대 후반에서 1970년대 전반에 걸쳐서일 것이다. 덧붙여 말하자면 커모드의 견해가 제기된 것은 1968년, 즉 '5월 혁명'과 '체코 사건'의 해였음을 기억해두기 바란다. 그 사실은 이야기론이 마르크스주의의 퇴조와 구조주의의 대두라는 시대상황 속에서 출현했다는 것을 시사하고 있기 때문이다.

이야기론의 성립을 촉발한 사상조류는 문학이론을 포함해 여러 장르에 걸쳐 있지만, 역사철학에 관한 것으로는 (1)프랑스의 구조주의 (2)독일의 '역사이론Historik' (3)영미권 역사의 분석철학을 대표로 들 수 있다. 먼저 프랑스의 구조주의에서는 레비스트로스와 바르트의 영향을 무시할 수 없다. 흔히 역사이야기론의 효시로 평가되는 것은 바르트가 1967년에 발표한 논문 「역사의 언설」이다. 그러나 휴 레이먼 피카드는 오히려 그 출발점을 레비스트로스의 『야생의 사고』(1962) 제9장 「역사와 변증법」 안에서 찾고 있다.[5] 예를 들면 다음과 같은 부분에서 레비스트로스는 사르트르의 역사관을 염두에 두면서 "민족학자는 역사를 존중하지만 특권적 가치를 부여하지는 않는다"라고 주장하며 다음과 같이 적고 있다.

사람이 역사적 인식관에 특권적 대우를 부여하려 한다면 우리에게는 그 순간 사실史實이라는 관념 그 자체에 이중의 이율배반이 잠재되어 있는 것을 강조할 권리가 생길 것이다. 즉 가정하자면 사실史實은 실제로 일어났던 일이다. 그러나 어떤 일이 일어났다고 말하는 경우의 발생장소는 어디인가. 하나의 혁명, 하나의 전쟁 각각의 에피소드는 다수의 심리적·개인적인 움직임으로 분해된다. 그리고 각각의 심리적인 움직임은 무의식적인 생리적 변화를 반영한다. 나아가 그 변화는 뇌, 호르몬, 신경의 현상으로 분해된다. 그리고 그와 같은 현상의 기초 그 자체는 심리적·화학적인 성질의 것이다. 그러므로 사실史實은 분명히 정해진 것이 아니라는 점에서 다른 사실事實과 다르지 않다. 역사가 또는 역사적 생성의 행위주체가 추상에 따라 또는 무한으로 역행의 위기를 느끼고 그것을 만들어내는 것이다.
그렇다면 사실史實의 구성에 대해 말할 수 있는 점은 다시 그대로 사실史實의 선택에도 적용된다. 이 관점에서 보더라도 역시 역사가나 역사의 행위주체는 선택하고, 재단하고, 절취한다. 진정한 전체적인 역사는 그들 인간을 혼돈으로 몰아갈 것이기 때문이다.[6]

여기서 역사적 인식의 특권대우는 말할 것도 없이 사르트르의 『변증법적 이성 비판』을 의미한다. 그것은 '진정한 전체적인 역사'라는 표현에서도 명백하다. 사르트르의 『변증법적 이성 비판』과 달리 레비스트로스는 역사적 사실이 '구성constitution'되며 '선택selection'된다는 점을 강조한다.

그러므로 "역사는 아무리 공정한 자세로 임하려고 해도 여전히 편향성을 가지며 부분적이라는 점에서 벗어날 수 없다"[7]고 하는 것이다.

레비스트로스의 주장과 바르트가 「역사의 언설」에서 전개한 이야기론, 즉 "역사의 언설은 그 구조 자체가 내용의 실질substance을 통해 뒷받침되어야 할 필요가 없으며 본질상 하나의 이데올로기적인 변형작업이다" 또는 "역사적 언설은 '현재의 것'을 충실히 따르고 있지 않다. 단지 단순히 의미하고 있는signifier 것에 지나지 않는다"[8]라는 주장은 크게 다르지 않다. 그런 의미에서 역사의 이야기론은 사르트르적인 마르크스주의 사관을 향한 반조정反措定으로 첫울음을 터뜨렸다. 말 그대로 '5월 혁명'으로 정점을 맞이한 1960년대의 문화적·사상적 상황의 직접적인 소산인 것이다.

두 번째 독일 '역사이론'의 출발점은 1857년 예나 대학에서 행해진 J. 드로이젠의『역사이론』강의까지 거슬러 올라간다. 그러나 역사학에 해석학을 도입한 선구자로서 드로이젠의 재평가가 이루어지는 것은 가다머의『진리와 방법』(1960)을 통해 제기된 일련의 해석학 논쟁과 '설명-이해' 논쟁의 과정에서였다. 그것은 마침 단토의『역사의 분석철학』이 독일에 수용되던 시기와 맞아떨어진다(1960년대 후반에서 1970년대에 걸쳐서의 일이다).

단토의 이야기론이 지닌 중요성에 가장 먼저 주목한 사람은 하버마스이다. 하버마스는 이미『인식과 관심』(1968)에서 단토를 언급하고 있다. 나아가『사회과학의 논리에 있어서』(1970)에서는 영미권의 역사학 논쟁을 상세하게 검토한 결과를 바탕으로 단토의 이야기론은 "분석철학을 해석학과의 최대한의 접점까지 인도했다"[9]라고 평가한다. 하버마스의 이러한 문제의식을 계승하면서 그 연장선상에서 단토의 이야기론과 드로이젠의 '역사이론'을 축으로 독자적인 초월론적 역사이론을 구상한 사람이 H. 바움가르트너이다.[10] 그러나 독일의 논쟁상황에 대해서는 이미 뛰어난 설명이 발표되어 있으므로[11] 여기에서는 곧바로 단토의 이야기론으로 들어가겠다.

세 번째 사상인 미국의 '역사의 분석철학'은 프랑스 구조주의나 독일의 역사이론과는 독립적으로 전개되었다. 굳이 말하자면 그 시작은(본받아서는 안 되는 선례의 의미도 포함해서) 논리실증주의 운동이며 그들이 창도한 '통일과학'의 이념이다. 논리실증주의와 이야기론의 관계는 다소 기묘하게 보일지도 모른다. 그러나 H. 화이트는 오늘날 과학의 눈부신 발전을 통해 전통적인 인문학인 역사학이 '삼류과학'이나 '이류예술'로 평가되고 있던 것을 지적하면서 그간의 사정을 다음과 같이 설명한다.

현재의 사회과학자들은 역사적 문제를 향한 역사가의 구태의연한 접근을 평가절하하며 역사연구의 본성과 역사적 설명의 인식론적 지위를 둘러싼 철학자들 사이의 현대적 논쟁과정에 고무되어 있다. 이 논쟁에서의 중요한 공헌은 대부분 유럽 대륙의 사상가들을 통해 이루어졌다. 그러나 1941년 이후 영어권에서 놀랄 만큼 뜨거운 논의가 이루어졌다. 1941년 칼 헴펠이 논문 「역사에 있어서의 일반법칙의 기능」을 발표한 것이다.[12]

헴펠이 이 논문에서 제기한 것은 이른바 '포섭법칙의 모델' 내지는 '법칙론적-연역적 모델'로 불리는 것이다. 헴펠에 의하면 과학적 설명과 역사적 설명 사이에는 '설명'과 '이해' 같은 본질적인 차이는 존재하지 않는다. 양자는 모두 그것이 타당한 설명이라면 일반법칙(L)과 초기조건(C)에서 개별적 사건(E)을 연역하는 형식을 취해야 하는 것이다. 초기조건을 '원인', 개별적 사건을 '결과'라고 한다면 이것이 일반법칙에 따른 인과적 설명형식을 취하고 있음을 알 수 있다. 역사 또한 인과적 설명을 목표로 하기 때문에 이와 같은 연역적 틀을 준수해야 한다. 이것이 헴펠의 주장이다.

이와 같은 첨예한 주장의 배경에는 헴펠도 그 일원이었던 빈 학단(논리실증주의)을 통한 '통일과학'의 이념이 있었다. 통일과학을 간단히 설명하면 자연과학, 사회과학, 인문과학의 어디에 속하는지를 묻지 않고 그것이 '과학'인 이상 그 방법은 하나여야 한다는 이론이다. 그리고 빈 학단은 자연과학의 방법, 굳이 말하자면 물리학의 방법으로 모든 과학을 방법적으로 통일하려고 했다.

이것은 앞에서 언급한 레비스트로스가 비판의 표적으로 삼았던 사상과 그 축을 함께하고 있다. 즉 혁명이나 전쟁이라는 역사적 사건을 심리적·개인적 행동으로 분해하고 그것을 다시 생리적인 현상으로, 나아가 물리·화학적인 현상으로까지 환원해 설명하려는 사고법이다. 뇌과학이 발달한 현재에도 이와 같이 극단적인 환원주의가 성공할 가능성은 거의 없다. 물론 역사현상 속에서 물리법칙 같은 일반법칙을 발견하는 것이 불가능하다고 단정지을 수는 없다. 그러나 그것은 지극히 어려운 일이다. 설령 발견했다 하더라도 설명력이 거의 없는 진부한 법칙에 지나지 않을 것이다. 그러므로 헴펠은 역사기술을 엄밀한 의미의 '설명'이 아니라 정신분석의 언명 같은 '설명의 스케치', 즉 경험적 탐구의 방향을 시사하는 공백투성이의 소묘에 지나지 않는다고 말한다. 결국 역사학은 '삼류과학'인 것이다.

헴펠의 대담한 문제 제기를 계기로 영어권에서는 역사학 방법론을 둘러싼 논쟁이 격렬하게 전개되었다. E. 나겔이나 K. 포퍼 등의 과학철학자들은 과학의 방법 통일을 내세우며 헴펠의 견해를 옹호했다. 그에 반해 W. 드레이, I. 바린, W. 월슈와 같은 역사철학자들은 인과적 설명에는 환원 불가능한 역사적 설명에 독자의 계기를, 예를 들면 행위자의 의도를 고려한 '이유에 의한 설명'(드레이) 같은 형태로, 도입해서 근본적인 과학주의에 대한 반론을 시도했다. 이와 같은 논쟁상황 속에서 '이야기론'이라는 전혀 새로운 시각을 가지고 등장한 것이 단토의 『역사의 분석철학』(1965)과 W. B. 갈릴리의 『철학과 역사 이해』(1964)였다. 역사와 과학의 관계를 둘러싼 단토의 견해는 "역사와 과학의 차이는, 역사는 소여의 내용을 조직화하는 도식을 사용하지만 과학은 사용하지 않는다는 점에 있는 것이 아니다. 둘 다 도식을 사용한다. 차이점은 각각이 사용하는 조직화 도식의 종류와 관계가 있다. 역사는 이야기를 이야기하는 것이다(*History* tells stories[13])"라는 한 문장에 명확하게 나타나 있다. 또한 갈릴리의 주장은 "모든 역사는 사거†처럼 기본적으로 인간의 사고와 행위가 지배적인 역할을 하는 사건에 대한 이야기narrative이다"[14]라는 점으로 집약할 수 있다.

단토와 갈릴리의 주장은 논리실증주의적인 과학관 및 역사관에 대한 정면도전이었다. 그런 의미에서 두 저서가 영어권 철학계에 안겨준 충격은 쿤의 『과학혁명의 구조』(1962)에 필적한다고 할 수 있다. 실제로 단토는 쿤의 저서와 핸슨의 『과학적 발견의 패턴』(1958)이 모두 후기 비트겐슈타인의 영향 하에서 쓰여진 것을 지적한다. 그들의 등장을 과학철학에 있어 하나의 '혁명'이라고 부르면서 단토 자신의 저서를 그 흐름 속에 배치하고 있는 것이다.

나의 저서는 이러한 철학적 전환의 드라마를 통해 완성되었다. 이 책이 의거하거나 대립하고 있는 구조적인 틀은 헴펠이 종사했던 과학철학을 계

---

†saga. 북유럽의 전설 · 신화 · 무용담.

승하고 있지만 그 개혁과 개신의 정신은 바로 핸슨과 쿤의 정신이다. 쿤의 저서는 내가 논문「이야기글文」을 발표한 것과 같은 해에 출판되었다. (중략) 이 책에서 말하는 나의 일반적인 논점은 이야기 구조가 사건에 관한 우리의 의식에 침투해 있다는 것이다. 그 내용은 핸슨의 견해에 보이는 과학에 있어서 이론이 관찰에 침투되어 있다는 것과 병행적인 것이다.[15]

위에서 분명히 밝히고 있는 것처럼 역사의 분석철학에서, '포섭법칙의 모델'에서 '이야기론'으로의 전환은 과학철학에서의 '논리실증주의'에서 '패러다임론'으로의 전환과 거의 같은 궤도를 그리고 있다. 그런 의미에서 이 전환을 뒷받침하고 있던 혁신의 정신은 구조주의와 비판이론이 그랬던 것처럼 1960년대의 시대정신에 그 기반을 두고 있다.

『역사의 분석철학』이 출판되고 30년이 지난 시점에서 단토는「역사분석철학의 흥망」이라는 글에서 지난 논쟁을 회고한다. 이 글에서 단토는 헴펠학파의 과학철학으로부터 쿤학파로 전향한 사람들을 언급하면서 "그들 중 한 사람이 '쿤이 그런 귀찮은 책을 쓰지 않았더라면 좋았을 텐데'라며 비통한 어조로 이야기하던 것을 나는 기억한다"[16]라는 에피소드를 소개하고 있다. 단토의 이야기론에서도 분명 이와 같은 절규가 터져나왔을 것이다. 그러나 그것은 이야기론의 명예이며 결코 이야기론의 권위를 손상시키는 것이 아니다.

계속해서 이야기론의 계보를 되짚기 위해서는 단토와 갈릴리 이후에 출현한 두 권의 기념비적 저서, 즉 H. 화이트의 『메타히스토리』(1973)와 리쾨르의 『시간과 이야기』(1983~1985)를 언급하지 않을 수 없다. 그 둘을 언급하지 않는 것은 화룡점정을 하지 않는 것과 같다. 그러나 이 책에서는 이야기론의 세 가지 원천을 확인하는 것으로 일단 역사적 회고를 마치겠다. 이어서 이야기론의 기본적 입각점立脚点을 설명하도록 하겠다.

2 이야기론의 기본구도

이야기론의 관점에서 세계는 사물thing의 총체가 아니라 사건event의 네트워크이다. 그런 의미에서 이야기론은 '사건의 존재론'을 전제로 한다. 사건이 단층의 술어논리에서 양화量化 가능한 '존재자'의 자격을 가질 수 있는 것에 대해서는 잘 알려진 데이비드슨의 상세한 논의가 있다. 그러나 여기서는 가시와바타 다쓰야가 지적하는 것처럼 우리의 일상언어 사용을 참고로, 사건이 '이름을 가지고' '개별화가 가능하며' '유형을 문제로 삼을 수 있으며' '가산적이며' '재기술이 가능하며' '분할이 가능하다'는 여러 특징을 갖추고 있는 것을 확인하는 것으로 충분하다.[17] 즉 우리는 사건을 언어적으로 지시하고 그 동일성이나 사건간의 관계에 대해 이야기할 수 있다. 이것은 물리적 사물에게만 존재자의 자격을 인정하는 편협한 입장과는 날카로운 대비를 이루고 있다.

　사건은 당연히 일정 시각과 장소에서 일어난다. 시공의 위치를 지정하는 것으로 사물의 동일성은 보증될지도 모른다. 그러나 사건의 동일성을 보증하기에는 불충분하다. 데이비드슨이 지적하는 것처럼 "두 가지 서로 상이한 변화가 하나의 실체의 전체에 걸쳐서 같은 시각에 발생할 수 있다는 주장은 타당한 것으로 생각되기"[18] 때문이다. 예를 들어 "그/그녀의 얼굴은 공포로 일그러지고 창백해졌다"라는 사태는 그/그녀의 얼굴이라는 동일한 장소에 '일그러지다'의 형태적인 변화와 '창백해지다'의 색채적인 변화라는 두 개의 사건이 동시에 발생하고 있는 것을 나타낸다. 그러므로 데이비드슨은 시공의 위치 동일성에 대신해 "두 개의 사건은 그들이 완전히 동일한 원인과 결과를 가질 때, 그리고 그때에 한해서 동일하다"[19]라는 기준을 제기한 것이다.

이 기준은 '원인'과 '결과' 모두 사건으로 해석될 여지가 있기에 순환이 포함되어 있다는 의문이 남는다. 그러나 데이비드슨의 제안은 사건에 관련된 중요한 사실을 시사한다. 그것은 원인과 결과가 시간적으로 떨어져 있어야 하는 이상, 사건은 '시간적 확대'를 가진다는 것이다. 그러므로 '순간적 사건'은 존재하지 않는다. 한 사건이 특정한 시공 위치에 있는 것만으로는 사건이 아니다. 그 사물이 일정한 시간적 확대 속에서 변화(혹은 불변화)를 일으켰을 때 비로소 사건이 되는 것이다.

이것은 사건의 사전적 사례인 '행위'를 생각해보면 분명해진다. 피아노 연주나 투수의 투구동작처럼 모든 행위는 시간적 사건이며, 그것은 '시작-중간-끝'의 시간적 구조를 가진다. '오른손을 들다'라는 지극히 단순한 행동조차 예외는 아니다. '오른손을 들다'라는 행동에는 오른손을 들기 시작해 계속 올리고 마침내 다 들어올렸다는 시간적 경과가 포함되어 있는 것이다. 그러나 오른손을 올린다는 행위는 그것만으로 완결된 사건이 아니다. 오른손을 들기 시작한 것은 맞은편에서 오고 있는 택시를 본 결과이며, 오른손을 들어올린 것이 원인이 되어 택시는 정지할 것이다. 또한 투수가 투구동작을 시작하는 것은 포수의 사인에 유도된 결과이며, 던져진 공은 역전 끝내기 만루홈런으로 귀결될 수도 있다. 이 경우 투수의 투구동작을 중간부분으로 보고 "포수의 사인 미스가 패전을 불러왔다"라고 사건을 기술할 수도 있다. 이처럼 사건은 상자 형태의 연쇄구조를 가지며 완만한 '원인과 결과'의 네트워크를 형성하고 있다(단, '원인과 결과'는 법칙에 근거한 물리적 인과관계처럼 좁은 의미로 파악되어서는 안 된다. 사건에 대한 이해의 기초를 형성하고 있는 것은 "바람이 불면 통장수가 돈을 번다"[†] 같은 일상적인 인과이해의 도식, 이른바 '이야기적 인과성'이다).

그렇기 때문에 이와 같은 사건 상호의 상자형 구조에서 생각하면, 앞에서 데이비드슨이 제기한 사건의 동일성 기준이 형식적인 것은 아니지만 순환의 우려를 지니고 있던 것도 어떤 의미에서는 당연하다고 말할 수 있다. 사건은 물리적 사물처럼 길 위에 굴러다니는 것이 아니다. 하나의 사건을 동정하려면 원인이 무엇이고 결과가 무엇인지 그것을 확정하는 '시선'과 '문맥'이 요구되기 때문이다. 시점과 문맥을 부여하는 것이 바로 우리가 말하는 '이야기narrative'이다. 일단 여기에서는 간단히 '이야기'를 복수의 사건을 시간적으로 조직화하는 언어행위로 정의해두겠다.

물론 이야기의 구성단위는 사건이며 이야기는 복수의 사건을 의미와 관련하여 인과적으로 연결함으로써 구성된다. 반대로 사건을 개별화할 경우에는 특정 원인과 결과를 집어내기 위해서 사건을 포함한 이야기 문맥의 참조가 불가피하다. 그러므로 여기에는 텍스트를 해석할 때처럼 전체(이야기)와 부분(사건) 사이의 '해석학적 순환'의 기제가 작용하고 있다고 할 수 있다. 해석학적 순환의 구조는 행위라는 사건에서 전형적으로 나타나는 것처럼 사건이 이야기와 동일한 '시작 — 중간 — 끝'의 시간적 구조를 갖는 것에서 유래한다. '시작'은 선행하는 사건의 '끝'이기도 하며, '끝'은 후속하는 사건의 '시작'이기도 할 것이다. 각각의 사건은 이처럼 언제나 보

[†] 엉뚱한 데까지 영향을 미친다는 뜻의 속담. 바람이 불면 모래먼지가 눈에 들어가 장님이 늘어나며, 따라서 장님이 켜는 샤미센(현악기의 일종)이 많이 필요해진다. 샤미센을 만들려면 고양이 가죽이 필요하므로 고양이가 줄어든다. 그러면 쥐가 많아지고 쥐가 나무통을 쏠아 못 쓰게 만들기 때문에 나무통이 많이 팔린다는 데서 유래했다.

다 넓은 문맥의 '시작'과 '끝'의 중간, 즉 '이야기'의 중간에 놓여 있다. 그런 의미에서 둘 사이에 끼어 있는 순환구조야말로 이야기의 구성과 사건의 분절화를 동시에 가능하게 해준다고 할 수 있다.

그것은 행위라는 인간적인 사건뿐 아니라 자연적인 사건에서도 마찬가지이다. 자연현상은 연속하는 무수한 인과연쇄로 성립되어 있다. 자연현상에는 '사건'이라는 분절이 선험적으로 존재하지 않는다. 우리는 연속되는 무수한 자연현상 속에서 어디까지나 인간적 관심에 따라 '일식' '지진' '태풍'을 하나의 사건으로 잘라내는 것이다. 자연적 사건이 위치값을 가지는 인간적 관심의 문맥이 바로 '이야기'이다. 이야기 속에서 위치값을 갖지 않는 대부분의 자연현상은 사건으로 인지되지 못한 채 그냥 지나가 버린다. '냉하冷夏'가 사건으로 인지되는 것은 냉해나 쌀 부족이라는 인간적 사건과 연결되어 하나의 이야기를 구성할 수 있기 때문이다. 인간적 관심의 문맥을 떠나서는, 자연계에 '냉하'는 존재하지 않는다. 그것은 자연계에 '봄비'나 '가을비'의 구별 혹은 '본진'과 '여진'의 구별이 없는 것과도 같다. 굳이 말하자면 그것들은 '이야기적 존재'로, 우리는 우연적인 자연현상도 이야기 속에서 조직화한다. 그것을 사건으로 동정해서 이해할 수 있는 의미를 부여하고 있는 것이다. 그런 점에서 다음과 같은 갈릴리의 지적은 검토할 가치가 있다.

> 우연적인 것은 물론 그 자체만으로는 이해할 수 없다. 그러나 인간생활 또는 인간생활 속 특정 주제와의 관계에서 그것은 특정의, 수용 가능하며 동시에 수용된 귀결에 기여한 것으로 이해할 수 있는 것이 된다.[20]

여기에서 물론 '수용 가능acceptable'은 우리의 경험 일부를 형성하는 것으로 받아들일 수 있다는 의미이다. 즉 이해 불가능한 것은 수용 가능한 것이 되었을 때 비로소 '경험'으로 부를 수 있게 된다. 경험經驗의 본래 뜻은 '시험驗을 거치다經'이다. 후지모토 다카시는 위의 내용에 입각해 "경험은 적어도 두 사물의 관계를 이해하는 것이다. 단항적인 하나의 사물에 대한 인지(지각)보다 한층 더 높은 레벨의 인식이다"[21]라고 말한다. 즉 우연적인 것을 어떤 인과관계 속에서 '관계를 납득'하게 된다면, 그것은 수용 가능한 '경험'이 된다. 예를 들어 고대인들이 일식이나 지진이라는 이해 불가능한 자연현상을 신의 노여움이나 메기의 몸부림과 같은 신화적인 형상에 빗대어 해석함으로써 비로소 수용 가능한 경험의 일부로 받아들였던 경위를 생각해보면 된다. 그런 의미에서 이해 불가능한 것을 수용 가능한 것으로 전환하는 기반인 '인간생활 속 특정 주제와의 연관성'을 형성하는 것이야말로 '이야기'가 지닌 근원적인 기능이다. 이와 같은 '현실과의 화해'를 만들어내는 이야기의 기능에 대해서는 H. 아렌트가 다음과 같이 훌륭하게 설명하고 있다.

리얼리티는 사실과 사건의 총체가 아니라 그 이상의 것이다. 리얼리티는 절대로 확정할 수 없다. "존재하는 것을 이야기하는 것이다(legein ta eonta)." 사람이 말하는 것은 언제나 이야기이다. 그리고 그 이야기 안에서 각각의 사실은 그 우연성을 잃고 인간이 이해할 수 있는 무언가의 의미를 획득한다. 아이작 디네센의 말을 빌리자면 "모든 슬픔도 그것을 이야기로 만들던가, 그에 대한 이야기를 이야기함으로써 견딜 수 있는 것이 된다". 이것은 변론의 여지가 없는 진리이다. (중략) 이야기한다는 행위가 무엇인지 알고 있었던 점에서 그녀는 독자적unique이었다고 할 수 있다. 그녀는 슬픔뿐 아니라 기쁨이나 행복 또한 그에 대해 이야기할 수 있던가, 이야기를 이야기할 수 있게 됨으로써 비로소 인간이 견딜 수 있는 것이 된다고 덧붙일 수도 있었을 것이다. 사실의 진리를 이야기하는 사람이 동시에 이야기 작가이기도 한 이상, 사실의 진리를 이야기하는 사람은 '현실(리얼리티)과의 화해'를 만들어낸다.[22]

슬픔과 기쁨이라는 직접적인 체험을 이해 가능한 사건으로 분절화해서 그것을 견딜 수 있는 것, 즉 자기 경험으로 수용할 수 있는 것으로 만든다는 의미에서 아렌트는 이야기의 뛰어난 기능을 파악하고 있다. 그녀는 그것을 '현실과의 화해' 라는 헤겔에 의거한 개념을 사용해서 표현하고 있다. 그러나 본론에서는 오히려 이야기의 기능을 '현실의 구성'이라는 칸트적 개념으로 파악하려고 한다. 즉 이야기는 직접적인 체험을 수용 가능 또는 이해 가능한 경험으로 조직화한다는(리쾨르의 말을 빌리면 '통합형상화') 의미에서 '경험의 가능성 조건' 을 형성하고 있다. 이것이야말로 칸트의 용어법에서 말하는 '초월론적 기능' 을 가지는 것이다.

3 이야기의 내부와 외부

이야기가 경험의 가능성 조건을 형성한다고 할 경우, 우리의 경험은 이야기의 '내부' 밖에는 형성할 수 없다는 것이 된다. 어떤 의미에서 그것은 맞는 말이다. 그것은 칸트가 우리의 인식을 경험의 내부, 즉 현상계에 한정했다는 의미에 있어서이다. 칸트에 의하면 모든 경험은 시간의 제약 하에 있다고 덧붙여야 할 것이다. 이야기야말로 경험을 시간적으로 조직화하는 장치이기 때문이다.

그렇지만 이렇게 말하면 이야기론은 동질적인 이야기의 내부에 자족하는 이질적인 것 혹은 타자를 배제하는 개념장치가 될 뿐이다. 결국 '이야기의 자폐증'이라고도 부를 수 있는 상황으로 귀결되는 것이 아닌가라는 반론이 제기될 것이다. 이것은 쿤의 패러다임론에 대해 과학철학의 수구파가 던졌던 비판과 상당히 비슷하다. 이 반론에 대한 이야기론의 반응은 두 가지 입장으로 나뉜다. 즉 레이몽 피카르가 '하이 내러티비스트high narrativist'와 '로 내러티비스트low narrativist'라 이름 붙인 두 파이다.

역사이야기론의 어떤 입장에서도 중심 과제는 역사의 텍스트와 세계의 사건happening의 관계를 기술하는 것이다. 역사이야기론을 주장하는 철학자들 사이에서 분리가 일어나는 것은 이 부분에서이다. 먼저 '하이' 내러티비스트라고 부를 수 있는 논자가 있다(예를 들면 바르트와 H. 화이트).

그들은 모든 문화는 언어 내면에 있기 때문에 텍스트와 세계의 상관관계를 규정하는 것은 불가능하다는 입장을 취한다. 한편 '로' 내러티비스트가 있다(예를 들면 폴 리쾨르와 데이비드 카). 그들은 세계와 텍스트의 관계가 복잡하다는 것은 인정하지만 여전히 이야기 속에서 생겨나는 것과 세계 속에서 생겨나는 것 사이의 연결을 주장한다.[23]

이 구별은 바르트와 H. 화이트가 구조주의에 친화성을 가진 반면 리쾨르와 카가 구조주의에는 비판적이고 현상학에 친화성을 가졌던 것을 생각하면 매우 흥미롭다고 할 수 있다. 하이 내러티비스트의 입장을 고수한다면 레이몽 피카르가 지적하는 것처럼 "만약 세계가 언제나 언어 내부에 나타난다고 한다면 우리는 역사이야기의 기술적 정확성을 참고로 판단하는 비언어적 역사경험을 가질 수 없다"[24]는 것이 된다. 다시 말해 그것은 단적으로 '이야기에 외부는 없다'는 주장이며, 나아가 역사를 둘러싼 '객관적 진리'라는 개념의 토대를 무너뜨리는 것과 연결된다.

그에 비해 로 내러티비스트의 주장은 "역사의 이야기와 세계의 사건 사이에 어떤 상동성이 존재하는 것을 역설한다"라는 것이다. 좀더 구체적으로 말하자면 "시간의 문제를 진지하게 받아들이는" 것이다.[25] D. 카는 후설의『내적 시간의식의 현상학』의 다시당김과 미리당김의 분석을 통해 우리의 경험은 그 기초구조 속에 '과거, 현재, 미래'의 시간구조가 내재되어 있으며, 그것이 이야기 형식의 '시작, 중간, 끝'의 시간구조와 상동적이라는 점을 지적한다. 카는 이를 근거로 "이야기는 우리의 경험을 조직화하고 정합성을 부여하는 근원적인 방식이다"라고 주장한다. 그러므로 "이야기 형식은 무언가를 덮고 있는 의상 같은 것이 아니라 인간적 경험과 행위에 내재하는 구조이다"라고 결론을 맺는다.[26] 즉 카는 '살아남은 경험'이라는 이야기의 외부를 인정하면서도 그것이 이야기 형식과 상동적인 시간구조를 가지고 있다는 점에서 이야기론의 성립근거를 찾고 있는 것이다.

위와 같은 분류로 생각하면 나 자신의 입장은 로 내러티비스트에 가깝다. 즉 이야기를 외부를 가지지 않는 자체 완결된 '텍스트의 직조물'로 보는 하이 내러티비스트의 견해가 아닌, 이야기를 직접적인 체험(살아남은 경험)을 경계조건으로 가지는 외부를 향해 열려 있는 네트워크로 보는 입장이다.

이처럼 말할 때 내가 염두에 두는 것은 "우리의 모든 지식과 신념의 총체는 가장자리를 따라서만 경험과 접하는 인공의 구축물이다. 다른 비유를 사용하면 과학 전체는 경험을 그 경계조건으로 하는 힘의 영역과 같다"[27]라는 콰인의 전체론이다. 경험을 경계조건으로 외부에 가지고 있기 때문에, 과학 전체는 경험적 '반증례反證例'라는 이타적인 것과 조우한다. 그것을 계기로 영역의 재조정과 진리값의 재배분이라는 갱신의 역동주의에 몸을 맡기는 것이다. '과학'을 '이야기'로, '경험'을 '직접적인 체험(살아남은 경험)'으로 바꿀 수 있다면 이 테마는 그대로 이야기론에도 적용할 수 있다.

내가 로 내러티비스트의 입장에 서는 것도 이야기론의 구조에서 이와 같은 콰인의 전체론 구도를 견지하고 싶기 때문이다. 만약 이야기가 외부를 가지지 않는 자체 완결된 텍스트의 직조물에 지나지 않는다면, 역사이야기를 재기술하고 다시 이야기하는 동기는 분명 즉흥적이며 제멋대로인 충동일 것이다. 또한 이야기 속에 새로운 사건을 덧붙여 이야기하는 근거도 불명확해질 것이다. 즉 이야기는 그 역동성을 잃게 될 것이다.

이와 같은 주장에 대해 "이야기 외부를 인정하는 것은 칸트의 '사물자체'처럼 역사에 있어 '과거자체'를 상정하는 결과로 이어지는 것이 아닌가"라는 반문이 있을 수도 있다. 그러나 그것은 명확한 오해이다. 로 내러티비스트의 입장은 이러한 외부 실체화와 무관하다. 설령 과거자체가 존재했다고 하더라도 그것을 직접 체험하는 것은 불가능하다(체험할 수 있다면 그것은 과거가 아니라 현재의 체험이다). 반대로 만약 과거자체가 명확한 분절을 가지고 이야기할 수 있는 것이라면 그것은 이야기의 외부가 아니라 내부에 위치한다고 보아야 할 것이다. 처음부터 이야기론은 이론 구성상 '진리의 대응설'이 상정하는 것 같은 언표의 대조항을 언표의 외부에서 인정할 수는 없다. 그 점에 대해서는 가와모토 히데오가 "이야기적 언표에 따라 조직화된 역사적 사태는 역사 그 자체와 비교해 오류를 지적할 수 없다"라고 지적하면서 그 이유를 다음과 같이 설명하고 있다.

> ~라는 것도 이야기적 언표를 통해 조직화되기 이전에는 역사적 사태는 존재하지 않는다. 대조항이 되는 역사 그 자체를 골라낼 수 없기 때문이다. 역사적 사태는 이야기행위와 함께 공조직화된다. 시간적 조직화 이전의 역사는 조직화라는 용어가 불러일으키는 조직화되는 무언가라는 단순한 개념적 추론으로 부여된 공허한 대조항일 뿐 그 자체는 역사 이외의 무언가이다. 일반적으로 말하면 학문의 대상이라는 의미에서 역사적 현실성은 본래 이야기행위의 상관항으로서만 존재한다.[28]

지적할 부분이 없는 설명이다. 로 내러티비스트는 당연히 여기서 말하고 있는 '공허한 대조항'을 추구하고 있지 않다. 오히려 추구하고 있는 것은 '실재의 대응이 없는 진리'(로티)다. 그런 의미에서 이야기론은 역사적 진리에 있어서 진리의 대응설을 방기하고 통시적 정합성과 공시적 정합성을 축으로 갖는 넓은 의미의 정합설에 도달하는 것이다. 또는 그것을 '보증된 주장가능성'(듀이)이나 '합리적 수용가능성'(퍼트넘)으로 바꿔 말할 수 있다. 그러므로 이야기의 외부는 '과거자체'나 '역사 그 자체'일 수 없다. 굳이 말하자면 '역사 이외의 무언가' 또는 극단적 표현으로는 '이야기일 수 없는 것'이다. 여기서 '이야기일 수 없는 것'이라 하고 '이야기될 수 없는 것'이라고는 부르지 않음을 강조해두고 싶다. 우리는 이미 이야기의 외부에 대해 '직접적인 경험(살아남은 경험)' '이타적인 것' '우연적인 것' '이해 불가능한 것'처럼 여러 가지 언어를 사용해 이야기해왔기 때문이다. 그러나 그것들은 아직 '사건'으로 분절화되지 않았기 때문에 이야기 내부에 정합적으로 포함되어 있지 않다. 이러한 한계를 지니기에 그들은 어디까지나 이야기의 '외부'에 속해 있다.

이런 의미에서 이야기의 외부 또는 '이타적인 것'은 쿤의 패러다임론인 '변칙사례'와 같은 기능을 가진다. 변칙사례는 풀어야 하는 문제로 기존 패러다임으로 해결될 수도 있다. 동시에 변칙사례는 패러다임의 신뢰가 흔들리는 계기가 되어 패러다임 전환을 유발하는 과학혁명의 단서가 될 수도 있다. 마찬가지로 이야기의 외부도 하나의 사건으로 이야기 안에 회수될 수 있으며, 그 충격으로 기존 이야기 구조가 흔들리고 해체와 재편성을 일으킬 수도 있다. 그러므로 이야기 네트워크는 경계조건의 외부에 언제나 둘러싸여 있는 것이다. 그래서 경계를 넘어오는 이타적인 것들의 도래와 그들과의 조우를 통해 우리는 이야기를 다시 이야기하며 갱신하는 역동주의 속으로 들어가는 것이다.

그러나 이야기의 외부는 이야기일 수 없는 것이기에 딱히 이름 붙일 수 있는 것이 아니다. 또한 내부와 외부 사이에 명확한 경계선이 존재하는 것도 아니다. 비트겐슈타인의 주장을 빌려 말하자면 그 경계는 이야기일 수 있는 것들을 전부 이야기함으로써 어디까지나 내부에서 확정할 수밖에 없다. 우리가 이해할 수 있는 것들의 총체를 세계라고 한다면 그야말로 '이야기의 한계가 세계의 한계'라고 말할 수 있다. 그런 의미에서 이야기 행위는 바로 세계 제작의 행위이다. 그리고 우리는 이야기행위에 의한 세계 제작을 통해 비로소 이야기와 세계의 외부를 '나타내는' 것이 가능하다.

4 이야기와 '인칭적 과학'

지금까지 우리는 이야기행위를 '복수의 사건을 시간적으로 조직화하는 언어행위'로 간단하게 정의하고 논의를 전개해왔다. 물론 그 전제가 되는 것은 "두 개의 시간적으로 떨어진 별개의 사건 E_1 및 E_2를 지시한다. 그리고 지시된 것들 중에서 보다 앞선 사건을 기술한다"[29]라는 단토의 이야기글의 정의이다. 이때 단토가 염두에 두고 있는 것은 역사기술의 문장이므로 당연히 두 사건은 역사적 사건이다. 그러므로 그는 이야기글이 일반적으로 과거시제를 취한다고 덧붙이고 있다. 그러나 이야기론을 역사영역뿐만 아니라 과학(그 중에서도 인간과학)영역에도 적용하기 위해서는 반드시 이야기글의 사정射程을 과거 경험과 동시에 현재 경험도 포함하는 형태로 확장해야 한다. 또한 이야기글이 사건의 단순한 '기술'과 함께 '설명' 기능도 가지고 있음을 분명히 하지 않으면 안 된다. 그런 의미에서 E. M. 포스터가 『소설의 여러 모습』에서 주장한 스토리story와 플롯plot의 구분은 시사하는 바가 크다.

우리는 스토리를 '시간이 진행함에 따라 사건이나 발생한 일들을 이야기한 것'이라고 정의합니다. 플롯도 스토리처럼 시간의 진행을 따라 사건이나 발생한 일들을 이야기한 것입니다. 그러나 플롯은 그들 사건과 발생한 일들의 인과관계에 중점을 둡니다. 즉 "왕이 죽고, 그리고 왕비가 죽었다"라고 하면 스토리가 되지만 "왕이 죽고, 그리고 슬픔을 이기지 못하고 왕

비가 죽었다"라고 한다면 플롯이 됩니다. 시간의 진행은 유지되고 있지만 두 개의 사건 사이의 인과관계가 그림자를 드리웁니다. (중략) 스토리의 경우에는 "그리고?"라고 묻습니다. 플롯의 경우에는 "왜?"라고 묻습니다. 이것이 스토리와 플롯의 근본적인 차이입니다.[30]

스토리와 플롯의 차이가 명료하다. 스토리는 복수의 사건을 시간적 순서에 따라 '기술'한다. 따라서 스토리에는 '왜'라는 질문이 발생하지 않는다. 그에 비해 플롯은 복수의 사건 사이에 존재하는 인과관계를 시간적 순서를 따라 '설명'한다. '왜'라는 질문에 대답하고 있는 것이다. 물론 여기서 말하는 인과관계는 '이야기적 인과성'의 의미에서 이해되어야 한다. 우리는 '사건'을 원인과 결과로 동정하는 데이비드슨의 정의를 따랐다. 데이비드슨의 정의에 의하면 지금까지 논해온 '이야기' 개념은 스토리보다 플롯에 더 가깝다고 할 수 있다. 그러므로 이야기행위를 "시간적으로 떨어진 복수의 사건을 지시하고, 그들을 '시작-중간-끝'이라는 시간적 질서를 따라 배치하는plotting 언어행위"로 정의하려고 한다.[31] 그렇게 함으로써 이야기글의 기능을 현저하게 확장할 수 있다고 생각하기 때문이다.

이야기글 개념이 과학적 언명까지 확장 가능하다는 것을 보여주기 위해 "8분 30초 전의 태양"이라 불리는 패러독스를 고찰해보도록 하겠다. 광속도는 유한하기 때문에 태양에서 출발한 빛을 지구상의 우리가 지각할 때까지는 8분 30초라는 시간이 걸린다. 그렇다면 지금 현재 우리가 보고 있는 태양은 8분 30초 전 과거의 태양이 된다. 현시점에서 태양의 진정한 위치는 지금 보이고 있는 태양의 서쪽으로 약 2도 어긋난 위치이며, 지금은 눈으로 볼 수 없다. 그렇다면 우리는 지나가버리고 더 이상 존재하지 않는 과거의 태양을 지각하고 있는 셈이다. 이것은 '과거를 지각할 수 있다'는 패러독스이다.

이미 제6장에서 상세하게 설명했으므로 여기서는 결론만 정리하겠다.[32] 간단히 말하면 '8분 30초 전의 태양이 지금 보인다'는 문장은 위장된 이야기글이다. 패러독스가 된 것은 '8분 30초 전'과 '지금'을 동일한 하나의 사건으로 기술하고 있기 때문이다. 실제로 이 문장은 "8분 30초 전에 태양으로부터 출발한 빛을 지금 보고 있다"라고 바꿔 적을 수 있다. 그러므로 이 문장은 "8분 30초 전에 태양으로부터 빛이 출발했다"와 "그 빛을 지금 보고 있다"라는 시간적으로 떨어진 두 개의 사건을 언급하는 이야기글이다. 이렇게 생각하면 이 문장은 두 개의 사건을 인과적으로 연결해 설명하고 있을 뿐 패러독스적인 요소는 조금도 없다.

그러나 이것은 "보다 앞선 사건을 기술한다"라는 단토의 이야기글 정의에서는 벗어나 있다. 앞 문장은 "지금 보고 있다"라는 현재의 지각적 경험(보다 뒤의 사건)을 기술하고 있기 때문이다.[33] 게다가 언급되어 있는 것은 과거에 발생한 두 개의 사건이 아니라 한편으로는 현재의 사건이다. 그러나 이들이 우리가 언어행위에 부여한 정의와 일치하는 것은 분명하다. 이러한 형태로 이야기글을 확장하는 것이 가능하다면 우리는 그것을 과거의 경험과 현재의 경험을 연결해 배치하기 위해서 사용할 수 있다. 말하자면 현재의 경험과 체험적 과거와 역사적 과거라는 상이한 위상의 삼자를 연결하는 연결고리 역할을 하는 것이다.

앞의 패러독스로 돌아가면 이들 두 개의 사건을 연결하고 있는 플롯은 빛의 전파에 관한 물리법칙이다. 두 개의 사건이 '시작'과 '끝'을 구성한다면, '중간'을 구성하는 것은 물리법칙에 근거하는 과학적 설명이다. 이렇게 생각하면 헴펠의 '포섭법칙의 모델'을 일종의 이야기적 설명으로 받아들일 수 있다. 즉 '시작'이 초기조건, '중간'이 일반법칙, '끝'이 개별적 사건에 각각 대응하고 있다. 이런 관점에서 이른바 과학적 설명을 이야기적 설명의 특수한 경우로 볼 수 있는 것이다.

두 개의 사건을 인과적으로 연결하고 설명한다는 점에서는 과학적 설명과 이야기적 설명의 결정적인 차이가 보이지 않는다. 차이가 있다면 그것은 플롯 설정의 방법이다. 비유적으로 말하면 과학적 설명은 두 개의 사건을 최단거리의 '직선'으로 연결한다. 즉 일반법칙을 '중간'부에 두는 일의적—義的인 설명이다. 그 일의성을 얻기 위해 데카르트와 갈릴레오 이래로 근대과학은 주관적인 이차적 성질과 감정적 술어를 기술의 어휘에서 배제하고 무시점적이며 객관적인 설명의 플롯을 발전시켜왔다.

그에 비해 이야기적 설명은 두 개의 사건을 다양한 '곡선'으로 연결한다. 예를 들어 "오늘 화촉을 밝힌 신랑신부의 첫 만남은 약 5년 전 다나바타 마쓰리였습니다"라는 결혼식 축사를 생각해보자. 이것은 과거와 현재 두 개의 사건을 언급하고 있다는 점에서 넓은 의미의 이야기글에 속한다. 이것을 성립시키는 플롯은 "마침내 두 사람은 사랑에 빠지고 신랑이 신부에게 청혼을 했다"라는 중간부일 것이다. 그러나 다나바타 마쓰리 날에 만난 남녀가 사랑에 빠지고 결혼한다는 일반법칙은 존재하지 않는다. 그러므로 과학에서처럼 일의적인 설명은 있을 수 없다. 신부가 적극적이었을 수 있으며, 이런저런 우여곡절이 있을 수도 있다. 그러므로 이야기적 설명은 다양한 '곡선'이 될 수밖에 없다.

직선과 곡선이라는 비유를 계속하기 위해서는 인간과학이 사용하는 이야기적 설명은 결국 '원추곡선'이 될 것이다. 인간과학은 '행위'의 기술을 불가결의 요소로 포함하고 있다. 그러므로 자연과학처럼 이차적 성질(감각)과 감정적 술어(의도나 신념)를 배제하고 무시점적인 기술을 관철하기는 불가능하다. 그러나 과학이기 때문에 객관성과 보편성을 추구하지 않으면 안 된다. 그것이 다양한 곡선이 아니라 일정한 제약이 있는 원추곡선이라고 표현한 이유이다. 그런 인간과학의 딜레마와 이야기의 관계에 대해 모리오카 마사요시는 다음과 같이 말한다.

인간과학과 사회과학의 각 영역에서 1990년대 이후 '이야기narrative'라는 접근법이 널리 사용되고 있다. (중략) 각 영역의 '이야기'의 정의에 상당한 차이가 있다고 하더라도 그 배경에는 공통적인 패러다임의 전환을 맞이하고 있음을 추측할 수 있다. 대상을 정밀하게 분석하고 정량화·수량화하는 방법은 고도로 발전했지만 결국 큰 벽에 부딪히는 것은 인간과학 전체의 공통된 인식일 것이다. 관계성과 사회적 문맥 속에서의 구성이라는 입장이 중요시되는 경향 속에서, '이야기'가 주목받고 있는 것은 필연적인 귀결이라 할 수 있을 것이다.[34]

자연과학이 '정량화·수량화하는 방법'을 첨예화시켜서 구축해온 것은 모든 인간적 시점에서 분리된 '비인칭적 과학'이라 부를 만한 것이다. 그것은 '이야기적 성격'과 '인칭적 성격'을 가능한 한 배제함으로써 놀랄 만한 보편성과 객관성을 획득해왔다. 그러나 그러한 방법을 인간의 마음이나 행위의 영역까지 적용하는 것은 헴펠이 일찍이 시도하고 좌절한 '통일과학'의 이루어지지 않는 꿈을 좇는 것과 같다. 자연과학이 해명을 추구해온 것이 '리얼리티reality'라고 한다면, 인간과학이 추구하는 것은 오히려 '액추얼리티actuality'의 파악이다. 리얼리티와 액추얼리티의 구별은 다음과 같은 기무라 빈의 설명에 의한다.

'리얼리티'와 '액추얼리티'라는 두 개의 용어는 (중략) 사전상에서는 둘 모두 '현실성'이나 '실재성'의 설명이 달려 있으며 실제로도 별다른 구별없이 유사어로 이해되고 있는 듯하다. 그러나 각각의 라틴어 어원을 거슬러 올라가면 리얼리티는 '것, 사물'을 의미하는 res에서 왔으며, 액추얼리티는 '행위, 행동'을 의미하는 actio에서 왔다. (중략) 결국 같은 '현실'이라고 해도 리얼리티가 현재를 구성하는 사물의 존재에 대해서 사물을 인식하고 확인하는 입장에서 이야기하는 것에 비해, 액추얼리티는 현실에서 작용하는 행위의 작용 그 자체에 관해 이야기한다.[35]

리얼리티의 해명은 그것을 '이해 가능'한 것으로 만드는 것이다. 이해 가능하다는 것은 '만인을 통해서'라는 의미이다. 따라서 그것은 특정한 시점에서 세계를 보는 관점이나 느끼는 방식을 배제해야 한다. 자연과학이 '비인칭적 과학'을 이상으로 추구한 이유가 여기에 있다. 그에 비해 인간과학이 관련된 액추얼리티의 파악은 그것을 개인이 '수용 가능'한 것으로 만드는 것이라고 할 수 있다. 그러므로 액추얼리티에는 '누구를 통해서'라는 시점과 인칭성이 존재하며 그것을 배제하는 것은 원리적으로 불가능하다. 인간과학이 액추얼리티에 관계된 이상 그것은 '인칭적 과학'일 수밖에 없다.[36]

앞에서 우리는 과학적 설명을 이야기적 설명의 특수한 경우로 볼 수 있음을 시사했다. 그러나 포스터의 구별에 따르면 과학적 설명이 부여하는 것은 '스토리'로, '플롯'이 아니다. 그러므로 과학은 '그리고'라는 질문에는 엄밀한 법칙을 가지고 대답할 수 있지만, 뉴턴이 중력의 원인에 대해서는 굳게 입을 다물었던 것처럼 '왜'라는 이유를 묻는 질문에는 대답할 수 없다. 적어도 법칙론적·연역적 설명이 부여하고 있는 것은 논리적 관계로 '왜'라는 질문에 대한 일반적인 의미에서의 인과관계가 아니다(흄에 의하면 원인과 결과는 논리적으로 독립되어야 한다). 또한 과학적 설명에 등장하는 물리적 사건은 법칙이 일반적으로 시간을 변수로 갖는 미분방정식에서 기술되는 것으로, 시간적인 확장을 갖지 않는 '순간적 사건'(예를 들면 한 지점에 있어서의 물체의 위치와 운동량)이며 처음부터 사건의 정의를 만족시키지 않는다. 게다가 두 개의 사건 사이의 시간적 거리는 거의 제로까지 접근시킬 수 있다. 그러므로 비인칭적 과학의 설명을 이야기적 설명의 일종으로 볼 수 있다고 하더라도, 그것은 이른바 '극한적인 경우'이다.

한편 인간과학으로 대표되는 인칭적 과학은 행위의 설명과 역사적 사건의 설명에서 알 수 있듯이 '왜'라는 인간적 관심에 대답하는 것이 주목적이다. 인칭적 과학은 법칙적인 일반화보다는 개별사례를 범례로 하는 수용 가능한 이야기적 설명을 추구한다. 그러므로 인칭적 과학에서는 "누가 누구를 향해 무엇을 이야기하는가"라는 발화發話의 포지션이 문제가 된다. 화자와 청자 사이의 인칭적 관계와 상호작용이야말로 인칭적 과학에서 이야기적 설명을 성립시키는 불가결의 요소이기 때문이다.

이러한 인칭적 과학의 방법적 기반이 되는 개념장치가 지금까지 서술해온 '이야기론'이라고 할 수 있다. 최근 '이야기 치료narrative therapy'나 'NBM(Narrative Based Medicine)'과 같은 임상적인 인간과학으로 이야기학narratology 방법론이 적극적으로 도입되고 있다. 이것은 인간과학에서, '비인칭적 과학'에서 '인칭적 과학'으로 전환하는 움직임이 나타나고 있음을 말해준다. 1960년대에 문학이론과 역사철학 안에서 싹튼 '이야기론'은 과학영역으로까지 그 사정거리를 넓히고 현재 인간과학의 방법론과 문화의 기호이론으로 그 가능성을 시험받고 있다.

저자 후기

1.

이 책은 1996년 이와나미 서점에서 출간된 『이야기의 철학』의 증보신판이다. 이와나미 현대문고에서 다시 출판하면서 '이야기론'에 관한 최근의 논고 두 편을 추가해서 제3부를 구성했다. 제1부와 제2부, 즉 제1장부터 제5장까지는 구판 『이야기의 철학』을 그대로 수록했으며, 오자의 수정을 제외하고는 전혀 수정을 가하지 않았다(단, 기존의 '후기'는 삭제하고 '증보신판 후기'를 추가했다). 『이야기의 철학』의 구판은 이미 찬반으로 의견이 나뉘어 논평의 대상이 된 지 오래됐기 때문이다. 증보한 제6장과 제7장은 처음으로 단행본에 수록되는 내용으로, 전체적인 논의를 명확하게 하기 위해 다소 내용을 수정하고 첨부했다. 또한 기존 구판과 증보논문 사이에는 중복된 기술이 일부 눈에 띄지만, 저자에게 있어 문맥상 필요한 피할 수 없는 반복이었기에 독자 여러분이 넓은 아량으로 이해해주기를 바란다.

　여기서 하나 미리 양해를 구하고 넘어가지 않으면 안 되는 것이 있다. 그것은 '이야기story'와 '이야기narrative'의 구별에 대한 것이다. 구판 『이야기의 철학』에서도 '이야기'와 '이야기행위'를 구별하고 있기는 했지만, 그때는 양자의 차이를 충분히 자각하지 못하고 있었다. 구판 출간 이후, 가지마 도오루의 적절한 비판을 계기로, 나는 완결된 언어구조체로서 '이야기story'와 타인을 향한 언어행위로서 '이야기narrative'를 개념적으로 구별하고 둘을 다르게 표기하게 되었다(자세한 내용은 이 책의 제7장 참조). 그러므로 실체적인

'이야기story보다 기능적인 '이야기narrative' 개념에 속하는 현재 내 입장에서 말하자면, 이 책의 표제도 『이야기narrative의 철학』으로 정정하고 싶은 것이 솔직한 심정이다. 또한 구판의 논술(제1장~제5장) 중에는 오해의 여지를 없애기 위해 기존의 '이야기story'의 표기를 '이야기narrative'로 바꿀 필요가 있는 부분이 상당히 존재한다. 그러나 구판과 증보신판 사이의 차이로 인해 불필요한 혼란이 초래되는 것을 피하기 위해 제목도, 본문의 표기도 구판대로 유지했다. 단지 구판에는 '야나기타 구니오와 역사의 발견'이라는 부제가 붙어 있었지만, 이것은 저자의 의도를 정확히 표현하고 있는 것이 아니고, 게다가 이 책이 본래 야나기타 구니오에 대해 논하기 위해 쓰여진 것이 아니기 때문에 이와나미 현대문고에서 증보신판을 내면서 부제를 삭제했다. 이 점에 대해서는 독자 여러분의 이해를 구한다.

2.

출간된 이후, 구판 『이야기의 철학』은 철학 외 분야의 연구자들로부터 기대하지 못했던 적극적인 지지를 받은 한편, 철학 분야의 연구자들로부터는 혹독한 비판을 받았다. 앞에서 '찬반으로 의견이 나뉘어'라고 표현한 것은 이 때문이다. 지지를 포함해 이 모든 것이 저자에게는 예상치 못한 일이었다. 그러나 그러한 반응은 1990년대 이후 현저한 변화를 겪은 '역사'를 둘러싼 논쟁상황과 관련이 깊다.

하나는 1970년대 중반에 시작되어 1990년대 들어 명시적인 논쟁으로 나타나게 된 역사학 분야에서 '언어론적 전환'이라 불리는 논쟁상황이다. 철학에서 '언어론적 전환'은 러셀이나 비트겐슈타인 등의 분석철학자들을 통해 20세기 전반에 진행되었다. 그러나 로렌스 스톤에 의하면, 역사학 분야에서 '언어론적 전환'은 20세기 후반 포스트 구조주의의 언어론, 상징인류학의 문화이론, 신역사주의new historism의 세 가지 문학이론으로부터 출현했다.

이 세 가지 문학이론은 언어를 실험적인 지시관계를 갖지 않는 '차이의 시스템'으로 파악한다. 그렇게 함으로써 현실 그 자체가 해석을 통한 상상의 소산, 즉 언설의 구축물이라고 주장하며, 사회제도나 정치권력도 언설에 따른 표상의 체계로 이해하는 전략을 취하며 진행되어온 것이다. 이러한 포스트모더니즘을 그 배경으로 하는 역사학의 '언어론적 전환'의 움직임은 사료 비판과 실증적 방법에 따른 과거 사건의 객관적인 복원이라는 랑케 이후의 근대 역사학의 기본전제를 무너뜨리는 것이었다. 즉 그것은 역사적 사실과 픽션의 경계선을 유동적으로 만들었으며, 그로 인해 역사학의 목표가 '사실'의 탐구에서 언설이나 표상을 통해 매개된 '의미'의 탐구로 대대적으로 전환되었던 것이다.

이러한 상황을 '역사학의 위기'로 받아들인 스톤은 1991년 봄, 잡지 〈과거와 현재Past&Present〉에 「역사학과 포스트모더니즘」이라는 논고를 투고하고, "역사학은 무엇을 해야 하며 또한 그것을 어떻게 진행해야 하는지에 대해, 역사학자는 자신감 상실의 위기에 직면했다"고 주장했다. 1990년대 전반, 스톤의 이러한 문제 제기를 계기로 잡지 〈과거와 현재〉를 중심으로 '역사학과 포스트모던'을 둘러싼 논쟁이 활발하게 펼쳐졌다(그 자세한 내용은 〈사상〉 1994년 4월호에서 '특집'으로 다루고 있다). 그런 상황에서, 영국의 역사학자 리처드 에반스는 『역사학의 옹호』(1997)를 통해 다시 한번 역사서술의 '객관성'을 옹호하는 주장을 펼치고 있다. 또한 일본에서도 모리 아키코가 편집한 『역사서술의 현재』(인문서원, 2002)나 오다나카 나오키의 『역사학이란 무엇인가?』(PHP신서, 2004)처럼 언어론적 전환으로부터 많은 영향을 받아서 '그 이후'의 단계를 향해 나아가려는 진지한 시도가 이루어지고 있다.

내가 구판 『이야기의 철학』에 수록된 논문들을 집필한 것은 1980년대 후반이었다(발표는 1990년에서 1993년에 걸쳐 이루어졌다). 유감스럽게도 그 당시 역사학에서 '언어론적 전환'에 대한 논쟁은 아직 불확실한 단계였기 때문에 그것에 대해 알지 못했다. 그러므로 나 자신의 '이야기론narratology'은 오히려 철학 분야의 '언어론적 전환'에서 촉발된 것이라고 할 수 있다. 직접적으로는 닛타 요시히로의 논문 「역사과학에 있어 이야기행위에 대해서」(《사상》 1983년 10월호)의 영향을 받아, 나의 전공 분야인 언어철학(특히 비트겐슈타인의 언어게임론과 오스틴의 언어행위론)과 과학철학(특히 쿤의 패러다임론과 콰인의 전체론)의 연장선상에서 구상된 것이었다. 덧붙이자면 오바 다케시가 그 혜안으로 양자의 '절충'적인 요소를 지적해주었으며 내 두 분의 은사, 고故 오모리 소조의 '모습을 드러내는 일원론一元論'과 고故 히로마쓰 와타루의 '공동주관성 이론'에서 많은 영향을 받았다. 지금 생각해보면 나는 부처님 손바닥 위에서 허세를 부리는 손오공이었다.

그러나 구판이 출간된 이후 10년 가까운 시간이 흐른 지금 다시 살펴보니, 출발점에서의 의도는 제쳐두더라도 이 책이 역사학 분야에서 '언어론적 전환'의 흐름 속에 포함된다는 것을 인정하지 않을 수 없다. 물론 그렇게 평가되는 것을 거부할 의향도 없다. 역사학 논쟁에 개입할 의도가 전혀 없었음에도 역사학자인 미야케 마사키로부터 생각지도 못했던 호의적인 비평을 받은 것은 나에게 큰 힘과 격려가 되었다. 단지 여기서 한마디 덧붙여두고 싶은 것은, 내가 목표로 하는 주제는 '과학의 이야기론'으로, '역사의 이야기론'은 그 전초전에 해당하는 것이었다는 점이다.

3.

'역사'를 주제로 하는 두 번째 논쟁상황의 변화는, 1990년대 중반 일본 역사 교과서 기술을 둘러싸고 벌어진 '역사수정주의 논쟁'의 전개이다. 이 논쟁은 '자학사관自虐史觀'이나 '종군위안부'의 기술을 문제시하는 사람들을 통해 제기되었다. 역사수정주의에 대항하는 사람들은 '아우슈비츠의 표상가능성'이나 '서발턴subaltern†의 역사' 그리고 영화 〈쇼아shoah〉‡의 충격을 포함해, '역사'의 가능성을 그 근본에서부터 새롭게 파악하려는 형태의 반론을 전개했다. 이 논쟁은 포스트 식민지주의, 문화연구, 성차별론 등의 학문적 조류와도 교차하면서 사람들이 역사기술이 가지고 있는 정치성과 윤리성에 주목하게 만들었다.

이와 같은 역사수정주의 논쟁이 진전되는 가운데, 구판『이야기의 철학』은 '국민의 이야기'를 표방하는 역사수정주의라는 잘못된 오해를 받으며, 철학 분야의 연구자들로부터 혹독한 비판을 받았다. 그 대표적인 예로는 우에무라 다다오의『역사적 이성의 비판을 위해서』(이와나미 서점, 2002), 다카하시 데쓰야의『기억의 에티카』(이와나미 서점, 1995) 및『역사/수정주의』(이와나미 서점, 2001) 등을 들 수 있다. 둘의 비판은 '이야기론'의 구도 수정을 촉구하는 것이었지만, '이야기론'의 구도 그 자체의 철회를 요구하는 것은 아니었다. 그러므로 각각의 논점에 일일이 대응하기보다, '이야기론'의 구도를 더욱 다듬어 좀더 설득력 있는 주장으로 만드는 길을 택한 것이다. 그 내용을 자세히 알고 싶다면 이 책의 제6장과 제7장을 참조하기 바란다. 그러나 그곳에서 다루지 못한 논점도 있기 때문에, 여기에서 우에무라와 다카하시로부터 받은 비판 중에서 간과할 수 없다고 생각되는 것들에 대해 간단하게 답변을 해두고 싶다.

먼저 우에무라는『역사적 이성의 비판을 위해서』의 제2장「'이상적 연대기'에 대한 재고」를, 내 '이야기론'을 검토하는 데 할애하고 있다. 그곳에서 그는 역사의 헤테롤로지적 입장에서 근본적인 의문을 제기하며, 내가 단토의 '이상적 연대기'의 작자를 '라플라스의 악마'에 비교한 것을 편협한 추론으로 단정하고 있다(이 점에 대한 우에무라의 비판은 타당하다). 그리고 그 이

† '하층민' '종속민'의 의미로 사용되는 단어. 인도를 중심으로 하는 '사바르탄' 연구가 대표적이다.

‡ 나치의 유대인 학살을 다룬 전쟁 다큐멘터리. '쇼아'는 히브리어로 '절멸'을 의미한다.

유로 이상적 연대기는 "역사서술에 있어 구성되기 이전의 가능성의 영역으로, 그곳에는 지금은 '기억되지 않는 것'이나 '이야기되지 않는 것'이 되어버린 '역사의 타인들'의 경험을 포함해 과거에 일어난 사건 전체가 있는 그대로 기록되어 있는 것이다"(앞의 책 88쪽)라는 주장을 제시한다. 이 '구성되기 이전의 가능성의 영역'에 대해 내 고찰이 불충분했음을 인정하지 않을 수 없다.

그러나 우에무라는 계속해서 가미카와 마사히코의 주장에 따르면서, '이상적인 있는 그대로의 기술' 내지는 철저히 개별적으로 기록된 '제로의 일반성Generalization Zero/무한의 개인성Individualization Infinity'의 기술에 '있는 그대로의 사상'을 대응시키고 있는 것이다. 물론 그러한 이상적인 기술을 이용해 '망각의 구멍'을 메우려고 하는 의도는 이해할 수 있다. 그러나 그것이 언어를 사용한 '기술'인 이상, 그 기술은 보통명사나 동사나 형용사를 포함하지 않을 수 없기 때문에 아무리 발버둥쳐도 '일반성'을 벗어날 수 없다. 즉 언어를 통해 이루어지는 기술인 이상, '일반성'을 제로로 만드는 것은 불가능하다. 설령 백보 양보해서 '무한의 개인성'이라는 성질을 기술한다 하더라도, 그것은 타인은 이해할 수 없는 '사적인 언어'에 불과하다. 나는 비트겐슈타인과 마찬가지로 그러한 가능성을 거절한다. 게다가 '개인성'이 무한대에 가까워진다면, 그만큼 '원근법perspective'의 뒤틀림도 증대되기 때문에 '있는 그대로의 사실'에서는 멀어질 수밖에 없다. '원근법'이 '이야기론'의 성립기반이라는 것은 말할 것도 없이 당연한 사실이다. 이야기론은 오히려 '이상적인 있는 그대로의 기술'이 불가능하다는 점, 그리고 '원근법'을 벗어날 수 없다는 점을 자각하는 것으로부터 출발하는 것이다.

물론 이야기론에서 우에무라가 시사한 '구성되기 이전의 가능성의 영역'을 무시할 수는 없다. 단지 이야기론의 입장은 '이상적인 기술'을 상정하는 것이 아니라 기술의 '원근법＝사영射映'과 그것을 뒷받침하는 '현출/현출자' 사이의 현출론적 차이라는 현상학적 관점에서 그 영역에 접근하려고 하는 것이다. 그것은 좀더 구체적으로 '역사적 사건Geshichite' 과 '역사기술Historie' 사이의 순환을 포함한 차이라고 다르게 표현할 수도 있다. 나에게 우에무라의 비판은 바로 이 '차이'에 대한 재고를 촉구하는 것이다.

물론 이것은 내가 이 책의 제3장에서 제시한 "이야기할 수 없는 것에 대해서는 침묵하지 않으면 안 된다"라는 명제와도 관련된다. 역사적 사실과 역사기술 사이의 현출론적 차이를 인정한다면(이 책 제7장에서 설명하고 있는 '로내러티비스트'의 입장에 선다면), 이 명제는 수정되지 않을 수 없다고 지금은 생각하고 있다. 새로운 명제는 야노 시게키가 최근의 저서 『'논리철학논고'를 읽다』(데쓰가쿠쇼보, 2002)의 마지막 부분에서 제기한 "전부를 이야기할語る tell 수 없는 것은, 계속해서 이야기하지 않으면 안 된다"라는 표현을 빌려서 "전부를 이야기할物語る narrate 수 없는 것은, 계속해서 이야기하지 않으면 안 된다"라고 할 수 있을 것이다. 처음부터 '이야기narrative'는 본질적으로 완결될 수 없는 것이며, 끊임없는 증식과 개정의 역동적인 상태 속에 위치하고 있기 때문이다.

4.

다음은 다카하시가 『역사/수정주의』에서 전개한 이야기론 비판에 대해 살펴보도록 하겠다. 그의 주장의 요점은 다카하시 자신이 "문제의 중심은 '국민의 이야기'의 정당성에 대한 비판적 **판단**이 '이야기론' 자체에서는 도출될 수 없는 것이었다"(앞의 책 81쪽, 굵은 글씨는 원문 인용)라고 적고 있는 바로 그대로이다. 좀더 설명을 덧붙이면, "그러나 노에의 이런 절묘한 분석은 모든 이야기행위가 본질적·구조적으로 '윤리적' 또는 '정치적'이라는 것은 확증할 수 있을지는 모르지만, '국민의 이야기'와 '국민의 윤리'를 배제하기 위한 자체 특정의 '정치적' 또는 '윤리적'인 결정을 정당화하는 것은 아니다"(앞의 책 43쪽)라고 할 수 있다. 이것은 최근 다카하시와 우에무라 사이에서 이루어진

'바람직한' 역사기술narrative을 둘러싼 논쟁의 주제이기도 하다(『역사에 대한 질문』, 이와나미 서점, 제4·5·6권 참조).

놀랍게도 내 결론은 다카하시의 주장과 일치한다. 즉 이야기론 그 자체로부터는 '정치적' 또는 '윤리적'인 결정을 정당화하는 어떤 기준도 도출될수 없다는 것이다. 아니, 나는 좀더 나아가 '도출될 수 없다'가 아니라 '도출되어서는 안 된다'라고 생각한다. 이것은 이야기론이 마르크스주의 역사관이나 황국사관처럼 특정한 '역사관'에 대한 주장이 아니라 역사기술의 방법론에 대한 문제 제기, 즉 메타이론의 일종이라는 점을 생각하면 당연한 귀결이다. 그것은 실증주의 역사학에게 정치적·윤리적으로 바람직한 형태의 기준을 요구하는 것이 얼마나 무의미한지를 생각해보면 더욱 분명해질 것이다. '계급투쟁의 역사'나 '만세일계萬世一系의 천황가의 역사' 모두가 이야기행위의 소산이라는 관점에서, 이야기론은 그 서술구조나 이데올로기적 성격또는 발화의 위치positionality 같은 문제를 분석할 수 있다. 그러나 어떤 역사기술이 정치적·윤리적으로 바람직한지에 대한 대답은 이야기론의 전제로부터 연역적으로 도출되는 성질의 것이 아니다.

어쩌면 설명이 조금 과장되었는지도 모른다. 이야기론이 관여하는 것이'바람직한 역사적 설명'이라면, 그 기준은 이야기론의 내부에 존재한다. 내생각에, 그것은 "현재 입수할 수 있는 최상의 증거군과 정합적으로 구성된이야기를 합리적인 것으로 수용해야만 한다"라는 퍼트넘의 내재적 실재론의 입장을 따르는 것이다. 그것은 딱히 역사기술이 무조건 정치성이나 윤리성을 띠는 것과 모순되지는 않는다. 개개인의 역사가는 그러한 '바람직한 역사적 설명'의 구조를 승인했다는 전제 하에서, 각각의 역사관에 근거해 이야기의 구성plot을 구상하고 스스로의 주체적인 책임에 근거해 정치적이고 윤리적인 서약commitment을 수행하면서 역사를 기술할 것이다. 그러나 그 경우, 바람직한 정치적 서약은 정치행동의 영역에서, 또한 윤리적 서약은 윤리적 성찰의 영역에서 판단되어야 한다. 이야기론의 구조 자체 속에 그 기준이 내재되어 있지 않기 때문이다. 역사가는 오히려 스스로의 학문적 성실함과 신념을 바탕으로 정치적·윤리적 판단을 해야 하는 것이다.

그러므로 다카하시가 "역사서술을 판단 모델로 삼아 이야기하는 것에는 분명히 한계가 있으며, 역사서술의 가능성을 터무니없이 축소해버린다"(앞의 책 90쪽)라고 말하고, "역사 속에서는 어떤 판단도 최종적이며 결정적이지 않다"(앞의 책 93쪽)라고 적고 있는 것처럼, 역사가에게 재판관의 역할을 요구하는 것은 반대로 상당히 위험한 일이다. 그것은 재판관에게 역사가의 역할을 요구할 경우 초래되는 위험과 같다. 재판이 당사자가 살아 있는 동안에 판결을 해야 하는, 한정된 기한을 갖는 실천적 판단인 데 비해 '역사의 법정'은 무기한이다. 그것은 지적 공간의 자율성을 계속 유지하면서 언제나 미래를 향해 열려 있기 때문이다. 역사가는 당장의 정치상황이 아니라, 무엇보다 그런 지적 공간에 대해 책임을 져야 할 것이다. 이것은 나치 체제 하의 독일 물리학이나 스탈린 체제 하의 루이센코 학설[†]을 예로 들지 않더라도 확실히 알수 있다. 자연과학이 아닌 역사학이 '이론異論' 항쟁의 전장이 되는 것은 당연하며, 역사의 그릇은 '이론'의 존재를 담을 수 있을 정도로 깊은 것이다.

또 하나, 다카하시의 비판 중에서 놓치면 안 되는 것은 야나기타 구니오에 대한 나의 평가에 관한 문제이다. 다카하시는 야나기타가 고급관료직을 역임하고 식민지 통치에 관여했던 경력을 열거하며 "이들 사실만으로도 야나기타가 '대일본제국'의 '근대'와 떼려야 뗄 수 없는 핵심 존재였다는 것은 명확하다"라고 적고 있다. 다카하시의 지적을 받기 전에도 이미 야나기타의 전력은 모두 알고 있었다. 그러나 그것을 이유로 야나기타의 언설 총체를 부정해버리는 것은, 해산을 마치고 갓난아이를 목욕시킨 물과 함께 아이까지

[†] 환경조건의 변화로 생물의 유전적 성질을 변화시킬 수 있다는 주장.

흘려버리는 어리석음에 비유할 수 있다. 또한 야나기타 민속학의 이데올로기성에 대해서는 이미 다수의 연구자가 논의를 전개하고 있으며, 지금에 와서 내가 나설 만한 자리도 아니라고 생각한다. 한편 야나기타가 '보수'적이며 '반동'이라고까지 할 수 있는 사상가였음에도 불구하고 미시마 지로, 쓰루미 가즈코, 하시카와 분조, 요시모토 다카아키 등의 연구자들이 그가 지닌 사상적인 가능성을 다방면에 걸쳐 밝혀왔다. 나는 이와 같은 훌륭한 야나기타 구니오론의 기미驥尾에 붙어서, 야나기타의 구비전승문학론 안에서 싹을 내밀고 있는 현대비판의 잠재세력을 현재화시키려 했던 것뿐이다. 본문에서 굳이 하나다 기요테루의 야나기타에 대한 평가를 인용한 것도 그러한 이유에서였다(그러고 보니 기타 잇키†를 홈런으로 착각할 만한 '굉장한 파울볼을 날려버린 남자'라고 평한 것도 바로 하나다였다). 이러한 내 의도를 눈치채지 못했다면, 나로서는 유감이라고밖에 말할 수 없다.

가메이 가쓰이치로에 대해서도 똑같이 말할 수 있다. 다카하시는 내가 가메이의 문장을 인용한 것을 언급하면서, 가메이가 '이야기하고 있지 않은 것'으로 "일찍이 가메이 자신이 '황국사관'을 주장하는 사상가로서 열심히 전쟁에 협력했으며, 전후에는 그로 인해 '윤리적'인 책임을 추궁당하는 입장에 놓였던 것"(앞의 책 51쪽)을 들고 있다. 물론 가메이 스스로가 이야기할 리는 없겠지만, 우리 세대의 사람이라면 누구나 그가 일본 낭만파 사상가로서 악명 높은 '근대의 초극超克' 좌담회를 주도한 평론가였다는 사실을 알고 있을 것이다. 내가 굳이 '쇼와 역사논쟁을 제기한 가메이 가쓰이치로'라고 한정하고 있는 것은, 그가 마르크스주의 사관에 반대하는 입장이었음을 명시하기 위해서였다. 그런 점에서 자유주의 사관과도 공통되는 바로 그 가메이 가쓰이치로조차 멀쩡하게 보이는 이야기를 하고 있다는 아이러니를 그곳에 담

† 20세기 초에 활동한 일본의 사상가. 초기에는 사회주의적 성격을 띠었지만, 이후 우익운동의 이론적 지도자가 되었다.

으려고 했던 것이었다. 물론 표면적으로 나타나 있지는 않지만 이런 사정을 알아차리지 못했다면, 내 필력이 부족함을 스스로 한탄할 수밖에 없다. 단지 적어도 내게 있어서는 틀에 박힌 양식의 평범한 '좌익'보다는, 반성과 경계의 자료가 되는 나쁜 본보기라는 점도 포함해서 훌륭한 '우익'에게 배우는 것이 훨씬 많은 것이다.

구마노 스미히코는 구판 『이야기의 철학』을 언급하면서, "이 책에 담긴 주요 논문이 공개된 뒤, 영화 〈쇼아〉가 큰 반향을 불러일으키고 있는 한편에서 '국민의 이야기'를 이야기하는 사람이 등장한 것은 이 의욕적인 한 권의 책에게는 조금은 불행한 우연이었다고 생각된다"(『역사에 대한 질문』, 이와나미 서점, 제2권)라고 평하고 있다. 분명히 '불행한 우연'이었을지도 모른다. 그러나 논쟁에 휘말린 덕분에 내 책은 찬반 양론으로 갈려 이례라고 할 수 있을 정도로 많은 의견을 받을 수 있었다. 또한 '역사'에 관한 심포지엄이나 연구회에 초대받는 경우도 많아졌다. 이런 일이 없었다면, 이 책이 이렇게 이와나미 현대문고에 수록되지도 않았을 것이다. 그런 점에서, 저자는 제쳐두고라도 이 책에게는 오히려 '조금은 운이 좋았던 우연'이라고 말해야 할지도 모르겠다.

5.

지금 내 관심사는 이 책의 제7장에서 시사하고 있는 것처럼, '이야기론'의 방법론을 역사철학에서 과학철학으로 확장해 '과학의 이야기론'을 구상하는 것이다. 그것은 동시에, '이야기 치료'나 'NBM(Narrative Based Medicine)' 등의 동향을 확인하면서, '임상철학'의 시도와 맞부딪치는 영역이기도 하다. 그런 점에서는 역사의 이야기론을 둘러싼 논쟁은 점차 내 관심에서 멀어지고 있다. 단, 이 책의 제3부에 수록된 두 편의 논문 외에도 내 '이야기론'에 관한 다음과 같은 논고가 있다. 특히 『역사의 종말론』에 수록된 「역사의 이야기론」은 새로운 논점을 포함해 이 책의 내용을 알기 쉽게 강연 스타일로 적은 것이다. 관심이 있는 독자는 참고로 삼아준다면 감사하겠다.

◆노에 게이치, 「기억과 역사 1~4」〈헤르메스〉55~58호, 1995년 5~11월
◆노에 게이치, 「역사의 이야기론」『역사와 종말론』(신철학강의 8), 이와나미서
  점, 1998
◆노에 게이치, 「과거의 실재 재고」『철학에게 무엇이 가능한가』(신철학강의 별
  권), 이와나미서점, 1999
◆나카무라 유지로 中村雄二郎 · 노에 게이치, 『21세기를 향한 키워드와 역사』,
  이와나미서점, 2000

　　또한 전반적인 내 이야기론에 대해 가지마 도오루가 저자 이상으로 그 진
의를 이해하고 기대 이상의 건설적인 비판을 해주었기에, 이 책을 통해 이야
기론을 둘러싼 논쟁에 관심을 갖게 된 독자가 있다면 아래와 같은 가지마의 논
고를 참고하라고 권하고 싶다.

◆가지마 도오루 鹿島徹, 「이야기론적 역사철학의 가능성」(〈창문〉2003년 6월)
◆가지마 도오루, 「이야기론적 역사이해의 가능성을 위해서」(〈사상〉2003년 10월)
◆가지마 도오루, 「바람이 멈춘 순간」(실존사상협회 편, 『실존과 역사』, 리소샤, 2004)

　　마지막으로, 이 책의 구판 편집을 담당해준 나카가와 가즈오, 그리고 이
번 이와나미 현대문고판의 편집에 전력을 기울여준 사이토 기미타카에게, 이
지면을 빌려 마음으로부터 감사의 인사를 드린다.

2005년 1월 23일
노에 게이치

원주

서문

1. John le Carré, 『寒い國から歸ってきたスパイ』(宇野利泰 역), 早川書房, 1978, 51쪽.

2. 柄谷行人, 『終焉をめぐって』, 福武書店, 1990, 136쪽.

3. Francis Fukuyama, 「歷史は終つたのか」〈月刊 Asahi〉, 1989-12.

4. Auffret, Dominique, *Alexandre Kojeve*, Grasset, 1990.

5. 中村雄二郎 외, 『不思議な半世紀』, 創樹社, 1987, 106쪽 이하.

6. Alexandre Kojeve, 『ヘーゲル讀解入門』(上妻精 외 역), 國文社, 1987, 244~245쪽.

7. 앞의 책, 247쪽.

8. 加藤尙武, 『世紀末の思想』, PHP硏究所, 1990, 219쪽.

9. Alexandre Kojeve, 앞의 책, 240쪽.

10. 앞의 책, 247쪽.

11. Danto, A., *Narration and Knowledge*, Columbia U. P., 1985, P. 152.(河本英夫 역, 『物語としての歷史』, 國文社, 1989, 185쪽)

12. 大森莊藏, 「過去の制作」『いま哲學とは』(新岩波講座 哲學) 제1권, 岩波書店, 1985.

제1장

1. 柳田國男, 『口承文芸史考』, ちくま文庫版柳田國男全集(筑摩書房, 1990, 이하 '全集'으로 표기) 제8권 수록, 18~19쪽.

2. 柳田國男, 『不幸なる芸術』, 全集 제9권 수록, 416쪽.

3. 柳田國男, 『昔話と文學』, 全集 제8권 수록, 343쪽.

4. Benjamin, W., "Der Erzähler," *Gesammelte Schriften* Bd. I-2, Suhrkamp, 1977, S. 442~443.(高木久雄 외 역, 『文學の危機』, 晶文社, 1969, 185쪽)

5. Rousseau, J.-J., "Les Confessions," *Oeuvres completes* Tome I, Gallimard, 1959, p. 5.(小林善彦 역, 『告白(上)』, 白水社, 1986, 4~5쪽)

6. 앞의 책, 278쪽.(앞의 책과 동일, 『告白(中)』, 66쪽)

7. Balzac, 『人間喜劇 序』, 世界文學大系 제23권(『バルザック』 수록), 筑摩書房, 1960, 382쪽.

8. 앞의 책, 384쪽.

9. 앞의 책, 389쪽.

10. 柳田國男, 『遠野物語』, 全集 제4권 수록, 9~11쪽.

11. 柳田國男, 『不幸なる芸術』, 全集 제9권 수록, 350~351쪽.

12. 柳田國男, 『口承文芸史考』, 全集 제8권 수록, 205쪽.

13. Husserl, E., "Ursprung der Geometrie," *Husserliana* Bd. VI, M. Nijhoff, 1962, S. 368.(細谷恒夫·木田元 역, 『ヨーロッパ諸學の危機と超越論的現象學』, 中央公論社, 1974, 390쪽)

14. 앞의 책.(앞의 책과 동일)

15. 앞의 책, 369쪽.(일본어판 390쪽)

16. 이 점에 대해서는 발표 논문 『無限據からの出發』(勁草書房, 1993)의 제3장 「フッサール現象學の臨界」를 참조.

17. Husserl, E., 앞의 책, 368쪽.(일본어판 389쪽)

18. 앞의 책, 369쪽.(일본어판 390쪽)

19. 앞의 책, 370~371쪽.(일본어판 393~394쪽)

20. 앞의 책, 370쪽.(일본어판 392쪽)

21. 앞의 책, 371쪽.(일본어판 394쪽)

22. 앞의 책.(앞의 책과 동일)

23. 앞의 책.(앞의 책과 동일)

24. 앞의 책, 374쪽.(일본어판 398쪽)

25. 앞의 책, 373쪽.(일본어판 396쪽)

26. 앞의 책.(앞의 책과 동일)

27. 앞의 책.(앞의 책과 동일)

28. Rousseau, J.-J., *Essai sur l'origine des langues*, Nizet, 1970, pp. 41~43.(竹內成明 역,『言語起源論』, 白水社, 1986, 143~144쪽)

29. Starobinski, J., *Jean-Jacques Rousseau: La transparence et l'obstacle*, Gallimard, 1971, p. 176. (山路昭 역,『透明と障害』, みすず書房, 1973, 235쪽)

30. Rousseau, J.-J., 앞의 책, 55~69쪽.(일본어판 148~154쪽)

31. 앞의 책, 199~201쪽.(일본어판 206~207쪽)

32. Levi-Strauss, C., *Tristes tropiques*, Plon, 1984, pp. 354~355.(川田順造 역,『悲しき熱帶(下)』, 中央公論社, 1977, 170쪽)

33. Derrida, J., *De la Grammatologie*, Minuit, 1967, p. 147.(足立和浩 역,『グラマトロジーについて(上)』, 現代思潮社, 1976, 205쪽)

34. Austin, J. L., *How to do things with words*, Oxford U. P., 1971, pp. 14~15. (坂本百大 역,『言語と行爲』, 大修館書店, 1978, 26~27쪽)

35. 앞의 책, 22쪽.(일본어판 38쪽)

36. 앞의 책, 61~62쪽.(일본어판 108~109쪽)

37. 앞의 책, 60쪽.(일본어판 106쪽)

38. 앞의 책, 60쪽.(일본어판 107쪽)

39. Derrida, J., "Signature, evenement, context," *Marges de la philosophie*, Minuit, 1972, p. 383.

40. 앞의 책, 375쪽.

41. 앞의 책, 391~392쪽.

42. 佐々木健一,『作品の哲學』, 東京大學出版會, 1985, 265~266·273쪽.

43. Roland Barthes,「作者の死」『物語の構造分析』(花輪光 역), みすず書房, 1979, 80쪽.

44. 앞의 책, 85~86쪽.

45. 앞의 책, 88~89쪽.

46. 앞의 책, 89쪽.

47. 柳田國男,『口承文芸史孝』, 全集 제8권 수록, 27쪽.

48. 앞의 책, 28~29쪽.

49. 앞의 책, 30쪽.

50. 앞의 책, 30쪽.

51. 柳田國男, 『昔話と文學』, 全集 제8권 수록, 343쪽.

52. 柳田國男, 『口承文芸史孝』, 全集 제8권 수록, 30~31쪽.

53. 柳田國男, 『桃太朗の誕生』, 全集 제10권 수록, 26~27쪽.

54. Eliot, T. S., "Tradition and the individual talent," *The Sacred Wood*, London, 1920, p. 53. (深瀬基寬 역, 「傳統と個人の才能」, ユリイカ臨時增刊 『世界の詩論』, 靑土社, 1979, 231쪽)

55. 앞의 책, 56쪽. (일본어판 233쪽)

56. 柳田國男, 『桃太郎の誕生』, 全集 제10권 수록, 23~24쪽.

57. 柳田國男, 『昔話と文學』, 全集 제8권 수록, 240~241쪽.

58. 花田淸輝, 「柳田國男について」 『花田淸輝著作集』 제4권, 未來社, 1964, 199쪽.

59. 柳田國男, 『昔話覺書』, 全集 제8권 수록, 483쪽 이하.

60. 柳田國男, 『口承文芸史孝』, 全集 제8권 수록, 206쪽.

61. 花田淸輝, 앞의 책, 187쪽.

62. 앞의 책, 189쪽.

63. 大野晋 · 佐竹昭廣 · 前田金五郎 편, 『岩波古語辭典』 「かたり」, 岩波書店, 1974.

64. 柳田國男, 『口承文芸史孝』, 全集 제8권 수록, 96쪽.

65. 藤本隆志, 「根據と根源」 〈UP〉, 1974-7, 4쪽.

66. 앞의 주와 동일.

67. Danto, A. C., *Narration and Knowledge*, Columbia U. P., 1985, p. 143. (河本英夫 역, 『物語としての歷史』, 國文社, 1989, 174쪽)

68. 앞의 책, 159쪽. (일본어판 194쪽)

69. 앞의 책, 149쪽. (일본어판 181쪽)

70. Ayer, A. J., *Language, Truth and Logic*, Pelican Books, 1971, p. 135.

71. Ricoeur, P., *Temps et récit* Tome I, Seuil, 1983, p. 204. (久米博 역, 『時間と物

語 1』, 新曜社, 1987, 245쪽)

72. 앞의 책, 205쪽.(일본어판 246쪽)

73. 川田順造, 『無文字社會の歷史』, 同時代ライブラリー, 岩波書店, 1990, 17쪽.

74. 앞의 책, 127쪽.

75. 柳田國男, 『口承文芸史孝』, 全集 제8권 수록, 205쪽.

76. Benjamin, W., 앞의 책, 442쪽.(일본어판 183~184쪽)

77. 앞의 책.(일본어판 184쪽)

78. 앞의 책, 439쪽.(일본어판 179쪽)

79. 柳田國男, 『桃太朗の誕生』, 全集 제10권 수록, 25쪽.

80. 柳田國男, 『不幸なる芸術』, 全集 제9권 수록, 335쪽.

81. 앞의 책, 426쪽.

제2장

1. 西鄕信綱, 『神話と國家』, 平凡社, 1977, 198쪽.

2. 앞의 책, 200~201쪽.

3. 坂部惠, 『かたり』, 弘文堂, 1990, 35쪽.

4. 앞의 책, 37쪽.

5. Austin, J. L., *How to do things with words*, Oxford U. P., 1971, p. 160.(坂本百大 역, 『言語と行爲』, 大修館書店, 1978, 271쪽)

6. 앞의 책, 162쪽.(일본어판 274쪽)

7. 『言語と行爲』의 독일어판(*Zur Theorie der Sprechakte*, Reclam, 1979)에서 tell은 benachrichtigen 또는 (jdm. etw.) sagen으로 번역되어 있으며, erzälen이라는 단어는 찾아볼 수 없다.

8. Austin, J. L., 앞의 책, 22쪽.(일본어판 38쪽)

9. Derrida, J., *Limited Inc.* Northwestern U. P., 1988.

10. Austin, J. L., 앞의 책, 144쪽.(일본어판 241~242쪽)

11. 이 점에 대해서는, 이 책의 제5장 「이야기와 과학 사이」참조.

12. Austin, J. L., 앞의 책, 62쪽.(일본어판 108쪽)

13. 이 점에 대해서는, 이 책의 제1장 「'이야기한다'는 것」참조.

14. 西鄕信綱, 앞의 책, 188쪽.

15. 柳田國男, 『口承文芸史孝』, 全集 제8권 수록, 96쪽.

16. 西鄕信綱, 앞의 책, 201쪽.

17. Derrida, J., 앞의 책, 3쪽.

18. Quine, W. V., *Pursuit of Truth*, Harvard U. P., 1990, p. 2f.

19. 大森莊藏, 「過去の制作」 『いま哲學とは』(新岩波講座 哲學) 제1권, 岩波書店, 1985, 109쪽.

20. 앞의 책, 121쪽.

21. Danto, A., *Narration and Knowledge*, Columbia U. P., 1985, p. 149.(河本英夫 역, 『物語としての歷史』, 國文社, 1989, 181쪽)

22. 『新訂 小林秀雄全集』 제8권, 新潮社, 1978, 19쪽.

23. 川田順造, 『無文字社會の歷史』, 同時代ライブラリー, 岩波書店, 1990, 6~7쪽.

24. Paul Veyne, 『歷史をどう書くか』(大津眞作 역), 法政大學出版局, 1982, 9쪽.

제3장

1. 大森莊藏, 「無腦論の可能性」 〈現代思想〉, 1988-4, 71쪽.

2. 大森莊藏, 「腦と意識の無關係」 〈現代思想〉, 1992-12, 199쪽. '측면도'와 '정면도'라는 표현은 大森莊藏의 논문에서 인용했다.

3. Mach, Ernst, *Die Analyse der Empfindungen*, Darmstadt, 1985, S. 15.(須藤吾之助·廣松涉 역, 『感覺の分析』, 法政大學出版局, 1971, 16쪽)

4. Ernst Bloch, 『異化』(片岡啓治·種村季弘·船戶滿之 역), 現代思潮社, 1976, 14쪽.

5. 앞의 책, 17쪽.

6. 앞의 책, 17쪽.

7. 앞의 책, 18~19쪽.

8. 柳田國男, 『國史と民俗學』, 全集 제26권 수록, 448쪽.

9. Aurelius Augustinus, 『神の國(三)』(服部英次郎 역), 岩波文庫, 1983, 10쪽.

10. Aurelius Augustinus, 『神の國(四)』, 10쪽.

11. Aurelius Augustinus, 『神の國(三)』, 22쪽.

12. 앞의 책, 130쪽.

13. 앞의 책, 131쪽.

14. Aurelius Augustinus, 『神の國(五)』, 370쪽.

15. Voltaire, 『歷史哲學』(安齋和雄 역), 法政大學出版局, 1989, 95쪽.

16. 앞의 책, 40~41쪽.

17. 앞의 책, 311쪽.

18. 앞의 책, 159쪽.

19. 上妻精, 「ドイツ觀念論の歷史哲學」〈講座ドイツ觀念論〉제6권, 弘文堂, 1990, 233쪽.

20. Voltaire, 앞의 책, 297~298쪽.

21. Georg Wilhelm Friedrich Hegel, 『歷史哲學(上)』(武市建人 역), 岩波文庫, 1971, 79쪽.

22. 上妻精, 앞의 논문, 278쪽.

23. Georg Wilhelm Friedrich Hegel, 앞의 책, 35쪽.

24. 茅野良男, 『歷史のみかた』, 紀伊國屋新書, 1964, 124쪽.

25. Georg Wilhelm Friedrich Hegel, 앞의 책, 73쪽. 일본어판의 '神義論'을 '辯神論'으로 수정했다.

26. Georg Wilhelm Friedrich Hegel, 『エンチュクロペディー』(樫山欽四郎·川原榮峰·塩屋竹男 역), 河出書房, 1968, 411쪽.

27. Jacob Burckhardt, 『世界史的諸考察』(藤田健治 역), 二玄社, 1981, 4~5쪽.

28. 앞의 책, 6쪽.

29. 앞의 책, 6쪽.

30. 柳田國男, 『明治大正史世相篇』, 全集 제26권 수록, 9쪽.

31. 앞의 책, 12쪽.

32. Jacob Burckhardt, 앞의 책, 12쪽.

33. Alexandre Kojeve, 『ヘーゲル讀解入門』(上妻精·今野雅方 역), 國文社, 1987, 240·247쪽.

34. 위스키 '산토리 크레스토 12년'의 광고 카피이다.

35. 新田義弘, 「歷史科學における物語り行爲について」〈思想〉, 1983-10, 75쪽.

36. 大森莊藏, 『時間と自我』, 靑土社, 1992, 109쪽.

37. 앞의 책, 129~130쪽.

38. Michael Dummet, 『眞理という謎』(藤田晋吾 역), 頸草書房, 390~391쪽.

39. 『新井白石』, 日本敎育思想體系 10, 日本圖書センター, 1979, 212쪽. 현대어 번역은 『新井白石』, 日本の名著 제15권, 中央公論社, 1983, 256쪽.

40. Georg Wilhelm Friedrich Hegel, 『歷史哲學(上)』, 147쪽.

41. 앞의 책, 150쪽.

42. 앞의 책, 148쪽.

43. 高坂正顯, 『歷史的世界』, 高坂正顯著作集 제1권 수록, 理想社, 1964, 51쪽.

44. Aristoteles, 『詩學』(藤澤令夫 역), 〈世界の名著〉 제8권, 中央公論社, 1972, 300쪽.

45. 『新訂 小林秀雄全集』 제5권, 新潮社, 1978, 21쪽.

46. 앞의 책, 16쪽.

47. 『新訂 小林秀雄全集』 제9권, 新潮社, 1979, 34쪽.

48. 『新訂 小林秀雄全集』 제7권, 新潮社, 1978, 206쪽.

49. 大森莊藏, 앞의 책, 113쪽.

50. 新田義弘, 앞의 논문, 80쪽.

51. Arthur C. Danto, 『物語としての歷史』(河本英夫 역), 國文社, 1989, 194쪽.

52. White, Hayden, "The Burden of History", *Tropics of Discourse*, Baltimore, 1978, p. 47.

53. Michael Dummet, 앞의 책, 390~391쪽.

54. Karl Heinrich Marx, 『經濟學·哲學 草稿』(城塚登·田中吉六 역), 岩波文庫, 1964, 140쪽.

55. 西田의 '역사적 신체'라는 개념이 갖는 현대적 의의에 대해서는 발표 논문「歷史の中の神體－西田哲學と現像學」(上田閑照 편, 『西田哲學』, 創文社, 1994) 참조.

56. Gottfried Wilhelm von Leibniz, 『モナドロジー』(竹內良知 역), 世界大思想全集 제9권, 河出書房, 1954, 331~332쪽.

제4장

1. Russell, B, *Introduction to Mathematical Philosophy*, London, 1919, p. 170.

2. 앞의 책.

3. 大森莊藏, 『新視覺新論』, 東京大學出版會, 1982, 제9·10장 참조.

4. Austin, J. L., *How to do things with words*, Oxford, 1962, p. 22.(坂本百大 역, 『言語と行爲』, 大修館書店, 1978, 38쪽)

5. 앞의 책, 56쪽.(일본어판 98쪽)

6. 앞의 책, 60쪽.(일본어판 106쪽)

7. 앞의 책.

8. 앞의 책.

9. 앞의 책.

10. 앞의 책, 61쪽.(일본어판 107쪽)

11. 이러한 오스틴의 언어행위론을 '현전의 형이상학'의 아류로 보는 데리다의 비판이 있지만, 이 책에서는 다루지 않겠다. 이 책 제1장 제3절 참조. cf. Derrida, J., "Signature, evenement, contexte", in *Marges de la philosophie*, Paris, 1972.

12. '작자'와 '발화자'의 구별에 대해서는 시 작품에 대해서이기는 하지만 入澤康夫의 적절한 지적이 있다. 入澤康夫, 『詩の構造についての覺え書』, 思潮社, 1968.

13. '고백이라는 제도'에 대해서는 柄谷行人의 책에 상세하게 서술되어 있는 것에 시사를 받았다. 柄谷行人, 『日本近代文學の起源』 제3장, 講談社, 1980.

14. Searle, J., "The logical status of fictional discourse", in *Expression and Meaning*, Cambridge, 1979, p. 58.

15. 앞의 책, 64쪽.

16. 앞의 책.

17. 앞의 책, 65쪽.

18. 앞의 책.

19. 앞의 책, 65쪽.

20. 앞의 책, 67쪽.

21. 앞의 책, 66쪽.

22. 『新編 柳田國男集』 제7권, 筑摩書房, 1978, 80쪽.

23. Searle, J., 앞의 논문, 63쪽.

24. 柳田國男, 앞의 책, 75쪽.

25. 入澤康夫, 앞의 책, 89쪽.

26. 野口武彦, 『小說の日本語』, 〈日本語の世界〉 제13권, 中央公論社, 1980, 38쪽.

27. Rorty, R., "Is There a Problem about Fictional Discourse?", in *Consequences of Pragmatism*, Sussex, 1982, p. 130.

28. 그 외에도 '커뮤니케이션 기능'을 예로 들어야 하겠지만 여기에서는 논하지 않겠다.

29. 소쉬르가 제시한 'langage'라는 개념이 '상징화 능력'과 거의 대응하는 내용을 가지고 있다는 것에 대해서는 丸山圭三郎의 지적이 있다. 丸山圭三郎, 「ソシュールーその方法と思想」 〈歷史と社會〉, 창간호, リブロポート, 1982, 73쪽.

30. '신체분리공간'과 '언어분리공간'의 구별은, 丸山圭三郎의 '신체분리구조'와 '언어분리구조'의 구별을 따랐다. 丸山圭三郎, 「コトバの身體性と二つのゲシュタルト」 〈思想〉, 1982-8, 岩波書店, 18쪽 이하.

31. 앞의 책, 18쪽.

32. 앞의 책, 23쪽.

33. 이하의 '인과설'에 대한 설명은 다음의 크립키의 서술을 요약한 것이다. Kripke, S., *Naming and Necessity*, Harvard U. P., 1980, p. 91ff.

34. 앞의 책, 96쪽.

35. Rorty, R., 앞의 논문, 133쪽.

36. 廣松涉, 『存在と意味』, 岩波書店, 1982, 356쪽.

37. Quine, W., *Word and Object*, M. I. T. Pr., 1960, ch. 2.

38. Donnellan, K., "Speaking of Nothing" in S. Schwartz(ed.), *Naming, Necessity and Natural Kinds,* Cornell U. P., 1977, p. 216.

39. Salmon, N., *Reference and Essense*, Princeton U. P., 1981, p. 32.

40. 黒田亘, 「指示という行爲について」 〈理想〉, 1975-10, 25쪽. 단, 이 주장은 이후의 논문에서 "그것은 모의적인 지명으로, 지명의 연기에 지나지 않는다"라고 수정되어 있다. 黒田亘, 「時間と歷史」 『時間と人間』(村上陽一郎 편), 東京大學出版會, 1981, 244쪽.

41. 野口武彦, 앞의 책, 39쪽. 일본어의 경우에는 설령 미래의 사건을 그리고 있는 SF소설이라도 완료시제의 종결어미인 '~었다(た)'가 사용된다. "4월의 어느 맑게 갠 추운 날, 시계는 13시를 알리고 있었다"(George Orwell, 『一九八四年』, 新庄哲

夫 역, ハヤカワ文庫)

42. Donnellan, K., 앞의 논문, 237쪽.

43. Roty, R., 앞의 논문, 121쪽.

44. 앞의 논문.

45. 허구의 대상을 넓은 의미의 '이론적 대상'의 카테고리에 속하는 것으로 생각하는 것은 다음의 인와겐의 논문에 의거한다. 단 그는 "픽션의 창조물은 내가 문학비평의 이론적 대상이라고 부르려고 생각하는 넓은 의미의 사물의 카테고리에 속하고 있으며, 그 카테고리에는 또한 줄거리, 부수적 이야기, 소설, 시, 음율 (…) 등이 포함된다"라고 말하고 있으며, 우리의 생각과 정확히 일치하는 것은 아니다. Inwagen, P., "Creatures of Fiction" in *American Philosophical Quarterly*, vol. 14, No. 4, 1977, p. 302.

46. '텍스트' 개념에 일의적인 규정을 부여하는 것은 어려운 일이지만, 예를 들어 J. 라이온즈는 텍스트의 조건으로 "전체적으로 상호 연관되어 있기는 하지만 구별 가능한, 결합성과 정합성이라는 성질을 가지고 있지 않으면 안 된다"는 점을 들고 있다. Lyons, J., *Language, Meaning & Context*, Fontana, 1981, p. 198.

47. 大森莊藏, 앞의 책, 223쪽 이하.

48. Merleau-Ponty, M., *Phénoménologie de la perception*, Paris, 1945, p. 229. (竹內芳郎·小木貞孝 역,『知覺의 現象學 1』, みすず書房, 1967, 321쪽)

제5장

1. C. P. snow,『二つの文化と科學革命』(松井卷之助 역), みすず書房, 1967, 10~12쪽.

2. Quine, W. V., *From a logical point of view*, Harper & Row, 1963, p.42.(中山 活二郎 외 역,『論理學的觀点から』, 岩波書店, 1972, 59쪽)

3. 앞의 책, 16쪽.(일본어판 31쪽)

4. 앞의 책, 10쪽.(일본어판 24쪽)

5. 앞의 책, 44쪽.(일본어판 61~62쪽)

6. Pavel, T. G., *Fictional Worlds*, Harvard U. P., 1986, p. 34.

7. 앞의 책.

8. 앞의 책, 33쪽.

9. 앞의 책.

10. Donnellan, K., "Speaking of Nothing", in S. Schwartz(ed.) *Naming, Necessity and Natural Kinds*, Cornell U. P., 1977, p. 237.

11. Rorty, R., *Consequences of Pragmatism*, Minnesota U. P., 1982, p. 121.(室井尚 외 역,『哲學の脫構築』, お茶の水書房, 1985, 285쪽)

12. Pavel, T. G., 앞의 논문, 36~37쪽.

13. Quine, W. V., *Ontological Relativity & other essays*, Columbia U. P., 1969, p. 48.

14. Quine, W. V., *Theories and Things*, Harverd U. P., 1981, p. 67.

15. Quine, W. V., *From a logical point of view*, p. 43.(일본어판 60쪽)

16. 이 명제에 대해서는 잘 알려진 것처럼 H. 퍼트넘과 C. 라이트에 의한 반론이 존재하지만, 여기에서는 상세히 논할 여유가 없다. 나 자신은 그들이 제시하는 '아프리오리적인 언명'은 '어용론적 역설'에 빗대어 '어용론적 아프리오리'라고 불러야 한다고 생각한다.

17. Wittgenstein, L., *Über Gewißheit*, Blackwell, 1969, § 167. (黒田亘 역,『確實性の問題』,〈ウィトゲンシュタイン全集〉제9권, 大修館書店, 1975)

18. 앞의 책, 96쪽.

제6장

1. Edmund Husserl, *Zur Phanomenologie des inneren Zeitbewusstseins*, in HUSSERLIANA Bd. X, M. Nijhoff, 1966, S. 67.(立松弘孝 역,『內的時間意識の現象學』, みすず書房, 1967, 88쪽)

2. 앞의 책, 29쪽.(일본어판 40~41쪽)

3. 앞의 책, 41쪽.(일본어판 56쪽)

4. 후설의 '현재중심주의'에 대해서는, 中島義道가『時間論』(ちくま學芸文庫, 2002) 제3장에서 '과거중심주의'의 입장에서 철저한 비판을 전개하고 있다.

5. 이것은 西田에서 유래한 용어이다. 그러나 이 논고에서는 西田의 용법을 그대로 따르고 있지는 않다.

6. 데이비드슨의 '사건'의 개념에 대해서는 柏端達也의『行爲と出來事の存在

論―デイヴィドソン的視點から』(頸草書房, 1997)에 명쾌하게 분석되어 있다.

7. 中島義道는 『時間と自由―カント解釋の冒險』(晃洋書房, 1994) 제6장에서 같은 사태를 '행위의 게슈탈트'라는 관점에서 고찰하고 있으며, 이 책에 많은 영향을 주었다.

8. 이 '유리판 비유'의 상세한 내용은 논문 「記憶と歷史 3〈過去は實在するか〉」(〈へるめす〉 제55호, 1995) 참조.

9. 大森莊藏, 『新視覺新論』, 東京大學出版會, 1982, 126쪽.

10. 앞의 책, 126~127쪽.

11. 앞의 책, 131쪽.

12. 中島義道, 『時間論』, ちくま學芸文庫, 2002, 111쪽.

13. 앞의 책, 113쪽.

14. Arthur Danto, *Narration and Knowledge*, Columbia U. P., 1985, p. 152.(河本英夫 역, 『物語としての歷史―歷史の分析哲學』, 國文社, 1989, 185쪽)

15. 植村恒一郎, 『時間の本性』, 頸草書房, 2002, 166~167쪽. 덧붙이자면 이 책의 제6장에서는 첫 부분에 언급했던 '맥타가트의 패러독스'에 대한 흥미로운 분석을 제시하고 있다.

16. 논문 「記憶と歷史 4〈証言者の死〉」(〈へるめす〉 제58호, 1995) 참조.

17. 이것은 埴谷雄高의 말이지만, 동시에 고유명사의 전달을 둘러싼 S. Kripke의 '인과연쇄'론도 염두에 두고 있다. 단, 川田順造의 "한편 토기의 파편도 인간의 해석을 완전히 배제한 것이 아니다. 그것이 인간에 의해 만들어지거나 사용된 이상, 그 토기는 당시 사회에서 어떤 의미를 가지고 있던 것이며 그것을 만든 사람은 자연의 소재에 대한 인간의 어떤 '해석'과 행동의 결과로 그 토기를 만들었기 때문이다"(『無文字社會の歷史』, 岩波同時代ライブラリー, 1990, 6쪽)라는 말에서도 분명하게 알 수 있듯, 비언어적 사료라고 해도 역사의 전달은 단순한 물리적 '인과관계'가 아니라 의미와 해석을 매개로 하는 '지향적 연쇄'로 생각할 필요가 있다.

제7장

1. 이 부분에서는 鹿島徹에게 유익한 참고를 얻었다.(cf. *Longman Dictionary of Contemporary English*, 1st ed.)

2. 이야기론을 둘러싼 일본의 논쟁상황에 대해서는 '鹿島徹, 「物語り論的歷史哲學の可能性」(〈創文〉, 2003-6)'가 명쾌하고 공정한 상황도를 제시하고 있다.

3. 黑田亘, 『經驗と言語』, 東京大學出版會, 1975, 207쪽.

4. Richard T. Vann, "Turning Linguistic : History and Theory and *History and Theory*, 1960-1975", in Frank Ankersmit and Hans Kellner(eds.), *A New Philosophy of History*, Reaktion Books, 1995, p. 40.

5. Hugh Rayment-Pickard "Narrativism", in Robert M. Burns & Hugh Rayment-Pickard (eds.), *Philosophy of History*, Blackwell, 2000, p. 274ff.

6. Claude Lévi-Strauss, *La pensée sauvage*, Plon, 1962. p. 340.(大橋保夫 역, 『野生の思考』, みすず書房, 1976, 309~310쪽)

7. 앞의 책, 341쪽.(일본어판 311쪽)

8. Roland Barthes, "Le discourse de l'histoire", *Information sur les science sociales*, vol. 6, no. 4, 1967.(川瀨武夫 역, 「歷史のディスクール」〈現代思想〉, 1980-6, 110~111쪽)

9. Jürgen Habermas, *Zur Logik der Sozialwissenschaften*, Suhrkamp, 1971(2 Aufl.), S. 113. (淸水多吉 외 역, 『社會科學の論理によせて』, 國文社, 1991, 74쪽)

10. Hans M. Baumgartner, *Kontinuität und Geschichte*, Suhrkamp, 1972, S. 217ff.

11. 新田義弘, 「歷史科學における物語り行爲について」〈思想〉, 1983-10 참조.

12. Hyden White, *Tropics of Discourse*, The Johns Hopkins University Press, 1978, p. 30.

13. Arthur C. Danto, *Narration and Knowledge*, Columbia University Press, 1985, p. 111.(河本英夫 역, 『物語としての歷史』, 國文社, 1989, 137쪽)

14. W. B. Gallie, *Philosophy and the Historical Understanding*, Chatto & Windus, 1964, p. 69.

15. Arthur C. Danto, 앞의 책, 12쪽.

16. Arthur C. Danto, "The Decline and Fall of the Analytical Philosophy of History", in Frank Ankersmit and Hans Kellner (eds.), op. cit., p. 84.

17. 柏端達也, 『行爲と出來事の存在論』, 頸草書房, 1997, 4~5쪽.

18. Donald Davidson, *Essays on Actions and Events*, Clarendon Press, 1980, p. 178.
　　(服部裕幸・柴田正良 역,『行爲と出來事』, 頸草書房, 1990, 255쪽)

19. 앞의 책, 179쪽.(앞과 동일)

20. W. B. Gallie, 앞의 책, 41쪽.

21. 藤本隆志,「根據と根源」〈UP〉, 1974-7, 4쪽.

22. Hannah Arendt, *Between Past and Future*, Penguin Books, 1977, p. 261f.
　　(引田隆也・齋藤純一 역,『過去と未來の間』, みすず書房, 1994, 357쪽)

23. Rayment-Pickard, 앞의 책, 276쪽.

24. 앞의 책.

25. 앞의 책.

26. David Carr, *Time, Narrative and History*, Indiana University Press, 1991, p. 65.

27. Willard V. Quine, *From a logical point of view*, Harper&Row, 1963, p. 42.(飯田隆譯,『論理的觀點から』, 勁草書房, 1992, 63쪽)

28. 河本英夫,「物語と時間化の隱喩」〈現代思想〉, 1987-5, 87쪽.

29. Arthur C. Danto, *Narration and Knowledge*, p. 152.(일본어판 185쪽)

30. E. M. Forster, *Aspects of the Novel*, Penguin Books, p. 93~94.(中野康司 역,『小說の諸相』, みすず書房, 1994, 129~130쪽)

31. 이 점에 대해서는 야마다 요코가 제시한 '이야기'의 정의, 둘 이상의 사건event을 연관지어서 줄거리를 만드는 행위emplotting를 참고했다. やまだようこ 편,『人生を物語る』, ミネルヴァ書房, 2000, 3쪽.

32. 논문「時は流れない、それは積み重なる」, 上村忠男 외 편,〈歷史を問う〉제2권『歷史と時間』, 岩波書店, 2002 참조.(본 책 제6장)

33. 이 점에 대해서는 鹿島徹의 지적을 따른다. Danto의 '이야기문'의 정의에서 "두개의 시간적으로 떨어진 별개의 사건"이 과거의 역사적 사건에 한정되어 있는 것은 그 주제가 역사기술이라는 점에서 당연하다. 또한 "보다 앞선 사건을 기술한다"는 한정은 선행하는 사건의 의미를 새롭게 발생한 연속되는 사건에 의해 설명 내지는 해명한다고 하는 역사기술의 특징에 유래하는 것이라고 생각된다. 이들 두 가지 제약을 완화함으로써 '이야기글'의 적용영역을 역사기술뿐 아니라 과학까지 확장하려고 하는 것이 제7장에서 저자가 의도하는 바이다.

34. 森岡正芳,『物語としての面接』, 新曜社, 2002, 190쪽.

35. 木村敏,『偶然性の精神病理』, 岩波現代文庫, 2000, 13쪽.

36. '비인칭적 과학'은 자연을 대상으로 하는 '3인칭의 과학'으로, '인칭적 과학'은 인
간을 대상으로 하는 '2인칭의 과학'이라 부를 수도 있다. 이 점에 대해서는 논문
「'二人稱の科學'の可能性」(〈聖路加看護學會誌〉 제8권 제1호, 2004-6) 참조. 또
한 자연과학이 기본적으로 인칭성을 배제했기에 비인칭적 과학과 인칭적 과학의
구별이 적합해진 것에 대해서는 〈第四八回公共哲學京都フォーラム〉에서 金泰
昌의 조언을 받았다.

옮긴이 후기

역사는 무엇인가? 우리는 일반적으로 사실을 있는 그대로 객관적으로 기술한 기록을 역사라고 생각한다. 시대에 따라 새로운 해석이 이루어지더라도, 역사적 사실 자체는 변하지 않는 객관적 사실이라고 생각하는 것이다. 『이야기의 철학』은 우리의 이러한 기존 관념에 의문을 제기하며 역사에 대한 새로운 해석을 시도한다.

공산주의와 자본주의의 대립이라는 양극체제가 붕괴되는 세계 정세 속에서, 1989년 〈내셔널 인터레스트〉에 프랜시스 후쿠야마의 논문「역사는 끝났는가」가 발표되었다. 헤겔과 코제브가 제창한 역사의 종언론에 근거한 이 논문에서 후쿠야마는 '대문자의 역사History'는 종언됐다고 선언한다. 지금까지는 기원과 텔로스를 갖는 역사관이 지배해왔다. 그리스도교적 사상에 근거해 천지창조에서 구원의 완성까지를 그린 아우구스티누스의 『신의 나라』 그리고 헤겔에 이르기까지, 시작과 끝을 갖는 유럽적 역사철학이 주도해왔던 것이다. 그러나 대문자의 역사의 허구성이 밝혀진 지금, 역사는 무엇인지 그리고 역사를 기록하는 것은 어떤 의미를 갖는지에 대해 새로운 답이 요구되고 있다.

1949년 센다이에서 태어난 노에 게이치는 도호쿠 대학 물리학과를 졸업한 후 도쿄 대학 대학원의 과학사/과학기초론 과정에 진학했다. 전공은 과학철학과 언어철학으로, 근대과학의 성립과 전개과정을 과학방법론의 변모와 이론 전환의 구조에 초점을 맞춰 연구하고 있으며 후설의 현상학과 비트겐슈타인의 후기 철학의 방법적 조화를 시도하고 있다. 저자의 전공 분야는 과학철학을 중심으로 언어철학, 현상학, 해석학에 이르는 광범위한 것이다. 이처럼 광범위한 분야에 대한 지식을 바탕으로, 저자는 '과거가 어떻게 인식되는가' 나아가 '역사는 어떻게 쓰여지는가'라는 철학적 질문에 대한 답을 제시한다.

노에 게이치는 반실재론과 이야기론을 통해 역사를 고찰한다. 먼저, 시간의 퇴적층이라는 시각적 이미지를 예로 들며 과거와 과거의 사건을 알기 쉽게 설명한다. 과거의 사건은 그 위로 겹겹이 퇴적된 시간의 퇴적층을 통해서밖에는 인식될 수 없다. 지각할 수 있는 사건은 퇴적층의 표면, 즉 현재라는 제한된 범위에 불과한 것이다. 그렇다면 과거는 어떻게 인식할 수 있는가. 지각할 수 있는 대상이 아닌 과거에 대한 인식은 상기하는 것으로부터 시작된다. 즉 과거는 상기라는 경험양식을 떠나 독립적으로는 존재할 수 없다. 그러나 상기는 과거를 한 번 더 지각하는 것이 아니다. 과거는 개인의 경험 네트워크 속에서 다른 경험들과 결합되고 구조화·공동화되어 기억된다. 기억되고 상기되는 것은, 정확하게 재현된 과거가 아니라 해석학적 변형과 해석학적 재구성이 이루어진 과거인 것이다.

저자는 오스틴의 언어행위론을 변형시켜서 이야기행위론을 전개한다. 이야기행위를 오스틴의 언어행위와 구별하고, 경험을 재구성해서 공동체가 그 경험을 공유하는 행위로 규정한다. 또한 완결된 형태의 이야기와 이야기행위, 가상의 산물로서의 이야기(문학작품)를 구별하고, 이야기행위를 사건 그 자체의 실재성實在性을 전제로 하는 것으로 정의한다. 이러한 정의에 입각해 역사에 대한 고찰을 시도하고 있는 것이다. 역사적 사실은 절대불변의 객관적인 것이 아니며, 인간이 그 사건을 어떻게 받아들이고 어떻게 이야기하는가라는 무수한 시선의 복합체, 즉 이야기의 집성으로 해석한다.

후반부에서는 허구의 존재론과 의미론에 대해서도 고찰한다. 허구의 대상을 과학의 허수虛數와 같은 이론적 대상물과 동등한 개념으로 파악하면서, 과학/문학/철학의 구별도 종류의 차이가 아닌 정도의 차이로 파악한다.

문학의 독점영역으로 여겨졌던 이야기론을 장르의 벽을 넘어 철학과 과학의 영역에 적용시킬 수 있는 이론적 토대를 만들고 있는 것이다. 이와 같이 저자는 사물의 인식에 대한 철학의 연구성과와 야나기타 구니오의 구비전승론 등을 수용하면서 역사의 이야기론에 대한 다각적인 고찰을 행하고 있다.

1996년 7월에 출간된 이 책의 초판은 여러 의미에서 많은 반향을 불러일으켰다. 새로운 역사철학으로 긍정적 평가를 받는 한편, 저자가 「저자 후기」에서도 언급하고 있는 것처럼 일본의 역사수정주의 논쟁과 맞물려 비판의 대상이 되기도 했다. 개정판인 이 책은 저자의 이야기론을 보강해 논점을 심화시키기 위해서, 초판에 논문 두 편과 「저자 후기」를 추가한 것이다. 새롭게 추가한 「저자 후기」에서는 우에무라 다다오와 다카하시 데쓰야의 비판에 대해 간략한 반론을 펼치고 있으며, 제6장과 제7장에서는 한층 다듬어진 저자의 이야기론을 만날 수 있다.

초판은 '야나기타 구니오와 역사의 발견'이라는 부제를 달고 출판되었으나, 저자의 의도가 야나기타 구니오의 이야기론이 아닌 보다 넓은 의미의 일반적인 이야기론을 논하는 데 있었기에 개정판에서는 삭제되었다. 야나기타 구니오는 일본에 민속학을 성립시킨 민속학자로, 기존의 문헌중심주의의 한계와 위험성을 비판하면서 민속자료, 즉 민간전승의 중요성을 강조했다. 야나기타는 민속학을 역사연구의 새로운 방법으로 제시했는데, 역사연구에서 구비전승(공동화된 이야기)의 중요성을 강조한다는 점에서 저자의 역사인식론과 맥락을 같이한다. 노에 게이치의 이야기론은 발표 당시의 시대 조류였던 정치적 해석과 분리되어 역사의 이야기론으로서 긍정적인 평가를 얻고 있다. 목적지를 상실한 역사철학에 새로운 가능성을 제시해주고 있기 때문이다. 저자는 후기에서 이야기론의 방법론을 역사철학에서 과학철학으로 확장해 '과학의 이야기론'을 구상하는 것을 목표로 하고 있다고 적고 있다. 문학에서 역사로 다시 과학으로, 장르의 벽을 넘어 새롭게 펼쳐지는 저자의 이야기론을 기대해본다.

찾아보기

MONOGATARI NO TETSUGAKU

by Keiichi Noe

ⓒ 1996, 2005 by Keiichi Noe

Originally published in Japanese by Iwanami Shoten, Publishers, Tokyo, 1996.

This Korean language edition published in 2009

by the Korean Publishing Marketing Research Institute, Seoul

by arrangement with the proprietor c/o Iwanami Shoten, Publishers, Tokyo

이야기의 철학
이야기는 무엇을 기록하는가

2009년 7월 10일 1판 1쇄 발행

지은이 —— 노에 게이치

옮긴이 —— 김영주

펴낸이 —— 한기호

펴낸곳 —— 한국출판마케팅연구소

            출판등록 2000년 11월 6일 제10-2065호

            주소 121-846 서울시 마포구 성산동 226-4 창해빌딩 3층

            전화 02-336-5675 팩스 02-337-5347

            이메일 kpm@kpm21.co.kr

            홈페이지 www.kpm21.co.kr

인쇄 —— 예림인쇄

총판 —— ㈜송인서적 전화 02-491-2555 팩스 02-439-5088

ISBN 978-89-89420-64-4 93100